美军中高级军官成长之道

——美军战略领导力评介

李从禾★著

上海科学技术文献出版社
Shanghai Scientific and Technological Literature Press

图书在版编目（CIP）数据

美军中高级军官成长之道：美军战略领导力评介 / 李丛禾著．—上海：上海科学技术文献出版社，2021
ISBN 978-7-5439-8418-9

Ⅰ．①美…　Ⅱ．①李…　Ⅲ．①军官—军事人才—人才培养—美国　Ⅳ．① E712.23

中国版本图书馆 CIP 数据核字 (2021) 第 176275 号

选题策划：张　树
责任编辑：苏密娅
封面设计：留白文化

美军中高级军官成长之道：美军战略领导力评介
MEIJUN ZHONGGAOJI JUNGUAN CHENGZHANG ZHIDAO: MEIJUN ZHANLUE LINGDAOLI PINGJIE
李丛禾　著
出版发行：上海科学技术文献出版社
地　　址：上海市长乐路 746 号
邮政编码：200040
经　　销：全国新华书店
印　　刷：常熟市人民印刷有限公司
开　　本：720mm × 1000mm　1/16
印　　张：14.25
字　　数：218 000
版　　次：2021 年 10 月第 1 版　2021 年 10 月第 1 次印刷
书　　号：ISBN 978-7-5439-8418-9
定　　价：88.00 元
http://www.sstlp.com

前　　言

世界新军事变革不断改变着现代战争的面貌，信息化时代颠覆性技术蓬勃发展，不断推动战略战术革命、作战理论创新和武器装备升级，助推军队领导力建设走向战争准备和军队建设的前台。进入21世纪，国际安全环境日益不稳，庞大的国防系统难以适应国防预算趋紧以及军队在全球范围内收缩的现实；持续多年的反恐战争与军事职业教育时间锐减，致使美军军官能力建设未能正常推进，无法满足未来战争的需要。当前乃至未来一段时期，世界进入“大国竞争时代”，大国博弈日趋激烈，在历史上最具道义模糊性与复杂性的环境下作战，更加需要指挥作战和决策能力都出类拔萃的军事领导层。美军认识到，未来多数西方国家军队的规模将小于对手，技术优势也将不断下降，智力优势将成为未来战争和大国竞争的优势体现。基于此，美军认为必须强化军队各级领导者能力素养，“培养具备战略意识的联合作战人员。他们具备批判性思维，能够创造性地运用军事力量制定国家战略、开展全球一体化行动并在颠覆式变革条件下进行作战”。要打赢“认知之战、思想之战、理解之战和信息之战”，必须注重高级军官的战略领导力培育，打造一支有能力慑止或赢得下一场战争的高级军官队伍，以期在复杂多变的战略环境中继续保持主动权，更好地维护其国家利益。

美军认为，领导力的培育是一个系统、渐进的过程，只有通过长期的实践和教育才能得以提高。美军注重以法规制度为准绳，通过院校教育、实践锻炼和自我发展等途径来培育高级军官战略领导力。完善的法规体系是美军战略领导力培育的制度保障，系统的院校教育是美军战略领导力培育的基本渠道，多样的岗位任用是美军战略领导力培育的实践路径，持续的自我发展是美军战略领导力培育的补充手段。本书基于第一手的鲜活素材，从美军战略领导力概述、美军战略思维能力、美军战略领导管理任用、美军军官战略教育、美军战略领导力案例以及大国竞争时代美军战略领导力新动向等六个方面，对美军战略领导力的内涵特点、培养任用、实践案例、未来发展等进行了深入探讨。

当前世界正处于百年未有之大变局，要打赢未来战争，我军亟需培养具有战略思维和战略管理能力的中高级军官。在复杂多变的国际形势和地缘战略格局中，我国国家战略目标与总体国家安全观的贯彻实施也对我军高中级军官的战略素养提出了更高的要求。他山之石，可以攻玉。通过研究美军战略领导力的内涵特点、培育路径等，可以开阔视野，激发思考，强化战略意识，增强战略定力，为提升我军高中级军官的军政素质，推动我军高级军事人才培养提供有益的借鉴和启示。本书由“十三五”国防大学双重建设项目经费资助出版。

Contents

目　录

第一章

美军战略领导力概述

如果你是一名领导者，你的部下会期待你为他们创造未来。他们注视你的双眼，期望从中看到力量和远见。要取得成功，你必须鼓舞和激励你的追随者。当他们注视你的双眼时，他们必须要看到你与他们同在。

——戈登·R. 萨利文（美国陆军退役上将）

提要：在现代战争中，领导力建设至关重要，战争中领导力水平发挥出色与否决定了能否掌握战争的主动权。美军认为，战略领导作为“领导的领导”，对于战争胜负发挥着举足轻重的作用。在当前复杂多变的作战环境中，军官应具备良好的战略素养，尤其是高级军官更要具备强大的战略领导力。本章梳理了美军领导力概念的发展历史，探讨了美军领导力构成框架、美军领导力层级模型以及美军战略领导力培育的时代背景、战略领导力的内涵界定以及战略领导的能力素养等内容。

世界新军事变革大潮强烈冲击着现代战争的面貌。军事科技的发展和信息化战争的出现，使世界各国军队更加关注经济、科技、管理等因素对军事领域的渗透和影响作用；同时，对“只要有先进武器就能打胜仗”的思想进行深刻反思。建设战斗力强大的军队，只有先进的军事理论、体制编制和武器装备还不够，还必须加强领导力建设，使部队建设从硬性管理转向柔性领导、从经验管理转向科学领导。武器对抗、战法较量、兵力角逐等，胜负尽在指挥战争和领导军队的领导者把握之中。

因此,许多发达国家军队纷纷聚焦领导力建设,寻找实现战斗力最大化的内在动力。现代战争实践表明,领导力的强弱对战争胜负有着决定性的影响。如海湾战争、伊拉克战争中,表面看到的是高科技之战,其深层却是领导力之战。可以说,现代战争中,领导力建设至关重要,谁在战争中领导力水平发挥出色,谁就能掌握战争的主动权。作为世界上最强大的军事力量之一,美军历来高度重视领导力建设。美军认为,领导力是部队的生命线,是作战力量中最强有力和最重要的元素。自信、多能的领导者可以把作战力量的其他各要素有效地整合起来,大大提高部队战斗力。①

第一节　美军领导力概念界定

美军自二战结束以来就开始关注领导力培养,但是一直到 20 世纪 80 年代,美军主要关注战术、战役等具体层面的领导力,对于战略领导力的研究和认识则是 20 世纪 80 年代末至 90 年代开始的,战略领导力的概念经历了

① Headquarters Department of the Army. 2006. *Army Leadership* (*Competent*, *Confident and Agile*) (FM6 - 22).
Headquarters Department of the Army. 2007. *Army Leadership* (AR600 - 100).
Headquarters Department of the Army. 2012. *Army Leadership* (ADP6 - 22).
Headquarters Department of the Army. 2019. *Army Leadership and The Profession* (ADP6 - 22).

从无到有、从模糊到清晰、从混乱到统一的过程。目前美军上下从领导层次划分、战略领导力内涵界定、战略领导力能力素养要求等方面均达成了统一规范的认识，为战略领导力培育的政策法规制定、培训课程内容、教育训练计划等提供了良好的基础。目前最早的领导力手册当属 1948 年 12 月 28 日由时任美国陆军参谋长布拉德利(Omar N. Bradley)签发的陆军手册《陆军领导力》(DAPam22－1)，其中“领导力”被界定为：“通过直接影响并指导他人完成特定目标的能力，来影响他人行为的艺术。”[①]

1951 年 3 月 6 日，时任美国陆军参谋长科林斯(J. Lawton Collins)签发《领导力》条令(FM22－10)，其中“军事领导力”被定义为：“通过获得人们的服从、信任、尊重和忠诚的合作，来影响和指导人们完成委派任务的艺术。”在 1953 年 2 月 26 日同样由柯林斯所签署的《小分队领导的指挥与领导力》条令(FM22－100)中，“军事领导力”被表述为“优秀指挥官对指挥的恰当实施”。

1958 年 12 月 2 日，美国陆军参谋长泰勒(Maxwell D. Taylor)签署《军事领导力》条令(FM22－100)，领导力被表述为：“通过获得人们心甘情愿地服从、信任、尊重和忠诚的合作，来影响和指导他人完成任务的艺术。”

1961 年 6 月 6 日和 1965 年 11 月 1 日，修订后的《军事领导力》条令(FM22－100)分别由陆军参谋长乔治・德克尔(G. H. Decker)和哈罗德・约翰逊(Harold K. Johnson)签署实施，领导力的定义与 1958 年 12 月的版本相同。

1973 年 6 月 29 日，时任陆军参谋长克赖顿・艾布拉姆斯(Creighton W. Abrams)签署修订后的《军事领导力》条令(FM2－100)，“领导力”被定义为“影响他人的过程，其目的是完成任务”。1983 年 10 月 31 日，小约翰・威克姆(John A. Wickham, Jr)陆军参谋长领导修订的《军事领导力》条令(FM22－100)，其“领导力”定义基本相同，即“通过影响他人以完成任务的一种过程。”1986 年 5 月 27 日，小约翰・威克姆主持制订的《陆军领导力》条例(AR600－100)颁布，领导力是“通过确定方向、影响他人，以完成组织任务的

---

① Purvis, J. Keith. 2011. *Four Decades and Five Manuals: U. S. Army Strategic Leadership Doctrine*, 1983－2011. Fort Leavenworth: School of Advanced Military Studies United States Army Command and General Staff College.

过程”。

1990 年 7 月 31 日，陆军参谋长卡尔·沃诺(Carl E. Vuono)修订实施《军事领导力》条令(FM22 - 100)，其中，“领导力是为完成任务，通过提供目的、方向和动机而影响他人的过程”。1992 年 6 月 12 日，时任陆军参谋长戈登·沙利文(Gordon R. Sullivan)主持制订了《陆军管理哲学》条例(AR5 - 1)；1993 年 9 月 17 日，他又主持修订了《陆军领导力》条例(AR600 - 100)。领导力定义保留了 1990 年 7 月的表述。

1999 年 8 月 31 日，《军事领导力》条令(FM22 - 100)修订为《陆军领导力》条令(FM22 - 100)；2006 年 10 月再次修订，定名为《陆军领导力》条令(FM6 - 22)。这两个版本中大体固定了领导力概念并沿用至今：“领导力是指为履行使命和提高部队战斗力，通过提供目的、方向和动机来影响他人的过程”。2007 年 3 月 8 日，美国陆军颁布实施新版《陆军领导力》条例(AR600 - 100)，领导力定义未作改变。后来又颁布了 2012 年版的陆军条令出版物《陆军领导力》(ADP6 - 22)和 2019 年版的《陆军领导力与职业》(ADP6 - 22)，也基本沿用上述定义。

关于高级领导力，1968 年 10 月颁布的《高级指挥领导力》手册(DAPam600 - 15)规定，领导力就是“为达成期待的结果而影响个体和组织行为的过程”。1987 年 6 月颁布的《行政领导力》手册(DAPam600 - 80)指出，“本手册中的领导力概念具有特定的含义：为达成领导者所构想的意图、目的和目标并使部属理解和执行，除使用权威之外的手段”。同年颁布的《高级领导与指挥》条令(FM22 - 103)指出，“高级领导力就是直接和间接影响力的艺术以及创造条件达成组织的持续成功以获得期待结果的技能。但它首先是构建愿景的艺术，决定什么是必须做的，并清晰传达该意图，坚定不移确保意图的执行”。

可见，美军对领导力概念的理解经历了一个漫长的逐步完善的过程。美军 1983 年颁布的《军事领导力》条令(FM22 - 100)，只涵盖了直接的战术层面的领导力，1987 年《高级领导与指挥》(FM22 - 103)条令中首次区分了直接战术领导和间接领导两个层次，同年颁布的《陆军领导力》条例(AR600 - 100)则使用直接领导和间接领导两个层次，1987 年《行政领导力手册》(Pam600 - 80)首次提出了三个层次，即直接领导(战术)，间接领导(战役)和行政领导(战略)。1993 年版的《陆军领导力》条例(AR600－100)第一次正式使用了直接领导、高级领导和战略领导三个层次,1999 年版的《陆军领导力：是、知、行》(FM22－100)条令区分了直接领导、组织领导和战略领导三个层次。随着军内外对领导力研究的深入,以及国内外安全环境的变化,要求统一战略领导力的条令、教育和训练标准的呼声日益高涨。因此,进入 21 世纪,美军将有关领导力的条令条例进行梳理精简,形成了 2006 年版的条令《陆军领导力：称职、自信、敏捷》(FM6－22)和 2007 年版的条例《陆军领导力》(AR600－100),对领导层次的划分也一致起来,即直接领导、组织领导和战略领导。2012 年和 2019 年颁布的条令出版物和参考出版物《陆军领导力》(ADP/ADRP6－22)和 2013 版的《陆军领导力》条例(AR600－100)对领导力层次的划分都是一脉相承。此外,美国陆军战争学院出版了《战略领导力基础》一书,有 1998、2004、2010 年、2019 年 4 个版本,该书对战略领导力的概念、实施环境、能力素养等进行了较为全面的论述。

第二节　美军领导力构成框架

一、美军领导力构成

美军认为,领导者(leader)就是按照所承担的任务和职责,激励和引导人们去实现部队目标的人。领导力(leadership)是指为履行使命和提高部队战斗力,通过明确目的、提供方向和激发动力等方式影响他人的过程[①]。领导者应具备"是(be)、知(know)、行(do)"三个方面的关键素养。"是"指领导者的品格素质,领导者应具备诚实可信、胜任本职、进见卓识、鼓舞人心的特质,拥有品格(character)和气质(presence),品格包括核心价值观、同理心、

① Headquarters Department of the Army. 2006. *Army Leadership* (*Competent*, *Confidentand Agile*) (FM6－22).
Headquarters Department of the Army. 2012. *Army Leadership* (ADP6－22).
Headquarters Department of the Army. 2012. *Army Leadership* (ADRP6－22).
Headquarters Department of the Army. 2019. *Army Leadership and The Profession* (ADP6－22).

战斗精神及纪律观念等，气质包括军人气质、身心健康、沉着自信、适应性强等特质；“知”即才智（intellect），指领导者的专业知识素养，即具备敏捷的思维、良好的判断力、一定的知识水平，掌握人际策略、创新思维、技术和战略战术等关键技能；“行”指领导者的行动力，要能综合运用性格特质、知识水平和实践经验，带领部队实现目标。主要包括三个方面的核心领导力（Core Leader Competencies）：实施领导（lead）、发展部队（develop）和取得成效（achieve）。实施领导包括领导他人、拓展影响力、以身作则以及善于沟通；发展部队包括营造良好的环境、自我准备以及培养他人等；取得成效即实现目标，包括提供方向、指导和重点，制订与实施计划，善始善终完成任务等。美军认为，领导者只有有效实施核心领导力，并运用其相应要素，才算成功实施了领导行为（图 1.1）。

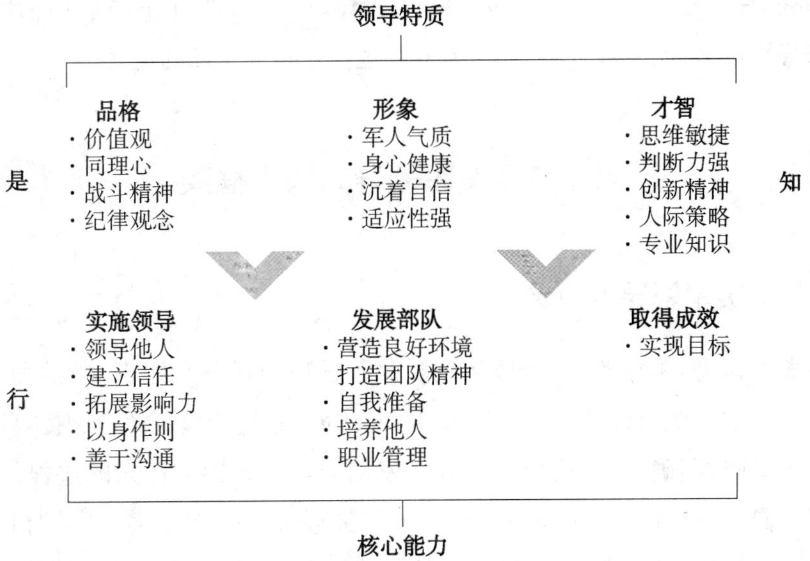

图 1.1　美军领导力构成模型

二、美军领导力层次

美军把领导力分为三个相互关联的层次：直接领导力（direct leadership）、组织领导力（organizational leadership）和战略领导力（strategic leadership）（图 1.2）。直接领导力属战术层面的领导力，组织领导力属战役层面的领导力，而战略领导力是最高级的领导力形态，是战略功能和领导力功能的结合，是作为战略家的领导者所具备的领导力的总和。决定一个职位对领导层次要求的因素，既包括该职位的职权范围、所在司令部的级别以及任职领导的影响范围，还包括部队或机构的规模、作战任务的类别、编制名额以及计划范围等。有时候一名领导者的军衔级别往往并不表明该职位的领导层次。一名担任排副的三级军士长即处于直接领导层次。倘若这位士官在司令部任职，负责处理旅级单位或更大的军事单位的政策事务，他的工作就是组织层次的；但如果他的主要职责是领导一个参谋科协助领导管理单位，这名士官就属于直接领导。

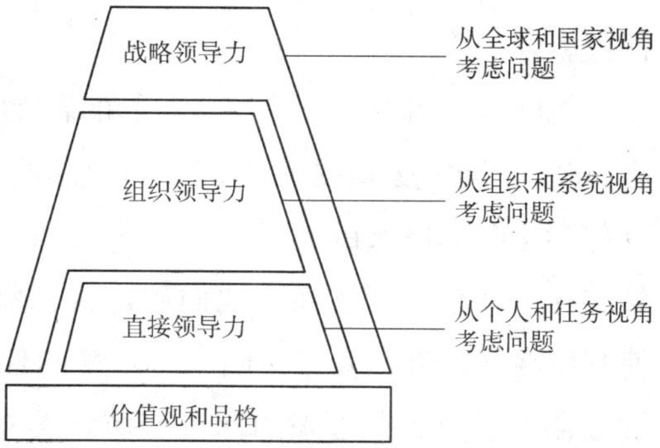

图 1.2　美军领导力层级模型

直接领导着眼个人和任务视角考虑问题，主要指面对面的或第一线的领导，通常存在于小队和班、分排和排、连、炮兵连、骑兵连、营级大队和骑兵中队等单位。在这种单位，直接领导的管理范围从几人到几百人不等，大多数士官、尉官和初级校官都属于直接领导层次。直接领导通常一对一地培养下属，通过下属间接地影响整个单位。例如，一名骑兵中队长对于士兵的直接影响，表现为他履行计划检查训练情况或与下属进行交流。直接领导面临的事情比组织领导和战略领导更具体、更简单，他们贴近具体行动，可以直接判断和解决问题。最基层的直接领导就是士官。

组织领导者从组织和系统视角考虑问题，一般包括旅级至军级军事领导、处级至基地的军事和文职主管，以及副部长级别的助理文职人员。其计划和任务重点一般着眼于 2 到 10 年。组织领导者一般不是通过面对面的交流，而是通过制定政策和整合系统的方式来施加影响力。组织领导的任务包括制定政策、管理协调各种优先事务和资源，或者制订长期目标并授权他人执行任务。成功的组织领导往往基于其直接的领导经历。组织领导工作复杂，经常需要同时运用直接领导、组织领导和战略领导要素。组织层面的领导者应具备全面的系统观，以平衡条令、机构、训练、物资以及领导力同教育、人员、设施之间的关系，不断评估相互关联的系统，制订长期计划来完成任务。

战略领导者从全球和国家视角谋划部队的长远发展。美军的资深校官、将官和同等级别的文职人员属于战略领导层次，如军种司令部、联合司令部和国防部层次的军职和文职领导等。战略领导负责庞大的军事单位，管理几千甚至几万官兵。他们确定部队结构、调配资源、下达战略目标，并使其所在司令部以及整个陆军为未来的任务做好准备。战略领导者面临的挑战在于倡导面向未来的深刻变革。美军相信，战略领导者是最高层次的全能型人才，关注部队未来 5 到 20 年的任务。战略领导者传承军队文化，预见未来部队走向，并向众多人员传达远景规划。他们通常是军队体制改革的先锋，影响力巨大。战略领导者必须适应国家决策中的部门环境和政治环境，巧妙处理与公共部门、行政机构和立法机关的关系。作为机构领导者，他们代表部队，面向军人、文职人员、平民、官员、媒体、其他军种和其他国家。

美军强调，核心领导力适用于军事单位的各个层次、各个领导岗位，贯穿职业生涯的始终。当领导者从直接领导层次提升到组织领导层次和战略领导层次，核心领导能力也会相应地呈现细微差异和复杂特征。如作为一名直接层次的领导者，其领导行为之一是提供任务目的；到了组织领导层次，就要提出长期目标，并授权他人具体执行；而在战略领导层次上，则需着眼未来的胜利，倡导变革，并构建完整的体制。各领导层之间的有效互动及其对核心领导力的运用，可以打造富有凝聚力的团队，促进组织成功。

第三节　美军战略领导力述要

一、美军强化战略领导力的背景

进入 21 世纪以来，美国面临日益不稳的国际安全环境，庞大的国防系统不能适应预算趋紧与军队在全球范围内收缩的现实。为有效应对持续冲突时代的多样化军事行动，增强军官的战略领导素养，美军通过制定法律法规，颁发条令条例，完善管理制度，强化军事职业教育等途径，着力推动高级军官的教育培训、岗位任用、选拔评估等领域的改革，积累了丰富的经验。但是，多年的伊拉克和阿富汗反恐战争，使美军军官军事职业教育时间锐减，军官的战略素养培育有所弱化，难以为未来战争做好充分准备。因此，美军亟须一支具备创新性和前瞻性思维的战略领导队伍，以有效慑止或打赢下一场战争①。

战争形态的变化要求美军加强军官战略领导力培育。在大规模常规战争时代，战术战役层面的领导力曾经发挥过重要作用，而当今美军所面对的是以高技术条件下信息化局部战争为主的形势，联合作战已经成为主要的战争形态。因此美军《联合作战顶层概念》要求培养"知识丰富、能力突出、富于创新和决策果断的领导者，能够领导网络化的联合部队在瞬息万变、甚至可能是混乱无序的作战环境中取胜"②。

21 世纪的战争包括三种相互重叠的冲突形式：一是硅战争，敌人拥有高技术武器和强大的战斗力；二是铁战争，威胁来自于某个国家，越来越表现出混合战样式；三是影子战争，利用无人机、特种部队和情报活动应对全球非常规威胁。未来美军将长期面对区域冲突、低强度战争、特种作战以及反恐战争、平叛行动、稳定行动、重建行动等战争与非战争行动，这都涉及越来越多政治、经济、社会、文化、外交等非军事因素。军事和非军事领域的界限越来越模糊，迫切需要具备战略领导力的高级军官，他们不仅精通军事，还擅长利用非军事力量达成国家目标，以便在复杂多变的战略环境中保持主动权，更好地维护国家利益。

行动环境的多元化要求美军重视军官战略领导力培育。美军认为，未来几十年将以持续冲突为特征，国家、地区和个体之间持久冲突，并越来越倾向于通过暴力来实现其在政治上或意识形态上的目的。在这一"持续冲突的时代"，美军将在史上最具道义模糊性与复杂性的环境下作战。美军当前的作战环境、力量布局、战场环境的复杂性以及联合作战的要求和执行任

① Barno, David. 2013. *Building Better Generals*. Center for a New American Security.

② US Joint Chiefs of Staff. 2012. *Capstone Concept for Joint Operations*.

务的方式都发生了很大变化。美军《联合军官培养构想》指出，美军军官越来越多地在联合、跨部门和多国环境中实施行动，这就要求高级军官要具备联合、跨部门以及多国视野，能够从更广阔的角度看待和处理问题。要善于利用联合、跨部门和多国资源，在多元文化背景下取得行动的成功。因此，美军亟须具备文化敏感性和地缘政治意识的战略领导者。①

管理方式的变革要求美军军官具备战略管理才能。面对世界上最大规模、最为复杂的人事管理、采购和后勤体系，未来的高级军官必须成为管理庞大国防系统的专家。要擅长协调跨部门关系，在政治环境中游刃有余。未来十年，美军将继续面临严峻的管理挑战，包括预算自动削减、机关经费快速攀升、在部队规模、战备和装备现代化之间难以平衡等问题。高级军官要在预算和资源吃紧的情况下，运用创新性战略思维，推动组织变革。因此，美军亟须增强某些岗位高级军官的金融管理、战略思维、决策、沟通、人力资本控制等战略管理能力。

二、美军战略领导力界定

美国陆军上将乔治·马歇尔在反思任陆军参谋长时曾经说过，“显而易见，在58岁的年纪，我还要学习一些新的招数，这是在军事手册或战场上学不到的东西。在这个位置上，我就是一个政治军人，必须训练快速发号施令，学会当机立断。还要学会说服和伪装的艺术。我必须要精通一整套新的技能”②。

当时第二次世界大战刚开始几个月。马歇尔相信，自己先前所接受的教育、训练和经历并没有为他担任更高的领导岗位做好充分准备。作为陆军参谋长，他的成功取决于其说服政府内外有影响力的人物和组织的能力，并藉由他们的努力，实施其打赢战略，动员陆军使之成为现实。马歇尔的洞见说明在直接领导力和组织领导力之上还有第三层领导力，即战略领导力。

马歇尔凭直觉意识到，制定国家战略以及实施该战略所需的兵力结构要求一种国家乃至国际层面的复杂决策体制。作为陆军参谋长，马歇尔与

① Joint chiefs of Staff. 2005. *CJCS Vision for Joint Officer Development*.

② Gerras, Stephen J. 2010. *Strategic Leadership Primer* (3rd ed.). Carlisle Barracks: Army War College, Department of Command, Leadership, and Management.

文职领导协力构建了一个巨大的工业战争机器，并与同盟国家合作，以确保行动一致。从马歇尔担任参谋长以来，国家与国际决策体制的政治复杂性日益增加。因此，要在当今的战略领域取得成功，高级军事领导者及其参谋人员必须理解国家的战略构想以及战略制定过程，必须了解身处其中的环境及多样的文化，需要培养的素质，以及需要执行的任务。他们必须利用自己的知识和经验，制定明确的未来愿景，并通过制定政策和战略，清晰表述相应的途径和手段，力求实现预期的目标。总之，战略领导者必须在具有多变性、不确定性、复杂性和模糊性(VUCA)的环境中取得成功。

美国陆军战争学院对战略领导力做了如下的界定：战略领导力就是这样一个过程，即在一个充满多变性(volatility)、不确定性(uncertainty)、复杂性(complexity)和模糊性(ambiguity)特征以及机遇和威胁并存的全球环境中，通过塑造组织文化、分配资源、发布政策和指令以及构建共识等途径来达成共同期待的愿景。①

时任美国陆军参谋长乔治·凯西将军在2008年提出的定义与陆军战争学院的版本稍有不同，他认为，“战略领导者引领大型组织达成组织愿景，通过制定政策和战略，构建共识，获取和分配资源、影响组织文化、塑造复杂模糊的外部环境。他们以身作则打造高效能组织，培养下一代领导者，抓住机遇推进组织目标，平衡个人和职业需求”。

美国陆军战争学院2019年版的《战略领导力基础》对战略领导力作了最新的表述：“战略领导力就是整合人员、系统和资源的过程，目的是达成组织愿景，构建适应力强、具备创新性的文化，以在竞争性环境中取得优势。”②

该定义中包含了战略领导力在时间方面的两个属性。首先，当前的组织氛围和文化是过往历史的产物，协调和开展活动必须考虑到过去。其次，战略领导者关注的未来愿景会远超战术或战役领导者所考虑的时间范畴，而且几乎总是远远超出战略领导者自己的任期。

---

① Gerras, Stephen J. 2010. *Strategic Leadership Primer* (3rd ed.). Carlisle Barracks: Army War College, Department of Command, Leadership, and Management.

② Tom Galvin & Dale Watson (Ed.) 2019. *Strategic Leadership Primer for Senior Leaders* (4th Edition). Department of Command, Leadership, and Management School of Strategic Landpower, U.S. Army War College, Carlisle, PA.

三、美军战略领导角色定位

战略领导与基层领导不同。为了在战略层面取得成功，领导者首先必须了解所处环境的广度、范围和复杂性。战略领导者在竞争激烈的环境中展开行动。这种竞争环境是由复杂的适应性系统组成的网络，其中涉及系统、子系统及其相互联系所带来的深刻不确定性。系统和系统之间的联系并不是完全已知的，这让环境变得更加复杂。

其次，战略领导者应意识到他们所做决定的潜在成本很高。战略领导者决策所付出的生命和潜在资金成本要比其他领导决策高得多，一旦失败可能完全改变一个国家或武装部队参与未来冲突的性质。以二战中艾森豪威尔将空降行动纳入诺曼底登陆的决定为例。空军元帅利·马洛里（Leigh-Mallory）确信艾森豪威尔将牺牲两个空降师。1944 年 5 月 30 日，马洛里要求艾森豪威尔取消空降行动，理由是不合适的地形和德军的抵抗太强大，无法给空降部队提供生存的机会。尽管所有的计划已经展开，准备行动已经开始，艾森豪威尔仍在继续思考这个决定。他后来回忆说："我独自一人去帐篷里坐下，想着……我当然知道，如果故意忽视技术专家的建议，而且他的预测应该是正确的，那么我将公正地把良心的重担带到坟墓，指责自己愚蠢地、盲目地牺牲了成千上万朵青春之花。然而，比个人负担更重要的是，如果他是对的，灾难的影响将……蔓延到整个部队。"

历史证明诺曼底登陆中艾森豪威尔使用空降兵的决定是正确的，但他把做决定时巨大的潜在成本（战略领导人的独特负担）留给了自己。

第三，利用高级领导团队。鉴于竞争环境的复杂性和职责的范围，高效的战略领导者会依赖高级领导团队。在瞬息万变的复杂环境中，高级领导团队的使用变得越来越重要。战略领导者使用四种类型的高级领导团队：信息团队、咨询团队、协调团队和决策团队。信息团队为战略领导者提供收集所有必要信息的场所，可以方便地分析环境，确保组织中人员、流程、技术和结构的一致性。咨询团队为领导者必须做出的关键决定提供建议，战略领导者可以创建横跨多个职能部门的咨询团队，帮助其确定战略或计划的目的和内容。协调团队负责在落实战略领导者重要计划的过程中开展协调。例如，联合后勤部门在联合特遣部队的物资分配方面发挥重要作用。

最后，决策团队负责执行影响整个组织未来的决策。总之，高级领导团队可以拓展战略领导者的能力，帮助其了解环境，确定是否符合发展愿景，识别和界定出现的问题，提供可能的解决方案并在职权范围内抓好落实。

第四，充当专业的引领者，承担起领导该行业和管理该行业官僚机构的职责。美军认为，专业精神和合理的道德判断对国防部执行任务、维持国家领导人的信任和信心至关重要。专业精神支撑起国防部专门知识的获取、技能的认证以及行为规则。作为专业领域的领导者，所有军事领导者都必须以专业的态度行事。也就是说，必须按照自己的职业道德行事。首先，战略领导者必须在部队的专业知识与潜在的未来作战环境之间取得平衡。其次，必须在组织文化与制度实践之间取得平衡。战略领导者在领导作战方面和领导官僚机构方面负有同等责任。面对激烈的全球竞争，履行两项职责对于美国保持竞争优势至关重要。

具体而言，战略领导力主要发挥三种角色：战略领导者（strategic leader），战略理论家（strategic theorist）和战略执行者（strategic practitioner）。战略领导者提供战略愿景和战略重心，激励他人思考和行动。战略理论家提出战略概念和理论，研究战争历史，传授战略艺术。战略执行者制定和实施战略计划。作为“领导的领导”，战略领导不仅关注任务，还关注团队，关注人。战略领导高瞻远瞩，为整个组织提供方向。战略领导者既作用于部队内部又影响外部环境。他们以身作则，知人善任，通过交流、鼓励和激发等方式间接施展领导力（图 1.3）。

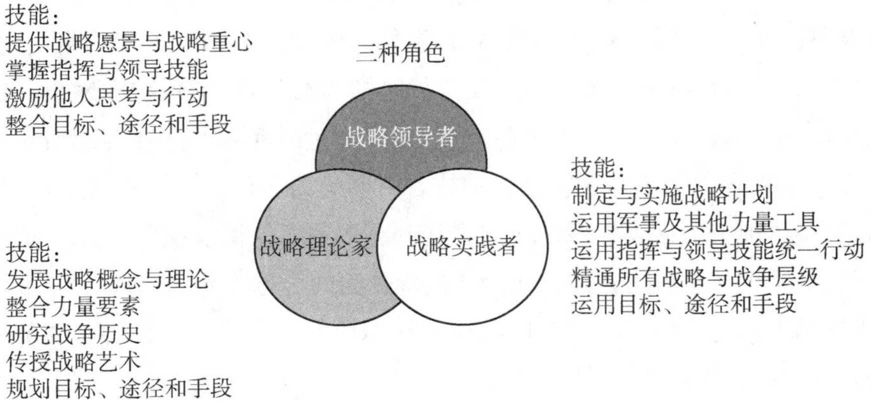

图 1.3　战略领导角色定位

为此，美军要求战略领导者必须致力于理解、阐释并掌握 VUCA 环境。那么，什么是 VUCA 环境呢？它包括多变性(Volativity)、不确定性(Uncertainty)、复杂性(Complexity)和模糊性(Ambiguity)。

首先，多变性涉及环境变化的速度。信息时代的多变性意味着，即使最新的数据也不能保证为决策提供充分的信息。除了要具备准确评估当前环境的能力之外，领导者还必须在某项工程、项目或行动实施期间预见快速的变化。环境的多变性以及现代采购项目的长期性为领导者及其参谋人员提出了很大的挑战。其次，不确定性意味着，不能预知特定情形的所有情况，很难预见变化的特点和后果。不确定性往往会延迟决策过程，增加对未来变化的巨大分歧。因此需要明智的风险管理和防范策略。再次，复杂性是指，在高度相互依赖的系统，甚至系统的系统内，很难理解不同部分或因素之间的相互作用，难以预测改变一个或多个因素之后会产生何种主要和后续效应。在一个广阔范围的网络中，预测单个互动的直接后果是可能的，但是非线性的变量迅速复合增殖，并会反向影响以前的关联，由此对评估过程造成巨大困难。可以说，复杂性产生了不确定性。最后，模糊性描述了某一特定的不确定性，环境线索不足以清晰表述意义，造成解释差异。不确定性是由文化盲点、认知偏见与视角局限等原因造成的解释困难。在战略层面，领导者往往可以合理地以几种不同方式解释同一事件，发生错误的概率是很高的。

从文化背景来看，美国是一个以“盎格鲁—撒克逊”文化为基础的、高度宗教化的国家。美国的宗教信仰、主流价值和民族文化传统是其战略文化的基础，零和博弈的国家安全观、“世界领袖”的目标观以及崇尚实力的力量观是其战略文化的核心。而美军战略领导力则深深根植于美国战略文化，战略文化同时也决定了美国国家安全战略的本质特性，即保护和输出美国的价值观。其最终目的是保护国家利益，充当世界领袖。这在美国历年的国家安全战略、军事战略和防务战略中都有明确的体现。举例来说，2011 年版的《美国国家军事战略》的标题为“重新定义美国的军事领导力”；2012 年版的《美国国家防务战略》的标题为“维持美国的全球领导力”；2015 年版的《美国国家安全战略》强调“美国必须发挥领导力”“在国内维护自己的价值观，同时在国外推广普世价值观”。

可见，战略领导力是一个动态的过程，在一个瞬息万变的全球战略环境中施展战略艺术，首先要为组织提供愿景，也就是长远的发展目标。通过构建共识来获得多方的认同，通过塑造组织文化来支持组织愿景，通过合理分配资源、制定发展战略等方式谋求组织发展。这就要求战略领导具备开阔的全球视野，敏锐的思维能力以及深入的跨文化理解力。战略领导力具备全局性、长远性、前瞻性、创新性等特征，表现为整合力、预见力、创新力和执行力。其核心是战略思维能力，它可以有效地整合领导者的品格特质和专业知识，使之转化为强大的行动力。

四、美军战略领导能力素质

美军学者研究指出，战略领导者还应具备一系列元能力（meta competency），包括自我认知（identity）、思维敏捷（mental agility）、跨文化理解力（cross-cultural savvy）、人际成熟度（interpersonal maturity）、世界级战士（world-class warrior）以及职业素养（professional astuteness）等①。美军按照"是、知、行"框架对战略领导能力素质作出如表 1.1 描述。

表 1.1　战略领导能力素质

"是"：价值观、品质	"知"：技能	"行"：影响、行动、改进
● 价值观的拥护者和完美体现者 ● 精通战略艺术（目的、途径、手段） ● 精研历史 ● 适应复杂性 ● 精力充沛：身体的、心理的以及压力管理 ● 老练的外交家 ● 才智过人：拥有多种参考框架、模式识别，能够预见一、二、三级效应	**概念能力：** ● 预见力：预见未来，主动思维、批判性思维、创新性思维、反思性思维 ● 建立参照框架：系统思维、模式识别 ● 问题管理：不同的问题，没有唯一正确的答案，有能力识别并忽略无关问题 ● 批判性自我审视 ● 批判性、反思性思考 ● 在复杂环境中高效行动 ● 熟练规划目的、途径和手段 **人际能力：** ● 与更大范围的对象沟通：谈判，在多个利益攸关方之间构建共识，系统知识，复杂的说服技巧	● 为未来做准备：构想（长期目标、时间限度、视角） ● 实施政策与指示 ● 塑造文化：基于价值观的组织，理解多样性和差异，不同视角 ● 传授战略艺术 ● 管理联合与跨部门关系 ● 应对国家层面的关系 ● 代表组织 ● 利用技术 ● 引领变革：创建学习型组织

① Wong, Leonard. 2003. *Strategic Leadership Competencies*. Carlisle Barracks: U. S. Army War College, Strategic StudiesInstitute.

（续表）

“是”：价值观、品质	“知”：技能	“行”：影响、行动、改进
	● 激励他人采取行动 ● 代表组织，面对内部和外部利益攸关方 ● 熟练协调目的、途径、手段 ● 精通指挥与同级领导行为	● 在战略层面打造团队、建立共识 ● 运用战略艺术：调配资源，制定与实施战略规划
	技术能力： ● 系统理解：政治、经济、文化、后勤、管理以及联合关系 ● 识别与理解相互依存的因素：系统、决策、组织等 ● 信息时代技术观念，下一代观念，复杂的时间空间选择	

美军认为，战略领导者作为“领导的领导”，对于战争胜负发挥着举足轻重的作用。在当前复杂多变的作战环境中，军官尤其是高级军官应具备良好的战略思维素养，要具备战略谋划、战略执行、战略研判等注重创新性、整体性和前瞻性的高级领导能力。

战略领导者特别强调方向、愿景、战略、激励与整合等方面的领导能力，关注全局性、整体性、长远性问题，以前瞻性、创新性、开放性为特征。美军认为，卓越的战略领导应当完美融合战略领导者、战略执行者和战略理论家三种角色。通过塑造组织文化、分配资源、发布政策和指令以及构建共识、塑造复杂模糊的外部环境等途径引领大型组织达成其战略构想。美军认为，在当今复杂的国际战略环境中，战略领导力包含如下5项核心要素。

一是提供远景目标。战略领导者是军方、国防部和国家安全机构的最高层指挥，面对来自军内外各种错综复杂的问题，其首要任务就是权衡眼前利益与长远发展，为组织提供远景目标，为组织的未来发展提供方向，定下基调。应着眼全球性、区域性或国家的视角引导部队的发展方向，提供有效的指导，设定清晰的远景目标，给每位官兵提供终极意义上的目的、方向和动机，作为部队制定具体目标和计划的起点，评估工作进程的准绳。

二是塑造组织文化。战略领导者通过战略构想、政策、沟通、教育训导及以身作则等方式塑造组织风气，构建组织文化，增强组织凝聚力。确保军人价值观和“战斗精神”始终作为组织文化的核心要素，运用组织文化来支持其战略构想。通过设立制度、政策和规章，以及组织主导价值体系，完善军队的习俗与传统。使组织文化适合未来环境要求并且基于其他领导者和成员共同认可的价值观，使组织价值观与战略构想相一致，在组织内部广为宣导并内化为组织成员的思想意识。

三是构建并影响各种关系。首先是构建并影响联合、跨部门、多国及组织内部的各种关系，善于利用各种技巧达成共识，建立联盟。发展和维持与其他军种、国家及政府机构间的联合及一体化关系；其次是构建并影响国家层面的关系。战略领导者的主要职责之一就是应对军事组织与国家政策机构之间的关系，利用国内和国际参照体系来影响舆论，实现组织的任务和目标。

四是作为组织的代表。战略领导者在更为广泛的社会关系中代表组织，拓展战略影响，构建战略共识。如定期与行政、立法及司法机构成员进行沟通；在其他联邦机构、媒体、当权者以及公众面前充当组织的代言人；构建并维持信息来源网络，以了解并塑造环境。为此，战略领导者必须熟悉国家文化、价值观、各种利益以及政治、经济、国家军事力量等，熟悉制定国家安全目标，国家军事战略以及发展、部署和使用军事力量的过程和程序。

五是引领和管理组织变革。面对新人员、新任务、新科技、新装备以及新信息等复杂因素，战略领导者要不断倡导面向组织未来的扎实变革。战略领导者应着眼长远，以开拓革新的勇气建设部队。借助于广泛的外交、信息、军事和经济手段等方面的知识储备，依靠情报资源以及智囊网络，集思广益，共同谋划，引领和管理组织变革。

延伸阅读

戴维·彼得雷乌斯论战略领导力[①]

戴维·彼得雷乌斯(David H. Petraeus)，美国陆军退役上将，生于1952年11月7日。1974年毕业于西点军校，获科学学士学位。1983年毕业于美

① On Strategic Leadership, An Interview with David H. Petraeus. *Parameters* 45(4) Winter 2015-16, 75-79.

国陆军指挥与参谋学院，作为优秀学员获得乔治·马歇尔将军奖。1985 年和 1987 年从美国新泽西州普林斯顿大学伍德罗·威尔逊公共与国际事务学院毕业，分别获公共事务硕士学位和国际关系哲学博士学位。后来在西点军校任国家关系助理教授。2001 年升为准将，2007 年被授予上将军衔。于 2007 年 2 月到 2008 年 9 月担任驻伊拉克多国部队指挥官，2010 年 7 月到 2011 年 7 月担任驻阿富汗国际安全援助部队指挥官。2011 年 9 月到 2012 年 11 月担任美国中情局局长。

2015 年哈佛大学肯尼迪学院贝尔弗中心采访了彼得雷乌斯，请他谈谈对战略领导力的见解。以下是采访的部分内容。

问：您能谈谈战略领导力的 4 项关键任务吗？

答：首先，战略领导力是个体在组织层面所实施的能真正决定组织方向的行为。在某一个战区内，无论是伊拉克多国部队，还是阿富汗国际安全援助部队，该战区的指挥官，也就是战略领导者，在美国总统或北约领导所设定的政策范围内，决定组织该往哪个方向发展。

主要有四项任务：第一是要有正确的“大思路”(big idea)；第二是在组织范围内有效传播“大思路”；第三是监督“大思路”的贯彻实施；第四是要确定如何改进“大思路”。然后就是不断重复这个过程。

从我个人的经历而言，要获得正确的“大思路”，并不是坐在一颗大树下面等待牛顿的苹果(即完全成熟的“大思路”)落在你头上。“大思路”来自协作，来自学习，研究，分析，需要许多人参与进来。当然，领导者最终要做出决策，要确定“大思路”，这是一个不断反复的过程，至少对我而言就是如此。这就是应该采取的方式。

传播“大思路”就是要尽可能地利用每个媒介和机会来广而告之的过程。它始于就任之初的发言，职务交接时的讲话。在伊拉克，我首先通过写给多国部队的所有陆、海、空现役及文职文员的一封信来传达我的思想。然后召开多国部队各级指挥员会议，在接下来的日子里，我逐步改变了任务陈述(mission statement)，最终修改了整个战役计划。

在日常生活中，要抓住一切机会传达思想。每天的战场简报与分析是传达思想的另一个机会，很多人会通过电话会议参与其中，通常持续一个钟头，我的讲话会被转成文字形式通过军网传达至旅级指挥官一级。

接下来就是监督“大思路”的贯彻实施。这涉及你要如何安排你的时间，你的作战节奏(battle rhythm)，每天你要做什么？你根据什么来衡量工作的进展？我们花了大量的时间来确定、改进“大思路”，并确保能够严格实施。你每周能够拿出多少天时间出去走走看看，巡视部队，见见辖区内的伊拉克领导，见见我们的指挥员，包括连级和排级指挥员，了解一下他们的经历，他们的关注点，看看他们是否已经明白了你的“大思路”，你的意图，他们又是如何在各自的层面上来实施“大思路”的？

最后，当然是确定需要对“大思路”做出的改变。有些“大思路”一经提出就被放弃了，有些“大思路”需要做进一步修改，或许还会有新的“大思路”被采纳。这是一个不间断的连续的循环过程。它需要一种系统化的方式，有自己的节奏在里面。你需要经常回过头来正式地审视这些“大思路”，你需要决定它的传播过程，你需要向你的上级传达这些“大思路”，也要向你的盟军伙伴以及驻在国的合作伙伴传达这些思想，这是一个360度的行为。然后，要不断进行评估：第四项任务中，需要做出哪些改变？当然，第四项任务也有它自身的系统、过程和程序。我们建有陆军经验学习中心，海军陆战队经验学习中心，联合经验学习中心，非对称战争小组，反叛乱研究中心等，所有这些都被加以整合，呈交到我面前，作出如何在实际中运用的建议，没有导致“大思路”产生变化的经验是没有真正被学习的经验。

问：谈谈您在伊拉克担任多国部队指挥官时是如何想到这些“大思路”的？

答：首先，是我本人如何采取行动在头脑中获得正确的“大思路”，为帮助陆军，尤其是海军陆战队，我们与马蒂斯上将以及海军陆战队合作，也试图帮助这些组织确立自己的“大思路”。之前我作为中将在伊拉克负责培训与装备任务十五个半月，后在美国担任莱文沃斯堡合成兵种中心司令十五个月，在这期间，我们花了大量时间讨论有关实施伊拉克战略的思想和概念。我们编写了《反叛乱条令》，在《军事评论》杂志上开设专栏举办反叛乱主题研究写作竞赛，我们做了大量的工作，为“大思路”的提出做准备。随后，总统决定增兵，调整领导班子，我受命去伊拉克担任多国部队司令。

我到了伊拉克，待了两年半时间，已然成竹在胸。大部分增兵期间部署到伊拉克的指挥官都要完成一期任职，一整年的时间。许多人还完成了两个任期。所以，我们是一支相当有经验的团队。我们修订了相关条令，调整了组织，改革了训练模式，彻底改变了领导者发展课程，做了体制方面的调整，以确保我们的领导者和部队为完成伊拉克和阿富汗任务做好准备。

问：谈谈您是如何传播“大思路”的？

答：不遗余力，持续不断。必须抓住一切机会，充分利用每一种媒介，每一种可能的途径在整个组织范围内有效地传播“大思路”，向我们的合作伙伴，我们的指挥链，美国以及盟军的大领导，向美国人以及其他伙伴国家的人民传播“大思路”。要让所有人知晓我们正在努力做的事情。要向他们解释清楚，这是一种责任。我们甚至有责任让他们了解指挥自己儿女的那个人的情况。要说明我们的目标，对当前局势的坦率、真实的评估，任务的进展，未来的计划，以及我们能够做到的和不能做到的事情。

问：您如何监督“大思路”在伊拉克和阿富汗有效贯彻实施？

答：以一种结构化的方式。要知道，这并不是跟攻下山头、插上旗子、凯旋回归一样。而是需要积小胜成大胜，甚至还要经历一系列挫折。需要随着时间推移而积少成多，久久为功。你可以画出来，看到它，感受到它。

我们力图确定一整套不同的衡量标准，如是否是敌人引发的日常攻击、自杀式汽车炸弹、普通的汽车炸弹、简易爆炸装置、宗派暴力、我方人员的伤亡、伊拉克方面的伤亡、地方老百姓的伤亡等都要逐一审视。甚至产生多少兆瓦的电量，产出多少桶原油，伊拉克的方方面面，它的社会、政治进程，基本的供应保障，医院，学校，法治等军事之外的一切都在关注之中。

每天我们都要进行战斗更新评估(BUA)，从早上7:30持续到8:30，之后召开重要人员会议，参与人员包括最高层的盟军领导，最后是美国和英国人员参加的更小规模的会议，然后我和奥迪尔诺中将两人坐在一起，讨论局势的发展。除此之外，每周还要安排其他活动，如至少要拿出1小时的时间跟负责训练和装备的上将指挥官见面，安排1小时与特种作战指挥官见面，每周日要进行专门的情报评估，至少花两天的时间乘坐悍马军用车，或者直升机到部队巡视，了解最新情况，评估地面形势。每周安排时间与伊拉克方面人员见面，参加国家安全委员会会议。

每周一上午7:30到8:30(华盛顿时间)要安排与美国总统的视频会议；每周二上午7:30开始与国防部长和参联会主席的视频会议，等等。有每两周一次的活动，有月度活动，有季度活动，一直到我与克罗克尔大使的战略战役规划评估会议，所有美方与盟国高级军政领导都参与其中。我们详细分析伊拉克安全部队的训练与装备任务情况，总体安全形势等等。

问：您能举例说明在伊拉克或阿富汗是如何修改重要的“大思路”的？

答：我给你举一个例子。在我担任驻伊拉克部队师长或多国安全过渡司令部司令以及训练与装备指挥官时，我并没有过多关注战俘行动(detainee operation)。但是，如今，我们拥有将近2万名战俘，在我担任多国部队指挥员时达到了2.7万或2.8万人。我意识到必须要做出改变了。在我就任之初的某天晚上，发生了一场万人暴乱，这是很难对付的。我们发动了营地中的每一名人员，动用消防车以及一切能用的装备，使用所有的非致命武器，发射了数千枚橡皮子弹，最后终于控制了局势。我意识到我们出现了严重问题。

新的抓捕联合特遣队指挥官刚刚就任，我们进行了系统的评估，想到了一些应对抓捕行动的“大思路”。首先是在掌控局势和开启囚犯改造行动之前不再释放更多的被捕人员。前提是我们必须先找出真正的死硬极端分子领导并把他们另行关押。这就是所谓“执行营地内反叛乱行动”，这跟在营区附近执行行动是类似的。你必须找出那些坏家伙，你必须知道如何将他们击杀、抓捕或从人群中分离出来。当然这不是最重要的，更重要的是确保人员安全，达成和解，追捕那些不可调和分子等。最终我们制定了改造和释放拘押人员的措施，大幅降低了再犯率。我们提出了“大思路”，制定评估程序等，据此，我们制订了犯人改造计划，实施这些计划，在实践中加以修改，这就是学习型组织所应做的事情。

戴维·彼得雷乌斯的戎马生涯[1]

戴维·彼得雷乌斯，1952年11月7日出生于纽约州奥兰治县哈德逊河

[1] https://en.wikipedia.org/wiki/David_Petraeus#2011－2020.

畔康沃尔村的一个普通农家，父母是二战后移居美国的荷兰人。少年时期的彼得雷乌斯，无论学习还是相貌都不是最突出的，因此直到高中毕业前，没有多少人看好他的前途。尽管彼得雷乌斯“少不得志”，但他却以踏实可靠、文明守礼和多才多艺而著称，是同辈中典型的“乖孩子”。彼得雷乌斯最大的优点就是善于在危机时刻，扮演“救火队员”的角色。用奥兰治县议员阿伦·赛德曼（其老同学）的话来说，就是“善于在最糟糕的境地最大限度地利用有利因素以扭转局势狂澜”“置之死地而后生”的个人特质，为其日后果敢、坚决、善于应对危局的个性打下了深厚的基础。

1970 年考入西点军校后，彼得雷乌斯因爱好体育、学业出众，很快就脱颖而出，迈出了其人生腾飞的关键一步。西点军校 74 级学员年鉴在评价彼得雷乌斯时指出，他“无论是在军事训练、体育、学业还是社交方面，都是同辈中的佼佼者”。后来，彼得雷乌斯成为美国军界公认的“大学者”，同时也因体格健壮、酷爱运动被称为“军中的钢丝卷”，这与其在西点军校的学习经历密不可分。1974 年，彼得雷乌斯以全班第一的优异成绩毕业，并被授予陆军少尉军衔。彼得雷乌斯的优秀潜质，引起了西点军校校长威廉姆·艾伦·诺顿的垂青和关注，将其女儿嫁给彼得雷乌斯。而这段才子配佳人的美好姻缘也为彼得雷乌斯日后步步高升铺平了道路。1975 年，彼得雷乌斯被分配到美国陆军第 509 空降营任职，自此便与空降部队结下了不解之缘。1979 年 1 月，彼得雷乌斯又被调往美国陆军第 24 步兵师，后因深得长官的器重和赏识而被选送到西点军校作为“重点培养对象”深造，成为美国军界一颗璀璨的新星。1983 年，他再次以第一名的成绩从美国陆军指挥与参谋进修班毕业，并获得“马歇尔将军奖”这一殊荣。

彼得雷乌斯在学业上不断进取，于 1985 年和 1987 年，相继从普林斯顿大学获得了公共管理硕士和博士学位。在其博士毕业论文——《美国军事与越战教训对后越战时代军事影响和军队部署的研究》中，彼得雷乌斯以学者和军人的双重身份反思越战，对越战留给美军的教训提出了一整套与众不同的见解。在这篇论文中，彼得雷乌斯认为类似于越战的非常规战争将是美军未来经常面对的问题，但由于远离本土作战，“补给、时间和持久性都对美国不利”，所以美军面临的最大问题“在内而不在外”，“安内”也就成为“攘外”的必要条件。彼得雷乌斯在此基础上提出了“军民一心、军政互信、三军一体”的反游击战三大原则。这篇颇有见地的毕业论文为其日后的升迁和发展奠定了坚实的基础,也为其 20 年后在伊拉克的重建工作提供了关键性的指导。1985 年 7 月,彼得雷乌斯调任西点军校社会科学系教官、副教授,成为一位名副其实的“儒将”。

此后,彼得雷乌斯又先后担任驻欧美军最高司令、美国陆军参谋长、美军联合参谋部主任和美军参谋长联席会议主席的幕僚,这段经历使他在美军中积累了丰富的人脉。1993 年,彼得雷乌斯首次调往一线作战部队高层任职,出任美军第 82 空降师计划处主任,并于 1995 年 1 月升任美军海地“维持民主”军事行动首席作战官。1999 年,彼得雷乌斯升为准将,并于 2001 年成为美国第 18 空降军参谋长。由于治军有方,彼得雷乌斯成为美国军事小说《空降》的创作原型。然而,真正令这位陆军儒将声名鹊起的,却是 9·11”事件后的“反恐”战争。

2002 年 7 月,彼得雷乌斯升任美国第 101 空降师师长,并率部参加了伊拉克战争,为美国陆军第 5 军进攻巴格达的行动提供支援。一路上,他率部经过卡尔巴拉、希拉和纳杰夫等多次恶战,为保障整个美军作战部队的运输线立下了汗马功劳。此后,彼得雷乌斯领导的第 101 空降师在伊拉克北部尼尼微省的经济重建和行政管理工作中表现极为出色,逐步稳定和缓和了当地的局势,成为战后伊拉克派系斗争错综复杂、恐怖活动频频发生的整体动荡局势中少有的“亮点”和“绿洲”,而这段经历也为他日后出台《伊拉克报告》的“治伊方案”积累了丰富的经验。

2004 年大选前,由于美军深陷伊拉克战争和阿富汗战争,伤亡人数不断上升,美国国内反战声此起彼伏,在伊拉克问题上的“进与退”也成为共和党与民主党激烈争辩的焦点。在此背景下,被美国媒体喻为“伊拉克拯救者”的彼得雷乌斯的一言一行对于拉抬美国两党的政治选情和民调声望,具有举足轻重的作用。因此,这位深谙官场之道的“政治将军”也成为美国国内各派政治势力竞相争取和拉拢的关键力量。2004 年美国大选投票前的 6 个星期,彼得雷乌斯在《华盛顿邮报》撰文支持布什政府的增兵政策,认为伊战已“有实质的进展”。彼得雷乌斯的这一表态大大扭转了共和党因伊战困局所面临的不利态势,使得原本混沌不清、不分伯仲的两党选情豁然开朗,为布什的连任立下了汗马功劳。

布什连任后投桃报李，在不到两年的时间里将彼得雷乌斯一路晋升为四星上将，并于2007年正式委任其接替乔治·凯西出任驻伊美军司令。作为研究越战的专家，彼得雷乌斯任内潜心研究游击战，主持编写了《美军反叛乱手册》，其中的一整套被称为“彼得雷乌斯主义”的作战原则主张从情报收集、战术策略、军队领导、后勤物资以及当地语言、文化软实力等多方面入手，综合运用“攻城”和“攻心”手段，有效破解美军在应对游击战过程中面临的困境。

在彼得雷乌斯的治理下，美军向安巴尔省等原来由恐怖组织和极端分子控制的伊拉克城市增派了大批部队，一定程度上缓和了当地动荡不安的局势，赢得了该地区逊尼派部落首领的支持，使得美军的伤亡人数得到了控制，而这也引起了美军上下，特别是美国陆军高层的高度关注。2007年11月中旬，彼得雷乌斯接受美国陆军的新命令，按照现代战争发展趋势要求负责领导一个“选将”委员会，晋升和重用一部分“有培养前途”的优秀军官，而获得晋升的将领将在未来十几年后陆续进入美军的核心领导层。

2008年11月，彼得雷乌斯接替突然辞职的法伦上将，升任美国中央司令部司令，在其力荐之下，手下爱将奥迪尔诺和麦克里斯托尔也分别升任驻伊、驻阿美军司令，组成了中央司令部牢固的反恐战争“铁三角”，成为陆军新生代力量的核心。

彼得雷乌斯上任中央司令部司令后，强调要沿用伊拉克战场上的成功经验，“用冷静的现实主义态度去面对巨大的问题”，主张采取“剿抚并重”的双重手段来破解阿富汗战争困局，在增派兵力，加强军事打击的同时，坚持政治瓦解策略，继续与塔利班进行和谈。然而，就在彼得雷乌斯身居二线，为反恐战争运筹帷幄之际，其心腹爱将麦克里斯托尔的一番言论，又将其推到了风口浪尖上。

自2009年6月上任以来，麦克里斯托尔与驻阿大使艾肯伯里之间的关系一直十分紧张，龃龉不断，特别是在增兵问题上，两人之间的矛盾尤为尖锐。作为阿富汗战场上的最高指挥官，麦克里斯托尔一直希望奥巴马能向前线增兵，但艾肯伯里却瞒着他给白宫发密电，称阿富汗总统卡尔扎伊“不可靠”“不合格”，劝奥巴马不要大幅增兵。在经过数月的反复考虑后，奥巴马虽于2009年12月1日最终决定向阿富汗增兵3万，但同时又宣布要在

2011 年 7 月从阿富汗如期撤军。这看起来更像是“借兵”，而不是“增兵”。因此，麦克里斯托尔对艾肯伯里的行为极为愤怒。随着阿富汗战事的持续吃紧，撤军日期的日益临近，这些错综复杂的矛盾积聚在一起，终于引发了这场美军历史上极为罕见的“文武交锋”事件。

2010 年 6 月，麦克里斯托尔及其手下军官，在接受美国《滚石》杂志采访时，肆无忌惮地公开辱骂其文职上司，称总统奥巴马“不理解阿富汗前线的情况”，在五角大楼的会议上“手足无措”；白宫高级顾问琼斯是个“从 1985 年遗留下来的克隆”，阿富汗与巴基斯坦事务特使霍尔布鲁克是“如同受伤的动物一般”的“危险的家伙”，所以“几乎不想看他发的邮件”；驻阿大使艾肯伯里是“经受不起历史检验”的“叛徒”，至于反对向阿富汗投入更多兵力的副总统拜登，则被他极其不屑地开起了名字玩笑，称拜登（Biden）“咬我”（Bite Me）。

鉴于两位前任（麦基尔南和麦克里斯托尔）因作战不利或惹祸的言论而被中途解职的前车之鉴，驻阿美军司令之职对于美军将领来说，是块既闪耀荣光、充满诱惑，又危机四伏、让人可望而不可即的“烫手山芋”。因此，在美国内忧外患日益尖锐、文武对立不断加剧的大背景下，奥巴马为减少换将行动对美军军心士气的损害，保持阿富汗战局的稳定，不得不请军中威望高、政界人缘好，懂政治又会打仗的“政治将军”彼得雷乌斯重新出山，收拾残局。

然而，诸多错综复杂的内外因素也决定了彼得雷乌斯未来的履新之路绝不会轻松。首先，如何应对日趋复杂的阿富汗战局，将是其任内面临的最大挑战。阿富汗地处中亚腹地，地形和人文风俗条件都极为复杂，过去 200 年内的 4 场大规模入侵战争皆以入侵者的失败而告终。因此，阿富汗也被誉为“大国的坟墓”。

自 2001 年 10 月 7 日美国对阿富汗发动空袭到 2010 年 6 月 7 日以来，共有 1021 名驻阿美军阵亡，而且久拖不决的阿富汗战争历时整整 104 个月，已超过越战成为美国历史上最漫长的战争，美国很可能成为下一个倒在阿富汗的超级大国。据美国《赫芬顿邮报》分析称，阿富汗战争久拖不决的原因，本·拉登早在 2004 年的一段讲话中就已摆明。在那段讲话中，本·拉登阐述了一个曾让苏联“流血 10 年”的简单战略：敌人暴躁而易怒，我们只需派两名游击队员竖起一个写着“基地组织”字样的布条，敌人就会迫不及待地冲上来，在遭受人力、经济和政治上的损失后等待破产的结果。这段话也同样适用于彼得雷乌斯即将领衔的驻阿美军。驻阿美军虽曾对塔利班发动过几场大规模战役，成功捕获和击毙了多名塔利班高级头目，但拉登、奥马尔和扎瓦西里等“基地组织”和塔利班的核心成员却仍不见踪影。此外，尽管2010年2月驻阿美军在马尔贾的“共同行动”曾大获全胜，但如今塔利班通过拉拢民心，增强基层反美力量，又重新掌控了该地区，大有卷土重来之势，使得驻阿联军除了沿公路行动和空中机动之外，几乎不敢进入塔利班活动的地区。与此同时，为了争取人心，减少战争的负面效应，并粉饰美军的侵略者形象，奥巴马政府为驻阿美军设置了限制空袭、约束特种部队行为等诸多无形的障碍，对作战行动的实施造成了掣肘。塔利班可以利用美军限制空袭的漏洞，躲到人群密集的居民区附近，利用“人盾”与美军周旋，因此美军在伊拉克的成功经验很难复制到阿富汗去。

其次，每况愈下的健康问题是其面临的重大难题。尽管有“健身狂人”的称号，但彼得雷乌斯的身体状况却不尽如人意。2000年，彼得雷乌斯曾在一次跳伞时摔坏了骨盆；2007年9月，参加参众两院军事委员会的伊拉克问题听证会时，他被传依靠镇痛剂布洛芬来缓解剧烈的背疼；2009年，他又被查出患有早期前列腺癌，稍后还接受了放射性治疗。另据美国媒体报道，2010年6月15日，在参院军事委员会的阿富汗战争听证会上，彼得雷乌斯在回答参议员的尖锐质询时面色苍白，突然晕倒。因此，接任驻阿美军司令之后，彼得雷乌斯每况愈下的健康情况能否胜任如此高强度的军事任务和非军事任务，承受国内外的强大压力，仍是个极大的未知数。

第三，如果无法在短期内迅速、彻底地解决阿富汗问题，将沦为美国两党政治斗争的牺牲品。如今，随着美国共和、民主两党在增兵和阿富汗战略等问题上的分歧日益扩大，阿富汗战争的目标究竟是按照共和党的意见谋求打赢战争，还是遵从民主党的观点寻求顺利脱身？双方在这一问题上唇枪舌剑，争斗不休。因此，阿富汗战争如今已逐步由军事问题演化成政治问题，成为撕裂美国社会的主要因素。奥巴马此番将彼得雷乌斯从中央司令部直接“下放”到阿富汗虽然有悖常理，但这可能主要是基于双重政治目的：如果彼得雷乌斯能够稳住阿富汗战局，使美军在2011年顺利撤出阿富汗，就将为奥巴马的连任赢得丰厚的政治资本，并将阿富汗战争的“胜利”归功于总统的“英明抉择”。如果这位倾向共和党的“政治将军”不能在短时间内交出一份像样的“成绩单”，那么，他恐怕将重蹈麦基尔南和麦克里斯托尔身败名裂、被迫“下岗”的覆辙，失去所有军功荣誉，进而沦为政府逃避战争失败罪责的“替罪羊”。届时，奥巴马完全可以借助阿富汗人之手，为民主党除掉这位拥有共和党政治倾向，觊觎总统宝座的“心腹大患”，让这位新时代的“艾森豪威尔”胎死腹中，并将战争失败的罪责全部推给共和党。

第二章

美军战略思维能力

一名好的军人，不管是指挥一个排，还是统领全军，分析问题必须“瞻前”也要“顾后”，但思考决策必须“放眼未来”。

——道格拉斯·麦克阿瑟将军

提要：面对多变和不确定的全球战略环境，美军联合军官必须具备机敏灵活的战略领导力，抛弃只注重战术能力的工业时代的过时观念，提升信息时代能力素养，尤其要加强联合领导力和战略思维能力培养，包括批判性思维、创新性思维、情境思维、概念思维、文化思维、协作思维以及传播思维等，适应21世纪作战环境的模糊性、不确定性和复杂性特点。

第一节 战略与战略思维

2014年百略达集团（Palladium Group）对全球74个国家1 200家公司进行了领导力调查。调查发现，尽管有96％的“受访者认为战略领导力是组织的必备能力，对未来的成功至关重要”，但是超过50％的受访者“认为自己公司的战略领导力并不令人满意”。三分之二担任董事会成员、首席执行官，或总经理受访者“认为当前的领导力发展方式不能提供成功实施战略的必要技能”。

军事组织也不例外。美军在战术上拥有绝对优势，缺乏全球竞争者，使

得其战略思维能力的培养有所懈怠。肤浅地关注战术层面和狭隘的政策便利正在削弱美军联合战略领导者培养，降低其在全球范围内的作战效能。美国退役海军陆战队上将安东尼·兹尼和托尼·科尔茨在2009年出版的《冲锋陷阵》一书中指出，领导者缺乏远见并最终失去"预见和提前规划的能力"。当今的美军战略领导者浸淫于僵化的官僚体系中，专注于目前的行动，往往只能对未来事件做出被动反应，而缺乏主动塑造未来事件发展的能力。

一、美军战略及战略的制定

战略(strategy)一词来源于希腊语"strategos(将军)"和后来演变出的"stragia(战役、谋略)"，均是指指挥军队的艺术和科学。因此，战略来源于军事。它最初指的是军事战略，只用在军事领域，其本义是对战争的整体性、长远性、基本性谋划。对战争的谋划有两种：局部性、短期性、具体性的谋划是战术；而整体性、长远性、基本性的谋划是战略。

对于"战略"涵义的理解，往往各执己见，众说纷纭，至今尚无统一的定义。一般习惯上将"战略"视为目标(ends，或结果)、方式(ways，或行动过程)以及手段(means，或实现工具)的结合体。制定战略规划时，要平衡优先目标、评估各种选项、考虑相关因素，进而做出合理选择，以达到预期效果。美国国防部《军事术语词典》和美国《联合作战纲要》(JP3－0)给出了"战略"的最新界定：strategy — A prudent idea or set of ideas for employing the instruments of national power in a synchronized and integrated fashion to achieve theater, national, and/or multinational objectives. ①

"战略"是"综合、协调地运用各种国家力量工具，实现国家、多国及战区目标的审慎的思想或思想体系。"换言之，战略就是领导者如何运用各种国

① *DOD Dictionary of Military and Associated Terms*, June, 2020, (Source: JP 3－0), 204.

家力量工具，掌控人员、位置、物资、事件等，以达成符合国家利益与政策的目标。

实际上，战略是对行动方案做出富有远见的选择，以期在资源短缺、政治考虑、官僚抵制、敌人反对以及难以捉摸的不确定性等因素下，达成最终目标。战略是在诸如安全环境、目的、途径、手段、资源限制以及风险等各种关键变量之间的不断交互运动中所形成的。如图 2.1 所示，战略由安全环境所塑造，同时也不断塑造安全环境。盟国、合作伙伴以及对手等都会影响战略的成功实施，资源限制也是影响因素之一。战略家可依据国家利益来确定战略目标。国家利益具有一定共性，如确保国家及人民的安全；也可以是国家决策者的决定，如推进民主制度等。美军认为，国家利益可以区分为重大利益（vital interests）、重要利益（important interests）以及次要利益（peripheral interests）三个层次。根据不同的利益层次，确定不同的战略目标。目标确定之后，政治决策者和军事专业人员就要着手确定实现国家利益的途径，即各种国家力量工具，如外交、信息、军事及经济等。途径就是界定怎样综合运用各种元素、系统、组织和战术来实现国家利益或任务。确定好途径之后，军事部门就可以据此决定所需军事能力，比如实施全球打击行动的军事手段有多种：潜射导弹，精确制导武器，特种部队等。战略家在评估途径时，要分析可行性、适合性和可接受性。首先，运用当前的手段实施行动是否可行？其次，采取的行动与目标是否相适合？最后，采取的行动从公众、政治和伦理的角度看是否可以接受？

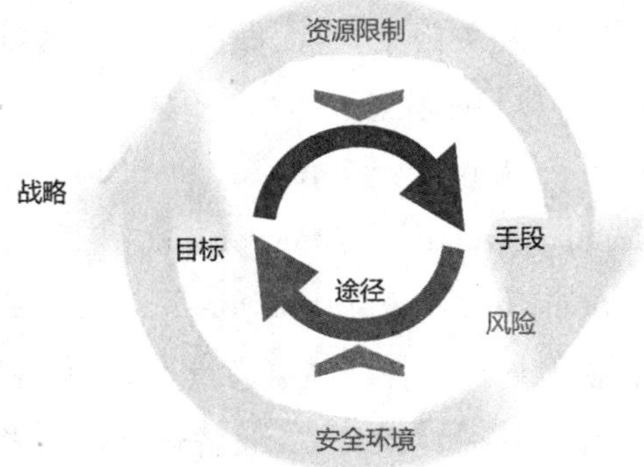

图 2.1　战略的形成

途径是国家力量的体现，手段是实现途径的工具。只有在战略框架内考虑的资源才能称其为手段。战略的成功取决于目标、途径和手段之间的平衡程度。当然，只有在实施风险分析后，一个战略才是完整的。所谓的风险分析，就是确定组织执行战略所规定任务的能力。风险来自目标、途径和手段之间的失衡。在制定军事战略时，美国国防部都要考虑作战、未来挑战、部队管理及体制等四种风险维度。作战风险，即当前部队以适当代价实施战略的能力；未来挑战风险，即部队面对未来各种挑战完成任务的能力；部队管理风险，包括人员的招募、训练、装备及保留问题；体制风险，即组织效能和财务管理等。

一般而言，战略分为相互连接、相互影响的三个层次：国家安全战略、国家军事战略和战役法[①]。国家安全战略是“为实现国家目标，在和平及战争时期，发展并运用国家政治、经济、心理以及军事力量的艺术和科学”。军事战略则是“运用国家武装力量，通过使用武力或以武力相威胁，实现国家政治目标的艺术和科学”。战役法是“在一个战争区域或作战区域内运用军事力量，通过筹划、组织和实施战役行动或大规模作战行动来实现战略目标”。尽管战役通常被视为介于战略与战术之间的一个独立的战争层次，但传统上也被认为是通过实施大规模联合军事行动来达成战略目标的一个层次。

在国家安全战略之上则是大战略（grand strategy），是最高层次的国家战略，包含所有的国家力量元素。美国国会要求总统在大战略之下，根据《戈德华特-尼科尔斯国防重组法》来制定《国家安全战略》（NSS）。美国国防部根据大战略提供的战略指南，定期出台《国家军事战略》（NMS）。《国家军事战略》规划美国武装力量的战略方向，必须要与当前的《国家安全战略》保持一致。国防部长会发布《国防战略》（NDS）。《国防战略》连接《国家安全战略》和《国家军事战略》。《国防战略》制定为防御国家利益要达成的战略目标，指出实现目标的途径，讨论如何实施战略。不同层级的战略文件相互嵌套，下级战略支撑上一级战略的任务、使命和意图。战区指挥官根据国家大战略制定战区战略。战区战略就是为实现国家和多国政策目标而制定的

① Reveron, Dereks & James L. Cook. 2009. Developing strategists: Translating National Strategy in to Theater Strategy. *Joint Force Quarterly*, 55(4), 21－28.

一系列战略概念和行动方案。

那么，如何将大战略转化为战区战略？如图 2.2 所示，大战略包含美国的安全利益、目标和重点，为包括战区指挥官在内的所有执行人员提供指导。国防部及其联合参谋部根据《国家安全战略》制定战略指南，聚焦国家军事力量工具，通过一系列重要文件为战区指挥官提供指导。如《一体化指挥计划》(UCP)为所有联合作战指挥官提供基本指导，确立相关的任务使命、职责以及力量结构等。参联会主席的《联合战略能力计划》(JSCP)为战区指挥官提供了军事战略和战役指南。有了大战略和战略指南，战区司令部参谋人员开始着手制定战区战略。战区指挥官首先要进行彻底的战区评估，分析影响战区战略环境的广泛的战略因素，进而确定战区的任务使命、目标和行动方案等。

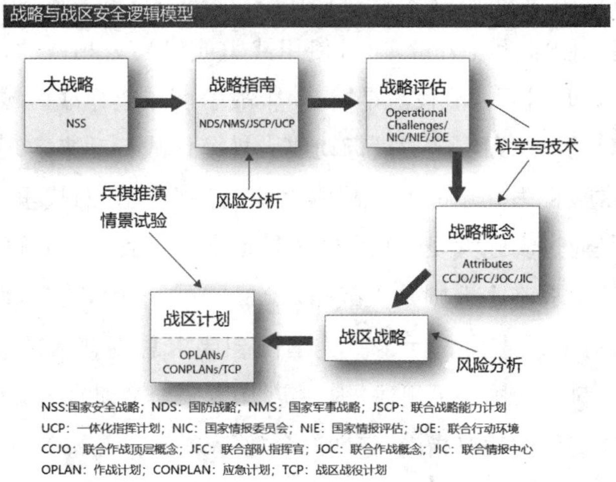

图 2.2　战略与战区安全逻辑模型

二、美军战略思维框架

美军认识到，要在多变的、不确定的、复杂的和模糊的战略环境中制定战略，取得成功，就必须培养军人的战略思维能力。战略思维能力是战略领导者的核心能力。那么，到底什么是战略思维呢？它具有哪些主要特征呢？

格雷戈利・福斯特(Gregory Foster 2005)认为，战略思考者必须要“有长远的视角，聚焦大格局，发现表面上看毫无关联的事物之间的内在关联性，理解行动的隐藏后果，预见并阻止意外事件的发生，发现重大问题的潜在原因，而非眼前的、可见的征兆”①。马克·格兰斯塔夫和乔治亚·索伦森(Mark Grandstaff & Georgia Sorenson 2009)指出，战略思维“采用系统视角，更关注长远问题和过程，而非短期危机，处理不确定的情形。战略思维包括不同的视角和思维过程，可以用于各种情景，对处在危险和机遇并存的快速变革时代的高级领导而言至关重要。总之，战略思维关注的问题涉及更广的范围，往往与其他问题相互纠缠，深陷伦理困境，这些问题有时候不能解决，只能管理”。

著名国际战略管理学者亨利·明茨伯格(Mintzberg 1999)曾经列举了10种不同的战略思维流派。这些流派之间的差异涉及一个问题：战略思维是艺术、科学，还是二者兼具?②

科学派相信战略制定更多是基于一种相对固定的分析过程，认为战略思维或战略规划是一种科学。以明茨伯格为代表的艺术派则认为战略思维更多地依靠创新和直觉，而不仅仅是分析，更多的是艺术，而非科学。明茨伯格认为，“战略思维涉及综合能力，需要创新和直觉。战略思维的产出是对企业的一种整合的视角，一种并非那么精确表述的愿景方向”。在明茨伯格看来，战略规划是不同于战略思维的一种过程，它应当提供数据，作为真正的战略思维的催化剂，而绝不是提供“唯一正确的答案”。

第三种战略思维流派并不严格区分科学和艺术，认为战略思维应当是科学与艺术二者的结合。主张不能把战略的创新性和分析性截然分开，因为任何周密的战略制定都离不开这两个因素。有效的战略思维既需要分析思维，也需要创新思维。要进行战略思考，领导者及其参谋人员必须提供创造性战略选项，并通过批判性思维加以评估。对不同战略选项的分析，通过不断反复的过程，可以激发新思想的产生。这一过程完成后，最终的战略选项可以进一步通过正式的战略规划程序进行认定和深入分析。

---

① Gregory Foster, 2005. *Teaching Strategic Thinking to Strategic Leaders*. Washington, DC: National Defense University, 2－3.

② Waters D. E. 2011. Understanding Strategic Thinking and Developing Strategic Thinkers. *Joint Force Quarterly*, 63, 113－119.

表 2. 1 总结了其他一些重要学者对战略思维的描述。

表 2.1　重要学者对战略思维的描述

<table>
<tr><th>珍妮·丽蒂卡(Jeanne Liedtka，1998)</th><th>雅格(Yarger，2008)</th></tr>
<tr><td>系统/整体视角(systems/holistic view)
聚焦意图(focus onintent)
时间思维(thinking in time)
假设驱动(hypothesis-driven)
灵活的临机应变(intelligent opportunism)</td><td>系统思维(systems thinking)
伦理思维(ethical thinking)
创新思维(creative thinking)
时间思维(thinking in time)
批判性思维(critical thinking)</td></tr>
<tr><td>洛伊佐斯·赫拉克莱厄斯(L. Heracleous，1998)</td><td>沃特斯(Waters，2011)</td></tr>
<tr><td>综合的(synthetic)
发散的(divergent)
创新的(creative)
双环学习(double-loop learning)</td><td rowspan="3">批判性思维(critical thinking)
时间思维(thinking in time)
综合思维(synthesis)
系统思维(systems thinking)
创新思维(creative thinking)
未来思维(futuring)
聚合/发散思维(convergent/divergent)
环境审视(environmentalscanning)
判断风险/收益(judgment of risk/reward)
战略思维基础：
自我意识(self-awareness)
伦理/价值观(ethics/values)
对话(openness to discourse)
反思(openness to reflection)</td></tr>
<tr><td>汉福德(Handford，1995)</td></tr>
<tr><td>战略思维(战役思维)
更长的视角(更短的视角)
概念的(具体的)
反思/学习(行为/行动)
发现重要机会(解决现有问题)
开辟新领域(因循惯例)
有效性(效率)
放手/不干预(亲力亲为)
直升机视角(地面视角)</td></tr>
<tr><td rowspan="2"></td><td>麦考利(Mccauley，2012)</td></tr>
<tr><td>系统思维(systems thinking)
愿景构建(visioning)
环境审视(environmental scanning)
情景规划(scenario planning)</td></tr>
</table>

美国陆军战争学院融合以上战略思维研究，强调战略思维涉及分析思维和创新思维过程，认为这些过程对战略思考者具有同等的重要性。运用创新性和系统思维对组织内部和外部的关键要素进行整体评估，才是高效战略思维的真正力量所在。批判性思维或许是所有层级军官都应具备的重要能力，但是对于战略思考者而言，光有批判性思维是不够的。创新性思维和系统思维，辅之以批判性思维，才是真正的战略思维。

美军认为，战略思维是一种意图驱动的活动，其最终目的是运用良好的判断力提供决策信息，制定创新性战略，使组织的未来方向与预期的环境相适应。最终结果是使组织更具竞争力，更为成功。美国陆军战争学院将战略思维界定为“为获得持久的竞争优势与长期的成功，对影响组织及其环境的关键要素进行创造性和整体性综合评估的能力”。

为培养高级军官的战略思维能力，美国陆军战争学院为学员开设战略思维课程，培养自我意识、文化意识等能力，认为其是成为高效战略思考者必不可少的重要技能(表 2.2)。

表 2.2 美国陆军战争学院战略思维课程

专题	内容	描述
研讨学习	对话的开放性	讨论成人学习；研讨学习环境
课程介绍	框架概述	战略领导人发表讲话；研讨讲话内容以及战略思维框架
批判性思维	思维技能(分析/聚合)	讨论格拉斯(Gerras)批判性思维模型(保尔和埃尔德修正模型)；运用练习
创新性思维	思维技能 (创新性/发散性)	讨论艾伦关于个人、团队及组织层面创新；运用练习
自我意识	能力	介绍迈尔斯-布里格斯类型指标(MBTI)；研讨 MBTI、360 评估以及其他自我意识工具
系统思维	思维技能(综合/整体)	讨论开放系统理论以及辛格《第五项修炼》；运用练习
伦理思维	思维技能(分析/聚合)	伦理思维与战略领导者的相关性；伦理困境的本质；主要的哲学传统；伦理思维学科
历史： 时间思维	思维技能(分析/聚合)	历史学、历史的作用以及诺伊史达特和梅的《时间思维》
文化对思维 的影响	文化意识；文化分析 框架(分析/聚合)	讨论路易斯的《当文化发生碰撞：跨越文化实施领导》；介绍陆战学院的战略与政策文化分析框架
运用战略思维 分析一个邪恶 问题	综合练习	运用战略思维框架中的所有思维技能分析一个复杂的邪恶问题(以色列—巴勒斯坦)以加深对该问题的理解

美军武装力量工业学院也为学员开设了“战略领导力”课程，其中包括战略思维能力训练，主要有创新性思维、批判性思维、直觉思维（intuitive thinking）、概念能力、环境审视、未来聚焦和愿景、心理模型、元认知/自我意识、先发思维（proactive reasoning）、反思能力、视角转换、系统思维以及对决策和间接后果的理解等。

第二节　战略思维框架

美军认为，要切实提高战略思维和战略规划艺术，战略领导者培养必须与过去的模式决裂。在过去的模式中，结果是已知的，风险是确定的、可以管理的，线性思维占主流。与之相反，新的模式必须接受模糊性、不确定性和复杂性。联合部队必须按打仗的方式来训练，同样，联合战略领导者培养必须反映战略决策及实施中的真实全球环境。

原因有多种。首先，本地和区域性趋势原本是相对孤立和稳定的，在与全球趋势合流过程中，加快了变化的速度。这种不断加快的节奏使得冗杂的官僚体制来不及做出决策。而环境的变化却要求在战场层面做出及时的战略决策。其次，本地、区域以及全球环境中不断加快的变化节奏加剧了各个层面的不确定性，使得寻求无风险战略和计划的决策者无所适从。第三，先进通信和运输系统的发展使世界变得越来越小，在日益互联的全球系统中，利益攸关者的数量不断增加，因而环境的复杂性与日俱增。第四，全球在经济、社会、宗教、军事等方面的相互依赖要求人们从与以往不同的更深更宽的视角去看待本地和区域问题。联合战略领导者往往不善于从更广泛的环境中思考安全问题，相互关联的全球安全环境需要一种更加长远的解决方式。

美军当前的任务是，如何在有限的人员和参谋力量的背景下，有效应对多样化的全球挑战。图 2.3 所示的是工业时代的能力要求。问题的确定性和专家对解决方案的一致性程度通常较高。特定领域的专门知识对于理解问题具有基础性作用。多数情况下，面临的任务和环境都是熟悉的，因而对不同思维方式（元知识）和文化理解力（人文知识）的要求相对较少。碰到问题，就可以寻求相关领域的专家来解决①。

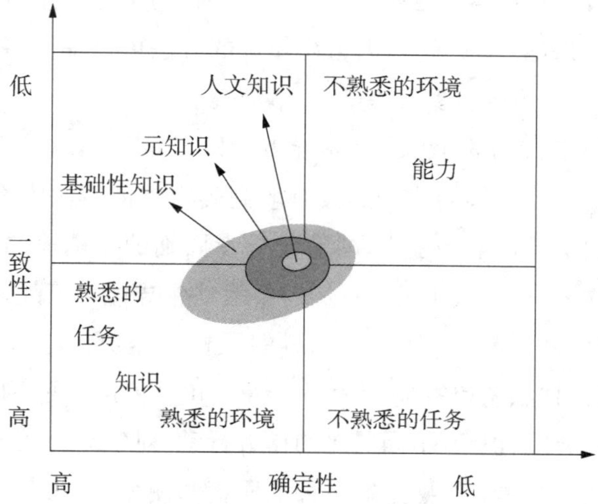

图 2.3　工业时代能力要求

图 2.4 显示了信息时代需要的技能变化。战略环境已经发生深刻变化，面临的任务也越来越不熟悉。随着确定性和专家一致性程度的降低，对特

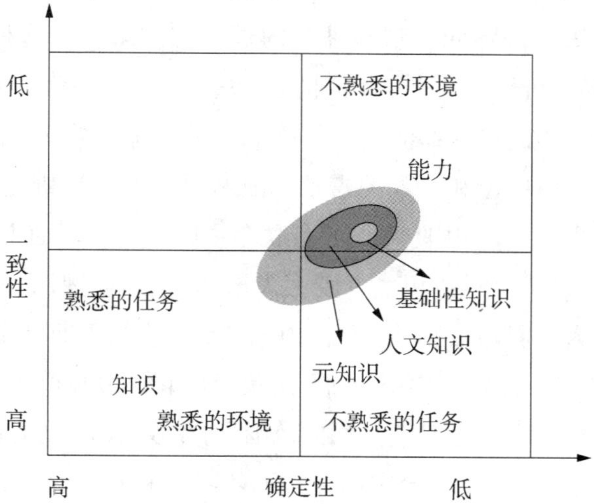

图 2.4　信息时代能力要求

① McCauley, H. Daniel. 2016. Rediscovering the Artof Strategic Thinking: Developing 21st-Century Strategic Leaders. *Joint Force Quarterly*, 2nd quarter 2016, 26 - 33.

定领域基础性知识的需求大大减少。在信息时代，对元知识和人文知识的需求大大增加，以应对各领域的整合以及多样化的文化视角所带来的变化。对基础性知识的需求相应减少，因为协作性的方法可以提供多种解决方案，以应对一体化安全领域的复杂特点。

在慢节奏的工业化时代，战略领导者可以气定神闲地思考熟悉的任务和概念，制定多数专家都能认同的具有较高确定性的解决方案。在当今快节奏的、互联的全球安全环境中，战略领导者面临的是紧迫的时间、陌生的任务、不确定的环境，因而比以往更加需要战略领导能力。战略领导力与一般的领导力之间的差别是，战略领导者的职责涵盖更广泛和深刻的范围。这些职责不仅跨越职能和领域，还往往涉及承担多种角色的不同机构。

美军高层已经认识到，不同层次的作战行动，对领导力的要求有很大差别。例如，多数联合军官很熟悉本军种的职责和使命，因为其大部分职业生涯都是在战术环境中度过的。他们通常熟悉组织类型（如联合特遣部队、军种部队等）和过程（如部队指挥程序和空中任务周期等）。在这一层面，复杂性通常不高，多数行动是在个人或小团队层面实施，决策周期通常以数秒、数分、数小时或数天来计算。战役层面的领导面临的复杂性程度又有增加，要面对多种组织以及不同数量和种类的过程和结果。与这种复杂性相对应，作战司令部的行动节奏也是不同的，其决策过程要整合更多利益相关者的观点和诉求。作战司令部的地区战略和功能战略和规划也更为复杂，还需要考虑战术层面单位和个人的需求。战略层面的领导则更为复杂，包括国防部层面的决策者，如国防部长和参联会主席。这一层面上，具体的过程在数量上有所减少，但利益相关者则大为增加，包括同盟国和伙伴国等，涉及的领域也大为拓展，如经济领域、国内领域等。决策周期可能延长到数月、数年，甚至数十年。最后，在国家层面，决策者（如总统）必须面对全球的复杂局势，决策周期包含了几乎所有层面的范围，如数秒、数天、数月或数年。

2013 年，时任美国参联会主席登普西给各军种首长、作战司令、国民警卫队司令以及联合参谋部各部负责人发布了一份备忘录，列出了领导者必备的六项特质，要求培养“机敏灵活、适应性强的领导者，具备必要的价值观、战略眼光及批判性思维能力，能够掌握不断变化的战略环境”。不管在组织的战术、战役、战略层面，还是之间的某个层面，都存在不同领导力范式。要满足战略领导力要求，联合部队必须培育战略领导能力。战略思维是一种用以设计和维持组织竞争优势的认知过程。它是一种整体思维方法，利用后见之明、洞察力、先见之明，用来制定战略或规划。战略思维依靠一种直觉性的、形象性、创造性过程，探索全球安全环境，整合各类新的模式、问题、关联和机遇。因而，领导者培养就是要从工业时代过时的军事教育模式转变为适合当前信息时代现实的模式。

基于此，美国陆军战争学院指挥、领导与管理系教员道格拉斯·沃特斯(海军退役上校)构建了如下的战略思维框架[①](图 2.5)。该框架描述了战略思维过程，显示了组织的过去(历史)、现在和预期的未来方向之间的关系。真正的战略思维总是涉及时间维度，它总是试图回答以下问题："在我们想创造的未来面前，必须从过去保留什么，失去什么，在当下创造什么，才能到达未来?"它表达了批判性思维与创新性思维之间的互动，在对影响组织及其环境的关键因素进行综合和整体评估时，系统思维发挥着核心作用。它突出了战略思维的最终意图：调整创造性的新战略，使之符合预期的未来环境，以获得竞争优势。该框架的基础是战略思考者所需具备的关键特质。

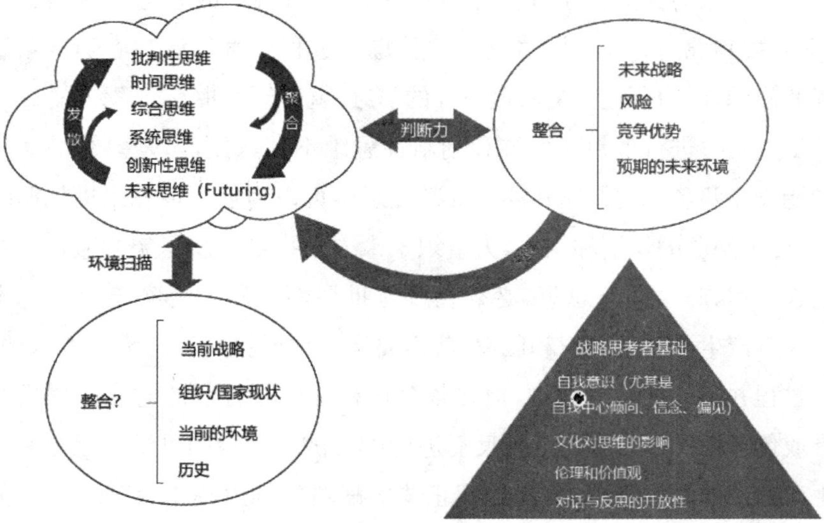

图 2.5　战略思维框架

① Waters D. E. 2011. Understanding Strategic Thinking and Developing Strategic Thinkers. *Joint Force Quarterly*, 63, 113 - 119.

美军认为，所有的高级领导者(不论是军事还是商业领域)都要考虑一个核心问题：我有正确的战略吗？是否能够实施？组织愿景与实现愿景的目标/途径/手段是否与预期的未来环境相适应？这是战略思考者必须持续面对的关键问题。在当今更为多变和复杂的安全环境中，如果一个组织没有思考这个问题并按需要适应或改变自身，就会很快面临不成功的前景。

当前的时代要求联合军官具备不同以往的国家安全视角。这种对思考深度和广度的新要求是一种跨越更长时间周期的视角，不仅是当前和最近的未来，还包括久远的过去和遥远的未来。通过理解过去，战略领导者可以构建一种现实的视野，带领联合部队克服当前的挑战，为国家的未来成功做好准备。没有未来视野，联合部队就处于明显劣势，就不能了解未来发展趋势、政策及潜在对手的情况。

为深入理解未来方向，就需要运用批判性思维、创新性思维和系统思维。战略思维框架描述的是一个反复的思维发散和聚合过程，利用创新性思维探索创造性的新思想、假设以及潜在的机遇，批判性思维分析数据，驱动创新思维，评估生成的选项，最终聚合到最具前景的机遇。两种思维方式之间存在着张力关系。正如丽蒂卡(Liedtka)所言，“战略思维既是创新性的，又是批判性的。如何同时进行两种思维过程一直是认知心理学家感到困扰的问题，因为要进行更具创新性的思维，就得暂停批判性思维”。[①]

虽然同时进行批判性思维和创新性思维不太可能，但是熟练的战略思考者能够在两者之间快速转换。批判性思维可以为创新性思维提供洞见和数据，促进问题的识别和构建，为组织未来方向提供创新思想和假设。要推进创新过程，产生创新思想，必须在没有批评性判断或者嘲笑的环境中进行。一旦产生了新的思想和假设，就需要聚合性或批判性思维来加以评估。这一过程并不一定是线性的，但在整个过程中会在合适的时候运用批判性思维或创新性思维技能。这种反复进行的发散和聚合的思维过程更有可能产生有前景的战略选项，并在组织正式的战略规划过程中得到进一步分析和加工。

---

① Jeanne Liedtka. 1998. Strategic Thiuking: Cau 2t Be Taught? *Long Range Planning*, 31(1): 124.

系统思维也是战略思维过程的一个核心技能，跟创新性思维一样，它与传统的批判性思维过程有着根本的不同。罗素·阿柯夫(Russell Ackoff)在《创造企业未来》一书中阐述了这种差别："分析深入事物；综合跳出事物；机器时代的思维只关注解释事物部分之间的关系，系统思维也是如此，不过系统思维还关注环境中一事物与另一事物之间的关系，以及与环境本身的关系。"①

创新性思维和批判性思维的反复过程中所产生的洞见为系统思维提供了信息，以进一步整体评估所面对的复杂问题。这种整体观有助于识别影响组织及其外部环境的重要关联因素，而这些都是在未来战略制定中必须考虑的因素。用系统方法考量创造性的潜在解决方案与战略选项，以更好地理解和预测意料之内和意料之外的效果。这种对组织和环境的整体的系统观对于有效的战略思维至关重要。没有对复杂和模糊问题的整体关照，就有可能忽视决策可能造成的二阶和三阶效应，战略领导及其参谋人员就有可能对问题的复杂性束手无策。

这种对洞见、思想和关键因素的识别等循环反复的综合过程可以提高判断力，对战略思维的结果至关重要。提高判断力可以进一步为组织的传统战略规划过程提供信息以提高效率，与组织的未来环境构想一致，使组织更具竞争力，在未来更为成功。于是就形成了当前战略，整个过程如此循环，持续进行。

反馈循环是战略思维框架中极为重要的部分。战略制定从本质上看既是刻意为之的，也是自然发生的。换言之，"战略可以自然形成，也可以人为制定"。一个学习型组织应当欢迎自下而上缓慢形成的战略，使之成为战略制定计划过程的重要组成。战略思考者应当明白，人不可能提前把所有细节都考虑周到，因而刻意制定的战略往往是不完整的(或许在某些方面是完全错误的)。实施战略的经验可以为战略思考者提供新的洞见和经验教训。丽蒂卡(Liedtka 1998)称之为"灵活的临机应变(intelligent opportunism)"，她提出的战略思维五大元素之一，可以"推进意图内的战略，但同时也为新战略的出现保留开放的空间"。

① Ackoff, R. 1981. *Creatingthe Corporate Future*. New York: John Wiley and Sons, 17.

这种反馈循环并非只关注到经验教训。要成为真正的战略思考者并推动组织学习,要在更高层次的组织学习过程中利用实施规划战略与形成战略的成败中所获得的洞见。洛伊佐斯·赫拉克莱厄斯(Loizos Heracleous 1998)在探讨有关战略思维本质及其与不同学习层次关系的四种著名观点时说明了这关键一点。虽然四种观点使用了不同的术语,但是中心概念是一致的:战略思维与典型的战略规划过程之间的差别“涉及在某些设想与潜在的行动选项范围内的思考和行动;或者挑战现有设想与行动选项,可能会导向新的、更合适的设想与行动选项”。[①] 后者才是真正的战略思维,通过发散和聚合思维的反复过程以及对重要因素和关联因素进行整体的系统思考来完成。

战略思维框架看起来像是一个线性的过程,但在实践中并非如此。例如,乔治·布什总统在制定伊拉克增兵战略时的决策过程就是一种非线性的、表面上看很杂乱的过程。在考虑了情报汇报、高层助理和内阁成员的分析报告以及战场指挥官对不断恶化的伊拉克局势的评估之后,布什逐渐意识到需要改变自己对战争实施的观念了。他开始规划新的战略,以扭转当前局势。他的战略意图坚定不移,也就是他所称的以取得伊拉克行动胜利为目标。布什从各方获得新的见解,包括跨越传统领域的见解。整个国家安全领域都在制定战略评估,包括智库、国家安全委员会以及五角大楼等。各类报告和正式会议提供的数据、分析、见解、建议往往互相冲突,这些信息都摆在总统及其参谋班子面前。最终,经过权衡利弊,布什做出决策,制定了伊拉克平叛战略,并提升兵力层次以支持该战略。整个过程综合运用了批判性思维、创新性思维以及系统思维。

位于战略思维框架底层的战略思考者,包含了成为高效战略思考者所必备的关键素质。自我意识(尤其是自我的设想、偏见及观点等)可以确保全面考虑所有观点而不会基于个人认知盲点做出决策。自我意识也是批判性思维的重要组成部分,缺乏自我意识会导致有缺陷的思考和决策。思维的文化影响也是如此,文化是战略思考者及组织内外其他人之设想、推理、

---

① Loizos Heracleous. 1998. Strategic Thinking or Strategic Planning? *Long Range Planning*, 31 (3), 481 - 487.

观点的重要决定因素。对话和反思的开放性可以确保战略思考者接收到相关的数据、见解和观点。鼓励开放对话的文化氛围至关重要，否则大家只会提供支持领导者既有观点（和偏见）的信息，导致无法做出最优决策。此外，伦理和价值观是军队高级领导思考和决策的基础。美军认为，军队是一种职业，职业的兴衰取决于客户的信任，军事职业的客户是美国人民。军事专业知识中融入强大的伦理因素对于维持这种信任至关重要。

第三节　战略思维案例

美军认为，下列能力对战略领导者至关重要：批判性思维、创新性思维、情境思维、概念思维、文化思维、协作思维、传播思维。掌握这些战略思维能力对于战略领导者成功制定和实施战略和规划是必不可少的。通过利用反思力、洞察力和预见力批判性思维技能等，可以拓宽战略领导者思维的深度和宽度。洞察力（insight）就是将事物分解为不同的构成部分，分析各部分之间相关性和整合性的能力。通过将事物分解为不同的构成部分，可以更好地揭示其隐藏的要素和关系。要理解一个系统的当前状态，就必须理解它的过去，包括创造该系统的环境驱动因素。这些驱动因素的持续互动可以提供进一步的系统洞察力，并有助于形成预见力。对趋势的判断可以为战略领导者架起过去、现在与未来的桥梁。这种对环境变量和常量的推理有助于战略领导者理解未来，预见未来事件及制定规划。洞察一个系统未来的可能性、可行性、或然性有助于领导者塑造当前的环境，使之向有利的方向发展。

用批判性思维分析全球安全环境，涉及的信息量和潜在的行为体数量惊人（图 2.6）。有两项重要的批判性思维工具可以帮助战略领导者理解并提升其组织原则，即系统思维和视觉思维。系统思维就是通过认识和理解背后的结构来促进对事件和行为的理解。作为系统的结构就是为达成既定目的而构建的一些有组织的、互相关联的要素。系统有三个构成部分：要素、关系和目的。要素可以是有形的或无形的，有形的要素自然更容易识别。关系把各要素联系在一起，代表系统过程的物理流程。目的不容易识别，因为其外在功能往往与其实际目的不同。因而最好的方式就是先观察一段时间，再去推断其目的。

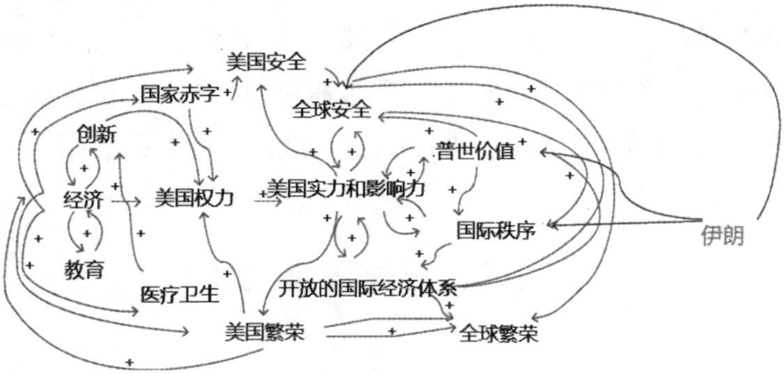

图 2.6　批判性思维

视觉思维涉及潜意识，对于问题解决和系统建模，尤其是劣构问题（ill-structured）非常有效。视觉思维可以跨越多个维度，处理巨量信息，提高传播清晰度，更好地调动团队成员参与性，增强记忆力。视觉思维有助于战略领导者识别模式和相似性并发现正式和非正式关系。

我们运用系统思维和视觉思维来分析一下伊朗对美国构成的国际安全挑战。首先运用批判性思维对两国的历史进行分析，认识两国当前的对立状态。如可以运用视觉思维画出系统地图，以说明当前美国的国家安全系统以及伊朗是如何损害这一系统的。国家安全利益以及这些利益的强度，与关键的利益要素一起，都可以用系统地图进行识别。此外，还可以更容易地找到限制伊朗影响力的策略或方法，发现相关的一阶、二阶或三阶效应。系统思维和视觉思维通过描绘系统复杂性和关联要素，来提高批判性思维的效力。

解决复杂的全球安全问题是战略领导者的职责所系，不过，要找到持久的解决方案却极其不易，令人沮丧。这是为什么呢？通常，造成问题的观念往往会持续影响任何试图解决问题的方式。观念是个人或组织形成和维持对现实认识的感知基础。因而，要破除这种感知缺陷就需要第二种战略思维能力，即创新性思维。创新性思维驱使战略领导者挑战既有观念，寻找系统模式，以新的方式看待各类关系和行为体，冒更大的风险，抓住更多的机遇等。具体做法是，首先通过系统思维和视觉思维找出现存的模式，然后提出新的模式，以整合新的视角。以尽可能多的方式来看待问题，最终取得成功的概率就会更高。通过系统思维和视觉思维工具，可以发现对立系统的不同视角。例如，描绘伊朗的社会政治系统可以产生新的洞见，更好地理解为何当前的政策和行动没有取得预期的效果。系统和视觉工具对于复杂的、适应性的系统尤其有效。创新性思维主要通过批判性思维和协作思维发挥作用（图 2.7）。

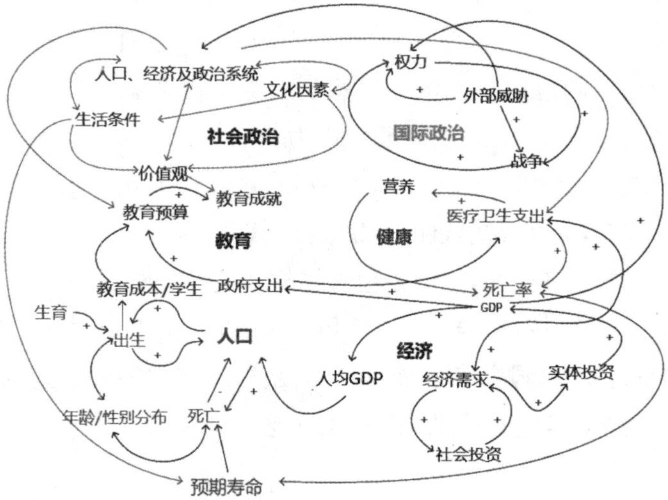

图 2.7　创新性思维：伊朗系统导图

第三种战略思维能力是情境思维（contextual thinking）。情境思维就是利用熟练的判断力，把某个环境或情境因素作为复杂连续体的一部分来分析，而非某种特定的原因或影响因素的结果。情境思维有助于领导者更好地理解社会关系的本质及其对认知过程的影响。对于复杂问题而言，没有情境，就没有意义。在全球战略安全环境中，面对安全问题的劣构性，就必须考虑多种解决方案、方式、标准和视角。战略领导者必须学会透过多层面情境，发现对解决问题而言最为相关和最为重要的情境。

例如，在典型的军事情境中，往往会忽视战争的战略、战役、战术层面的区分。利益相关者和问题会随着视角而变化。可以通过几个问题来帮助确定情境。该问题有什么历史背景？有什么战略、社会和政治背景？相关行为体有哪些？中心问题是什么？外围问题有哪些？情境思维可以为所有利益相关者和参与者设定一个共同的认识起点。这就需要用到批判性思维、创新性思维和概念思维。

第四种战略思维能力是概念思维(conceptual thinking)，通过将问题和要素整合到一个概念框架来理解情境或问题。概念和概念地图是人类理解和推理的基础。因而，概念是一种促进理解的知识结构形式。战略领导者在应对复杂问题时，运用概念思维阐明关系，促进对话。复杂系统必须通过概念思维加以简化，以便于理解。这要求领导者对看待世界的新视点保持开放的态度，愿意从不同的学科角度研究问题。善于概念思维的领导者能够有效地把抽象的思想传达给不熟悉的对象。概念思维要用到批判性思维、创新性思维、情境思维和传播思维能力。

第五种战略思维能力是协作思维(collaborative thinking)。协作思维可以促进协同行动，提高部队效能，鼓励学习、发展、共享并适应变化。战略领导者公开分享知识和经验，也鼓励他人同样如此，以便取得协同效果。协同型团体通过高层次的社会学习、思考和交流，达到互相分享、尊重、多样化、平等参与的状态。协同交流是有效互动、获得最佳效能和创造性结果的基础。更为重要的是，它可以促使人们跨越国家和机构边界，达成共同的目标。

在当今的全球安全环境中，联合部队并不能保证对全球事务全知全能，必须整合利益相关方对各自环境的深刻理解，进而提高认知层次，找到解决问题的新思路。协同思维可以直接增强批判性思维和创新性思维能力，同时也会受到文化思维和传播思维的影响。

第六种战略思维能力是文化思维(cultural thinking)，文化思维用以理解互联的世界、国家之间的分歧以及各种文化视角的综合等。具备文化思维能力有助于理解全球安全环境中广泛存在的不同观点、信念、准则、价值观以及习俗等。随着信息技术的发展，后冷战时代的安全环境变成一个经济、文化、安全内在互联的全球村。这种互联的世界要求战略领导者明白，当今的安全环境不仅是多极的，而且具有多种观点、意识形态、目标和能力交互影响的特点。

在全球村里，个人行为的代价被强化，对国际社会安全产生了实质性的潜在影响。这种新的安全形势造成了一种不同的意识形态环境，需要超出个人和民族国家的范围，由国家社会负起责任。由于不同文化因素的影响，战略领导者要经常面对艰难的伦理挑战。联合部队行动环境的复杂性越高，造成伦理问题或误解的可能性也就越高。领导者必须学会利用不同的视角看待世界，形成个人的是非观念，正确解释影响个人和团队行为的因素。文化思维要用到批判性思维、协作思维和传播思维。

最后一种战略思维能力是传播思维(communicative thinking)。要理解不同的传播手段和模式，以及在不同个体、组织、社会、文化和国家层面传播复杂问题所面临的挑战，就要用到传播思维。战略领导者必须学会为组织打造合理的共同愿景，并向国内外的不同对象传播这个愿景。战略领导者必须理解并简化复杂问题和过程，并激发周围人群。要善于在文化多元的世界进行传播，就像在国内进行传播一样熟练。

战略领导者必须领会传播的文化内涵，善于利用多种模式和方法实施传播，如博客、推特、口头或书面报告，视频、故事板、幻灯展示、正式或非正式会议等。传播行为是持续不断的，也可以通过非语言、不行动的方式实施。传播行为是渗透、持续、主动的过程，一旦发生，无法收回。传播思维要用到批判性思维、协作思维和文化思维。

延伸阅读

马丁·登普西[1]

马丁·登普西(Martin Dempsey)，1952 年出生于新泽西州贝永小城一个普通的工人阶级家庭，其父母是爱尔兰人后裔。爱尔兰裔普遍信奉天主教，少年时代的登普西因为家庭宗教背景关系，一直就读于纽约约翰·伯克天主教学校，高中毕业后，他报考了西点军校并被顺利录取。与登普西同期的这批学员，在日后人才辈出，除登普西本人外，目前美军现役将军当中多有他的同班同学，其中名

① https://en.wikipedia.org/wiki/Martin_Dempsey.

气最大的要属反恐战争明星、四星上将彼得雷乌斯(曾任驻阿富汗美军司令、美国中情局局长等职务)。1974年,登普西从西点军校毕业,获得少尉军衔,开始了近四十年的军旅生程。

冷战时期,美国军方对西点军校毕业生的分配有一个惯例,就是选择其中有可塑之才的青年军官,前往美苏冷战对抗最前沿的欧洲地区接受锤炼,登普西从西点军校毕业后,就被分配到驻扎德国的美国陆军精锐部队,这番履历也清楚地表明了登普西有成为明日之星的潜质。

1991年美国联合多国部队打响了海湾战争,在随后的“沙漠盾牌”行动中,刚满39岁的登普西升任陆军中校,他作为一名普通基层军官随美国陆军第3装甲师开赴伊拉克战场作战。这场战争一方面塑造了一个全新的现代而强大的美军形象,将越战阴霾一扫而光,同时也让登普西体会和适应了现代大规模战争并受益良多。

战争结束后,登普西再次回到欧洲,于1992至1995年期间在驻德国(黑森)弗赖堡美军第1装甲师指挥第67装甲团4营。在日常的军务工作中,登普西行事作风干练、质朴,喜欢与下层官兵深入接触,能够静心倾听低阶军官的意见,受到普通官兵和上级指挥官的高度认可。1995至1996年期间,登普西作为被美军刻意培养的人才,暂时离开基层部队一线岗位,进入国防大学接受深造。

“9·11”恐怖袭击事件发生后,美国开始全球性的反恐战争,在此期间的登普西也迎来了自己军旅生涯中最繁忙的时期,先后马不停蹄就任多项职务,出任过美军驻沙特阿拉伯军事顾问,担任师长指挥过美军第1装甲师进入伊拉克作战,以及总管伊拉克新军和警察部队的训练任务。得益于数年间在伊拉克担负的各项使命和任务,登普西迅速成为出色的中东问题专家,他也因此在2007年被任命为美国中央司令部(核心管理区域即为中东地区)副司令,并且很快接替辞职的法伦上将暂时代理美国中央司令部司令一职,需要指出的是,当时的登普西还只是一名三星中将,却要指挥一些四星上将,如他的同窗和战友彼得雷乌斯等都受他管辖,在与众多高阶将领共事时,登普西善于倾听,善于协调,思维周密,使整个团队高效运作,赢得了良好口碑,他在2008年获得四星上将军衔,并就任陆军训练与条令司令部司令职务。在担任该职务期间,登普西发挥自己的创新性思维,使训练与条令司令部成为“陆军的校园”，“培养、训练、教育了当今和未来的全志愿军人，包括军官、士官及战士”。该司令部的座右铭是“胜利从这里开始”。

在登普西被提名陆军参谋长时，美国陆军协会主席，陆军退役将军戈登·沙利文(Gen. Gordon R. Sullivan)发言指出，“登普西将军是一位真正的战士，他目光远大，充满活力，领导有方，才能卓越，组织能力强，他将以极大的热情领导陆军，在这个不确定的时代，他对我们的军官、士官、战士及其家属所面临的复杂情况拥有独到的体悟。陆军正持续投身两场战争，向未来部队转型，与此同时，作为世界上最优秀的军队，我们还要维持足够的战斗力。我们的国家和陆军需要一位像登普西将军这样的优秀军人担任我们的领导者”。

2001 年美国打响全球反恐战争，登普西当时还只是一名一星准将，从一星准将晋升为四星上将，这中间只有不到 7 年的时间，被当时媒体称为“直升机般的晋升速度”。

晋升四星上将、就任陆军训练与条令司令部司令，这还不是登普西军旅仕途的最高峰，2011 年 4 月 11 日登普西调任陆军参谋长，仅仅一个多月后，参谋长的椅子还没暖热，紧接着又被总统奥巴马委以重任，接替即将在当年 10 月退休的麦克·马伦上将，出任美军参谋长联席会议主席职务，对于登普西的这项任命，当时的美国媒体评论为好似“直升机上又加了一枚火箭”。

在登普西之前，最近一次以美军陆军上将身份担任参联会主席职务的人选是亨利·谢尔顿上将，其后分别是理查德·迈尔斯(空军上将)、彼得·佩斯(陆战队上将)、麦克·马伦(海军上将)，登普西可以说是十五年来首位陆军出身的参联会主席，也是第一个实战派的装甲机械化师师长的军事主官担任此职。

登普西被誉为“全能型”领导者，典型的“9·11”后将领，他不仅精通作战艺术，还善于运用外交、金钱、结盟合作以及信息等力量。作为奥巴马国家安全班子中的一名重要成员，登普西面临许多复杂及重大的挑战，如在国际局势瞬息万变以及国内巨大政治压力的情况下，如何尽快从阿富汗撤军、重塑军队，以及应对财政紧缩等问题。国防部长盖茨及参联会主席迈克·马伦对登普西评价甚高，这在很大程度上影响了奥巴马的决策。

登普西在军内外广受尊重，性格乐观外向，敢于直言不讳，十年来一直在伊拉克的混乱环境中致力于打一场技术含量较低的战争，他非常怀疑技术的力量，认为技术并不能改变作战的基本特征。登普西在介绍陆军的主要作战概念时写道，“作战环境中各种因素交错复杂，包括敌人、当地百姓、文化、政治以及宗教等。在这种环境中，战争的迷雾及冲突挥之不去”。

盖茨曾经这样评价登普西，“在36年的现役生涯中，他从不满足于现状，这是我在选择军队高级领导时所看重的一点。他给我的印象是一个学者型军人，思维敏锐，具备战略眼光，自信而不张扬，对待每一项任务都充满干劲，富有活力”。曾与登普西在伊拉克共事的退役少将戴维·法斯塔本德(Maj. Gen. David Fastabend)指出，“登普西认为，一个好的领导者应该能够继承并超越军事条令和概念。对他而言，领导力就是一切”。

参谋长联席会议是美军主要军事参谋机关，由各军种最高将领组成，参联会主席就成为法定的美军最高级别军官。参联会主席的首要职能是当好总统和国防部长的首席军事顾问，负责诸兵种协调与合作，此外参联会主席还经常出国访问，承担着重要的军事外交工作。

当时在参联会主席候任人选上，奥巴马团队主要有两个热门人选，一个是登普西，另一个就是詹姆斯·卡特赖特。卡特赖特是个典型的技术型人才，在网络战、核战争等高技术战争方面是当仁不让的专家，曾参与阿富汗增兵政策的制定，对白宫的决策提供了大量专业性的意见，深得奥巴马的信任，以致当时媒体称其为“奥巴马的将军”。然而奥巴马团队在权衡利弊之后，最终选择了让登普西出任参联会主席，主要是基于以下几点考虑。

其一，登普西拥有丰富的战争经验，特别是有丰富的反恐作战经验。这更符合当前美国的军事战略调整需要。此外，登普西还担任过中央司令部副司令和代理司令，在中东地区工作多年，这有助于他在中东大变局的形势下做好美军战略调整。反观詹姆斯·卡特赖特，他是懂技术出身的高级将领，并没有太多实战带兵的履历。

其二，登普西具有出众的领导能力。在奥巴马政府的高层军事将领中，登普西被认为是最不自以为是、最不“傲气”的将军之一。登普西特别推崇本杰明·富兰克林的一句箴言，“说得好不如做得好”。务实的作风使他赢得了其他军官的尊重。而詹姆斯·卡特赖特将军却有着桀骜不驯的强烈性格，个性火爆，多次向奥巴马提出与五角大楼意见相左的建议，被认为没有

“团队精神”。相比之下，或许在新军事技术方面不如卡特赖特，但登普西能够良好地协调各方利益与战略诉求，这在美军面临着削减军费、打赢反恐战争等多重压力背景下，配合与团结的特质显得尤为重要。

第三，登普西对军队改革与转型有独到见解。登普西在德国、沙特和伊拉克驻扎的美军部队服役期间都负责过部队训练。在中央司令部的任期结束后，他开始担任陆军训练与条令司令部司令。这期间，他吸取美军近10年来在伊拉克和阿富汗战争中的教训，大力推动陆军训练改革。他曾在担任陆军参谋长之前的一次访谈中旗帜鲜明地提出，陆军应按照安全形势每5到7年做出一次调整，并不仅仅是在装备方面，更重要的是在组织形式和结构上做出改变。这一思路与奥巴马调整当前安全战略的考虑可谓不谋而合。

2011年9月30日，奥巴马及国防部长帕内塔在华盛顿市郊的迈耶堡军事基地举行了隆重仪式，欢送结束43年军旅生涯的海军上将麦克·马伦卸任参联会主席，欢迎“新官上任”的登普西。在就任新职仪式时，登普西手按妻子捧起的一本《圣经》，宣读就职誓言，正式成为新一任美军参联会主席。

熟悉登普西的人都知道，这位四星上将总会习惯性地在自己的办公桌上摆放一个木盒，里面装有122张卡片，代表第1装甲师在伊拉克阵亡的122位弟兄，卡片上面有他们的照片和小传。每天早上，登普西会从木盒中挑出6张卡片，放进军服口袋，随时提醒自己，身为四星上将真正的使命与职责。正如卸任的国防部长盖茨评价的那样，登普西从不满足现状，总是在寻求精益求精的可能性，这或许正是他快速升迁的重要因素。

尽管登普西的军旅生涯一路走来仕途顺利，但走上新的岗位意味着担负更大的责任，已经履职参联会主席职务的登普西，每天需要解决大量的棘手问题，就目前而言，他主要面临削减国防预算和从反恐战场撤军两大挑战。

国防预算是一道坎儿。目前美国国会两党就削减赤字和避免违约达成的协议的第一部分要求，是要在10年内削减1万亿美元开支，这将使美国的年度国内开支降至半个多世纪以来的最低水平。美国国防预算在过去一年里膨胀到5500亿美元，还不包括用于伊战和阿战的反恐费用。奥巴马要求国防部在未来12年内削减4000亿美元开支。削减军费又不能伤及美国军力优势，同时还要平衡各军种要求，登普西面临着巨大考验。

同时,从反恐战场撤军也是一个棘手的难题。美国已经于2011年底撤出所有驻伊拉克作战部队。由于担忧伊国内安全形势再度失控,美国决定让部分美军继续留在伊拉克,但尚未得到伊政府回应。在阿富汗,美军于2011年7月撤出了部分部队,按照计划将于2014年全部撤出。美军撤出这两个地区事关美国国家利益,整个行动的成败不仅关系到登普西自己的前途,也关系到奥巴马第二届总统连任的成败。伊拉克和阿富汗安全形势并不乐观。北约轰炸造成平民伤亡引起美阿之间龃龉不断,塔利班击落美海军陆战队飞机造成大量伤亡又凸显反恐任重道远。这些都考验着登普西的应对智慧。

第三章

美军战略领导培训任用

伟大的领导者几乎总是伟大的简化者，他总能化繁为简，穿透争论和疑虑，为我们提供一种人人都能理解的方案。

——科林·鲍威尔将军

提要：面对新世纪的复杂国际战略环境，美军加强高级军官战略领导力培育的要求日益迫切。为有效应对持续冲突时代的多样化军事行动，增强高级军官的战略领导素养，美军通过制定法律法规，颁发条令条例，完善管理制度，强化军事职业教育等途径，着力推动高级军官的教育培训、岗位任用、选拔评估等领域的改革。

美军认为，战略人才是军队重要而又稀缺的人力资源。“一个致力于培养战略人才的国防机构，必须确保这一国家稀缺资源能得到最有效的开发利用。”为此，美军试图通过法规政策做好顶层设计，科学定位战略人才能力要求，严格规范战略人才教育经历，合理规划战略人才职业路径，在军人职业生涯的早期就开始培养其战略意识，增强其战略思维能力[1]。

为培养战略人才，美军首先从政策法规层面对战略人才的选拔、教育、

① U. S. House of Representatives, Committeeon Armed Services Subcommitteeon Over sight & Investigations. 2010. *Another Crossroads? Professional Military Education Two Decades After the Goldwater-Nichols Actandthe Skelton Panel*. http://www.au.af.mil/au/awc/awcgate/congress/hasc_pme_report_6may2010.pdf.

训练、激励和晋升等方面做出一系列顶层设计。《美国法典》第10编、美军《联合作战顶层概念》《联合作战环境》、美军《军官军事职业教育政策》《军官职业发展与生涯管理》、美国《陆军军官领导力条令》等文件都有相关的论述和规定。如美军《军官军事职业教育政策》就指出，选拔和培养“具有战略思维能力的军官”是各级领导对教育应尽的职责。《美国法典》第10编规定联合军事职业教育应至少包括与战略研究相关的联合事务教学内容。美军《联合作战顶层概念》也强调，联合部队指挥官必须具备战略思维能力。

第一节　美军战略军官培训任用

美军对战略军官的定位是，领导多学科团队，通过评估、发展、阐释国家和战区层面的政策、战略与计划，协助高级领导者的决策过程。在陆军、国防部以及联合、跨部门、跨政府及多国环境中，战略军官基于专门的教育、训练和经历，整合各种国家力量工具。战略军官组织、设计、引领、指导多学科、联合、联盟团队，处理复杂、非系统性问题。此外，战略军官提供对战役和国家安全程序的广泛的经验和理解，利用牢固的陆军、联合部队、跨部门网络关系，提供清晰、简明的产品，通过领导规划行动，或者向高级领导提供充分的决策信息，将指挥官的构想转化为行动[①]。

美国陆军战略军官属于作战支援职能领域，副参谋长属下的负责作战/计划/影响力(G-3/5/7)主管战略军官。负责战略、计划及政策的参谋处长(G-35)以及战略领导处(G-35/F)为主要负责办公室。

一、美军战略军官的能力要求

美军要求战略军官在晋升上校之前，通过教育以及在高层总部反复任职，获得如下五种能力：一是从作战层面及制度层面评估战略环境、战略选项以及战略风险；二是将国家战略优先转化为军事战略和计划；三是领导多

① Headquarters Department of the Army, 2014. *Commissioned Officer Professional Development and Career Management*. Department of the Army Pamphlet 600-3. https://www.army.mil/e2/c/downloads/376665.pdf.

学科团队，制定政策、战略和计划；四是整合联合、跨部门、跨政府和多国能力；五是促进战略教育，提升部队视野。这不仅指担任军校教员，还涉及提升部队的知识和视野层次，使之意识到组织行为的战略影响以及各自部队的外部影响。

美军要求所有军官都应力争成为21世纪灵活机敏、适应力强的领导者。必须基于核心价值观和战斗精神，熟练掌握核心能力，丰富经历，以应对全频谱冲突。必须具备较强的文化能力，胜任在联合、跨部门、跨政府及多国环境中任职，善于利用军队之外的能力。战略军官所需具备的知识、技能和特质主要包括：(1)获得战略相关领域的研究生学位，包括历史、政治学、国际关系、国家安全、地理、公共管理、公共政策、对外政策，语言学，人类学，经济学，金融，以及地区研究等；(2)准确、清晰、简洁的口头和书面表达与沟通能力；(3)批判性思维能力，创造性解决复杂问题的能力。运用多学科评估、解决问题，规划技巧，以帮助高级领导者的决策和评估；(4)善于构建多学科的、联合及联盟规划团队，利用影响力和说服力实施领导；(5)懂得如何整合陆军与其他军种，以及美国政府部门与外国政府伙伴的能力，了解战役陆军、生成部队，军种，作战司令部以及盟军伙伴的组织流程、架构、条令及行动环境；(6)广泛理解国防部资源配置的正式和非正式程序和过程，以及制定国家安全战略和军事战略的正式和非正式程序和过程；(7)在高层参谋岗位任职的能力，在没有很多指导的情况下与高层决策者共事的能力；(8)组织和领导多学科、联合和联盟计划团队，掌握解决问题的多学科视角以及评估技能，帮助高级领导者决策和评估；(9)对于复杂问题开放的解决方式。

二、美军战略军官的任职路径

战略军官通过多样化任职路径来提升职能领域的能力。在晋升上校之前，战略军官要完成以下4个任职领域中的至少两个。基于多种任职的经历拓展可以确保战略军官胜任陆军高级领导者。

1. 政策领域。战略军官应理解对外政策相关问题，不断变化的地缘政治环境，及其对国家安全政策和军事战略的影响；实践和运用战略艺术；熟练地制定、协同、运用目的、途径、手段，以促进和保护国家利益。此类任职包括但不限于，作战司令部战略家和政策军官、政策顾问、国防部长办公室战略家、发言稿撰写、指挥官计划小组成员、跨部门联络官、联合战略家和多国事务规划者。

2. 作战部队战略领域。战略军官领导组织计划的艰巨任务(陆军、联合、盟军部队),把战略指南和指示转化为战役计划和作战命令。了解如何整合战役和计划,战区战略,国家军事战略,以及国家安全政策。此外,还要整合战略与作战计划、实施和评估。此类任职包括但不限于作战司令部战略规划者、陆军军种司令部战略和计划官、军级战略计划官和师级战略计划官。

3. 生成部队战略领域。了解陆军组织结构,《美国法典》第10款规定的职责以及下属部队的任务、角色和职能。通过开发概念和条令总结联合部队和陆军部队的最佳实践做法。任职包括但不限于陆军条令/概念撰写者、政策分析师、联合条令制定和军事演习计划者。

4. 战略教育领域。开发和讲授课程大纲,支持战略艺术、军事理论、国家安全战略和政策领域的教育。任职包括陆军战争学院教职、国防大学教职以及西点军校教职等。

在战略军官培育方面,美军注重经历的质量和广度。通过多样化的任职拓展职业经历。主要包括如下几点。

(1)军官首先要在陆军基本军种部门培养技战术能力,这是战斗精神的基础,掌握成为出色校官的领导力基础技能;(2)整个职业生涯中,都强调积累联合、跨部门、跨政府及多国环境任职经验,了解国家力量构成;(3)战略军官应强化训练与任职经历,以拓展和培养领导未来陆军的能力;(4)以民间和军事教育为支撑的终身学习,培养联合和远征能力,远征能力包括地区知识、文化感知,外语,外交以及政治才能等;(5)灵活的实践安排,使战略军官可以获得较长实践的发展型任职,确保其有足够的时间培养必要的技能和经历;(6)战略军官可以灵活任职,不仅仅是垂直上升,还可向下任职,如在军种或作战司令部参谋机构的经历也可用于在师、团或联合特种部队。

在基本军种部门的任职经历是未来有效担任战略军官的基础。美军规定,所有军官必须参加基础兵种的上尉职业课程,完成各自部门的关键发展岗位(KD)。在进入职能领域之前,鼓励军官积累拓展性和关键发展经历。鼓励军官研究职业、战略、作战等军事问题并发表论著。具有计划经历或高级学位的军官也会被特别考虑。

任职申请。美军军官主要通过自愿调动激励计划(VTIP)进入战略军官领域。人力资源司令部每年组织3次申请。有意愿的军官应参考最新的军队人事信息。战略领导处主任负责处理军官的申请。申请转为战略军官者需至少满足以下标准:(1)具有符合陆军高级民间教育计划最低标准的研究生学业考试分数,5年内有效;(2)必须具有或能够获得最高机密豁免权;(3)不涉及晋升为下一级别;(4)具备必要的军官特质;(5)出色的连级指挥或基础兵种关键发展任职。

美军战略军官的其他来源包括:(1)哈佛战略家计划(Harvard Strategist Program)。陆军参谋部副参谋长(负责作战/计划/影响力G-3/5/7)主管,人力资源司令部负责选拔。从该课程毕业后,将被指派为战略军官,在陆军参谋部负责作战/计划/影响力的部门任职两年。(2)美国西点军校教员。想成为战略军官的西点教员需跟战略军官职业管理人联络。鼓励进入西点并被选进入战略军官领域的教员在任职的24或36个月内完成西点高级民间教育项目博士课程,修完非住校的中级教育和西点军校的国防战略课程。

三、美军各层级战略军官的培训安排

美军各层级战略军官,从上尉到上校,都有相应的培训安排和要求。

1. 选调为战略军官的上尉和少校培养

战略军官的首次教育与训练要求。战略军官教育有统一的标准,包括四阶段的教育与训练周期,如国防战略课程,硕士学位,中级教育核心课程,基础战略艺术课程等。参加基础战略艺术课程前必须完成国防战略课程,其他阶段则无硬性规定。受训完毕后,战略军官要经历基于军事和民间教育基础的多种任职,积累经验。没有达到教育训练要求的军官将被退回原军种部门或重新指派其他职能领域任职。要晋升中校的军官必须达到中级教育4阶段的如下要求。

国防战略课程。进入战略军官领域后,将被人力资源司令部职业管理人自动报名参加,由陆军战争学院主办的为期4个月的远程教育项目。这是参加基础战略艺术课程之前必须完成的项目。该课程讲授国家安全政策制定过程，国家力量构成与国防战略的关系。可使学员了解国防部在国家安全战略制定中的地位作用。完成该课程后被授予技能标识 ASI6Z 代码（战略研究）。

硕士学位。自 2012 年 10 月 1 日起，2004 级及以后的战略军官必须完成本地区大学战略相关领域的硕士学位。研究领域包括：历史、国际关系、国家安全、地理、公共管理、公共政策、对外政策、语言学、人类学、经济学、金融和地区研究等。许多战略军官通过陆军高级民间教育计划取得硕士学位。民间高级教育计划仅对有继续服役潜力的军官开放。该项目必须在 18 个月之内完成，除非其在 24 个月之内取得准博士学位（除学位论文外）。

中级军事教育。所有少校必须参加中级军事教育，以使校级军官成为机敏灵活、适应性强、具备批判思维能力，胜任在联合、跨部门、跨政府、多国（JIIM）环境中领导部队。可通过 4 种方式取得学分：指挥与参谋学院分校中级军事教育共同核心课程；莱文沃斯堡的住校课程；其他军种的指挥与参谋学院类似课程；完成分布式学习中级军事教育。从 2012 年 10 月 1 日起，所有 2004 级及以后的战略军官必须完成中级军事教育核心课程，才有资格晋升中校。

中级军事教育共同核心课程。为期 14 周，旨在培养校级军官在陆军及联合机构任职的领导能力。一般在参加基础战略艺术课程之前完成该课程。参加过其他军种或盟军指挥与参谋学院的军官可免修该课程。参加中级军事教育的军官应申请高级军事研究学校课程。

高级作战课程。为期 10 个月的住校课程。其中包括为期 14 周的中级军事教育通用核心课程，培养高级军官在联合、跨部门、跨政府和多国环境中担任参谋军官或指挥官。该课程不能代替基础战略艺术课程。参加该课程的战略军官必须选修 3H（联合作战计划人员）课程，以及为期 6 周的外国军事与文化研究大学红队课程。参加该课程前的军官要获得指挥与参谋学院的军事艺术与科学硕士学位，或现有的合作硕士学位项目。

基础战略艺术课程。自 2012 年 10 月 1 日起，2004 级及以后的战略军官必须完成该课程，达到军事教育第四阶段（MEL4）要求，才有资格晋升中校。该课程为期 14 周，住校课程，研究生层次，陆军战争学院卡莱尔营区。培养新任命的战略军官，讲授国家战略基础，使初级少校跨越从战术/战役背景到大战略和战区战略层面的战争和政策。学习战略军官所需的独特技能、知识和特质。

完成 MEL4 教育和训练的军官可以参加下列项目之一。

高级军事研究课程。参加完中级军事职业教育之后，在职业生涯后期，部分战略军官可以参加陆军或其他军种高级军事研究课程（海军陆战队高级作战学院、空军高级空天研究学院、海军战争学院海上高级作战学校）。高级军事研究课程为研究生层次的课程，强调在联合、跨部门、跨政府及多国环境中行动的规划、准备、实施方面的军事科学与艺术。课程综合学习军事历史、军事理论以及实践演练等内容。也会提高军官解决战术和战役层面问题的认知能力。既强调军事决策、条令的指挥与参谋视角，也强调军事力量的运用。毕业者可获得指挥与参谋学院授予的战场作战军事科学与艺术硕士学位。可作为军官 MEL4 资格要求。美军鼓励所有战略军官参加该课程，参与资格是竞争性的。感兴趣者可联络战略军官职业主管。

外国军事与文化研究大学（红队）。充分研究伙伴国或对手视角的能力。为期 6 周。毕业者授予 7JASI 标识（红队成员）。部分毕业者可在军、师、军种司令部层面担任红队成员。部分战略军官可以参加为期 18 周的红队领导者课程或为期 9 周的红队领导者课程（临时性替代），毕业后授予 7G 标识（红队领导者）。红队成员课程和红队领导者课程都是高级作战课程学习期间的选修课，可为在军、师、军种司令部层面任职做好技能准备。

陆军部队管理学校课程。基于实施全球范围的作战行动而设。为期 4 周。学习将国家安全战略转化为未来陆军兵力结构的过程。涵盖战略、能力开发、物资开发，兵力结构以及兵力发展等内容。此领域军官常与部队管理军官（FA50）密切共事。学完后必须理解《美国法典》第 10 篇“武装力量”的要求，以及陆军作为企业架构的运行方式。可为在生成部队和军种司令部层面任职做好准备。

联合职业军事教育第二阶段。超过三分之一的美军战略军官岗位为联合职责岗位，在达到 36 分时给予联合资格，非部署联合岗位 1 月 1 分，部署联合岗位 1 月 3 分。进入联合岗位的战略军官任职前可参加联合合成作战学校课程。已在联合岗位任职但没有参加联合合成作战学校课程的军官应当与职业主管协调完成该课程。联合合成作战学校课程和高级联合军事职业教育毕业后都授予 ASI3H 职能标识(联合计划者)。

战略军官博士课程。陆军资助战略军官参加住校的、美国本土的博士课程。不资助远程教育博士课程,也不资助非美国院校博士课程。一旦获得准博士或博士候选资格,军官可申请编入陆军学员大队,以完成博士论文。

2. 美军战略军官关键发展任职

关键发展岗位对于军官的职能领域能力发展具有基础作用,对军官经历不同的战略任务至关重要。所有的战略军官岗位都是关键发展岗位。在考虑晋升上校之前,军官应至少完成四类任职(政策、作战部队战略、生成部队战略、战略教育)中的两类。

美军军官的任职类型包括发展型和拓展型。所有少校级的战略军官都是发展型任职。拓展型任职是指所有非战略领域的军官在一个或几个职能领域拓展经历的任职。战略军官领域内项目以及陆军范围内的研究员项目也被认为是拓展型任职。战略军官应当力争在 JIIM 环境中拓展经历。

自我发展。战略和政策制定的复杂和多变特点要求战略军官持续地自我提升。美军鼓励军官完成其他军种提供的非住校教育课程(如军种指参学院的非住校课程)。还鼓励军官寻求机会拓展经历范围,提高自己从多学科角度解决问题的能力。持续的专业阅读项目可以确保战略军官保持对战略领域思想和概念的熟悉。战略军官应当在专业期刊发表论文,培养文化意识,提高公众演讲能力。

战略军官所需要的经历。美军要求战略军官在不同领域反复任职,以增加阅历,提高能力。(1)在成为资深少校之前,在所有 5 个职能领域内任职经历;(2)在晋升中校之前完成至少一种战略领域任职(至少 24 个月内,或者 36 个月内);(3)精通至少一个职能领域,熟悉至少另外一种职能领域。

3. 战略中校和上校培养

战略中校培养。晋升中校者应当熟悉所有战略职能领域。其教育内容包括拓展型机会或非军事职业教育研究员职位。具体包括:

21 号研讨会。战略军官可以竞争麻省理工学院提供的 7 个全部资助教育机会。21 号研讨会是为高级军官、政府和非政府组织官员以及国家安全政策领域主管开设的全资助项目。主要培养领导者理解外国及其关系的分析技能。审视关涉美国利益的国家和问题，研讨重要政策问题。资深战略少校至上校军官都可申请该项目。

高级军种学院课程。战略军官与其他职能领域军官竞争高级军种学院课程。战略军官应力争参加联合高级作战学校课程，该课程针对战略领域军官的能力培养开设。其他相关课程还有高级军事研究学校(SAMS)高级战略领导者研究项目。对于参加陆军战争学院的军官，鼓励其竞争高级战略艺术课程或国家战略和政策课程。这些项目可以增强军官制定战场战役计划、实施战略评估、强化联合/跨部门整合以及参与政策制定的能力。

战略中校关键发展任职。所有战略中校军官位置都是关键发展岗位。军官必须在战略岗位任职至少 48 个月，才有资格晋升上校，而且在至少三个战略领域任职经历。其经历要求包括：(1)在成为资深中校之前，至少掌握三种职能领域技能，精通其中一项；(2)完成至少两年的联合或跨部门计划任职；(3)在晋升上校之前，完成至少两种战略领域任职(至少 48 个月内，最好是 72 个月内)。

战略上校的教育主要包括高级军种院校、联合军事职业教育第二阶段以及 21 号研讨会。参加住校或非住校高级军种学院课程，住校课程为陆军战争学院、其他军种学院或研究员项目提供。联合军事职业教育第二阶段的国家安全管理课程是为期 2 周的住校课程，由雪城大学提供。研究国内国际安全工作人员所面临的新兴管理挑战。国家安全管理涉及配置稀有资源、应对复杂机构关系(包括内部和外部)。

在关键发展任职方面，美军要求战略上校军官应当具有广泛丰富的任职经历，并能有效辅导和培养初级战略军官。战略上校主要是在国家安全政策或计划领域拓展经历。要求精通一种能力，熟悉两种能力。应善于制定符合国家政策目标的军事计划、政策和战略。

第二节　美军将官管理任用政策

完善的法规体系是美军战略领导力培育的制度保障。美军建有完善的军官人事管理法规体系，强调顶层设计，注重制度引导，通过系统和相互协调的手段形成了一套完备的军官领导力培养程序。注重通过统一的组织管理、严格的制度规范来培养高级军官的战略素养。当前美军军官管理法规体系主要包括四部分：一是国会颁布的涉及军队及其人事管理的一些基础法规和制度，例如《美国法典》第10篇第36章、《国防安全法》《国防授权法》《国防军官人事管理法》等，以及针对全军的单独法规，如1986年的《戈德华特-尼科尔斯国防重组法》(*The Goldwater-Nichols Act*)；二是总统颁布的法规；三是国防部长颁布的法规，如《国防部训练转型战略规划》等；四是参联会、各军种部长、参谋长等颁布的法规手册以及条令指示等，如《参联会主席关于联合军官培养构想》《联合作战顶层概念》《军官职业发展与任职管理手册》《美军军官军事职业教育法规》《美军军官教育训练法规》等。此外，美军基于《军官教育系统》和《军官评估报告》(*Officer Evaluation Report*)定期实施对军官的教育和评估及遴选晋升工作，评估报告直接基于领导力条令，对军官的履职和潜力进行评估，对于包括价值观、特质、技能以及行为等21项内容进行考核评分。

一、美军军官职业发展路径

美军通过多样化的岗位任用来培育军官战略领导力。目前，美军大约有900名各类将官，其中50%为准将(O－7)，35%为少将(O－8)，15%为中将(O－9)和上将(O－10)。美军《国防军官人事管理法》规定，中校晋升为上校的比例一般为50%，而上校晋升准将的比例不到5%。在海军陆战队，每年约有450名上校竞争不超过10个准将位置。各军种每年晋升的准将人数为10至35名不等。每前进一步都要淘汰一大批人，由此形成了有序的竞争机制和晋升通道，也为战略领导力的培养创造了人事条件。

美军军官职位传统上可分为三大类：专业类(professional)，技术保障类(technical and support)以及作战类(line)。不同的作战类军官需要不同的经历和专业技能，如军事/海军技能，军种技能和文化，团队技能和文化，军事经历等。专业类军官中大约有100名左右的将官，主要从事医疗卫生、牧师及法律领域。这类军官一般从上尉(O－3)做起，根据自己的教育背景或经历获得晋升，最高可到准将或少将。技术保障类军官中大约有140名左右的将官。主要从事给养、军械、化学、维护、运输及工程等领域，从少尉做起。

其他领域的军官也可进入该领域，从上尉或少校起步。大多数此类军官最高可升到中将，极少数可干到上将。这类军官可在联合参谋部、作战司令部、国防机构或国防部长办公室任职。为拓展经历，作战类军官有时也会进入该类领域任职。作战类军官是指直接与作战行动相关的军官，此类军官中有大约660名将官，他们在战术、战役及战略层面上担任领导和指挥职务。他们精通军种、联合、合成及跨部门层次的军事理论和军事战略，最终会成为作战指挥官，军种首长，甚至参联会副主席或主席。一般从少尉干起，先学习成为本军兵种专家，如步兵、航空兵或水面战等。在此类专业领域可干到中校，少数可干到上校。要获得纵向流动，就必须掌握更广泛的组织技能和对军种文化更深入的了解。对军种组织技能和文化的精通可使军官升至中将。要干到上将，就必须学习和适应更广范围的团队技能和文化，即联合文化和国家安全领域。这些职位包括军种首长、作战司令、参联会副主席、主席，以及一些高级专业化的职位，如条令、训练与教育，核领域、军种司令部等。

二、美军将官管理任用

美军参联会主席指示《将官人力与人事行动》、美国《陆军将官手册》等文件都对将官的管理、培养、任用做出了较为详细的规定。这里我们以陆军将官为例加以说明①。

1. 将官的数量和法定宣誓职位

根据2010财年《国防授权法案》新规定，美国陆军将官数量为220名。而2009财年《国防授权法案》批准的是225名将官加上5名后勤将官。2009年11月1日建立"联合将官岗位储备库"，由联合将官事务管理办公室负责。2010财年《国防授权法案》规定，陆军在"联合将官岗位储备库"任职的"合理数量"是102名，至少要保持85名将官。由此，美国陆军将官总编制数可以达到332名。

《美国法典》第10篇第3033部分到3040部分规定了依据《美国法典》第

① General Officer Management Office. 2010. *Senior Leaders Handbook for General Officers*. Chairman of the Joint Chiefs of Staff Instruction (CJCSI1331. 01D). 2013. *Manpower and Personnel Actions Involving General and Flag Officers*.

5篇第3331部分需要进行宣誓的法定职位。这些职位包括：陆军参谋长、副参谋长、工兵局局长、牧师局局长、军法署署长、军法署副署长、军医局局长、陆军后备队局局长、国民警卫局局长。

2. 将官的选拔和晋升

按照《美国法典》第10篇第611部分之规定，成立专门委员会负责推荐晋升为准将和少将的军官。委员会成员由陆军部长负责批准。同时，陆军部长还负责批准一些用于规范和约束所有涉及将官晋升的选拔委员会和咨询委员会的指导性文件。

选拔委员会负责按照资历顺序提供推荐的军官名单。如果被提名人涉及未完成的调查或涉及其他负面信息，陆军部长有权推迟其名单的提交。只有总统有权把某一被提名人的名字从选拔委员会的报告中删除。如果参议院未能提供建议并同意军官晋升的意见，那么此军官的名字将从推荐名单中删除。

负责陆军竞争性晋升的有两个将官晋升选拔委员会，每年召集一次会议。负责准将的委员会11月召集；负责少将的委员会每年1月召集。独立委员会与陆军竞争类型的军官委员会一起召集，负责推荐军官任职于上述的法定职位，推荐军官晋升为准将和少将，填补其他"竞争类型"的空缺职位(军法署的职位、牧师局的职位、军医局的职位)。

美军规定，军官任上校满1年，可以考虑晋升准将；军官任准将满1年，可以考虑晋升少将。依据《美国法典》第10篇第611部分之规定，应由总统或其批准的授权人召集选拔委员会；被推荐军官的名字，按照服现役的资历顺序，填写在其所属"竞争类型"的独立晋升名单上。将官晋升名单，只有在总统批准后，才可以公布。

某一"竞争性"晋升名单中的军官，只有经参议院核准，在下一高等级需要补充军官和"竞争组"需要补充军官时，才可以晋升到下一个等级军衔。晋升按照顺序进行；本"竞争性"之前选拔晋升的军官得到晋升或退休后，再进行本轮晋升。

3. 联合岗位

美军将官的联合岗位任期为2年；但是国防部长或其授权代表可以对任期进行豁免。联合岗位的最低期限为14个月。经参议院核准选拔晋升到准将的军官，在两年内必须参加国防大学的“拱顶石课程”培训，以帮助新将官做好在联合环境中工作的准备。

要获得联合将官任职的全部积分，准将级别的提衔军官（正式任命前的仪式，提衔不提薪）必须在联合将官岗位任职，并且以晋升的准将身份（非提衔）在将官联合岗位任职满1天。只有认定为联合岗位资格（如顺利完成联合军事职业教育第二阶段的培训，联合岗位任职或联合演习，并获得了相应评分）的现役军官，才可以晋升为准将。国防部长出于下列原因，有豁免该项“联合岗位资格军官”晋升要求的权利，仅限个案。一是专业原因。军官的军事专业为下列之一者：医学专业，牙科专业，兽医专业，医疗服务专业，护理专业，生物医学专业，牧师，军法官。二是科学技术方面原因。因科学技术方面原因，免除“联合岗位资格军官”要求的军官必须：在专业领域连续任职；或者在重新任职于非科技岗位之前，有过联合岗位任职经历。专业领域包括：化学，工程，采购，航空，维修，审计/财务，宪兵，导弹维护，军械。在科技领域或专业领域军官的选拔晋升，不受此要求限制。

4. 提衔政策

“提衔”的依据是：2002年2月12日《国防部命令1334.2》之规定，主题为：现役军官的“提衔”；2005年2月25日《陆军条例》（AR600－8－29）6－1节，主题为：军官晋升。满足下列条件的军官适用将官级别的“提衔”：被选拔为晋升到下一高级别任职的将官；经参议院审核并在下一高级别认定的岗位任职。根据法律和国防部长的授权配额，陆军总共可以有29名“提衔”的准将和少将；中将和/或上将不适用“提衔”。国防部长必须通知参议院批准军官“提衔”。这一通知从“提衔”之日起算应至少提前30天通知参议院。“提衔”军官并不享受下一高级别的薪水和补贴；与真正任职于下一高级别的军官不同，对于法律或条例赋予真正任职军官的职责，这些“提衔”军官无权行使。

按照《美国法典》第10篇第741（d）（2）之规定，军官军衔起算时间为军衔的任命之日（有效日）。因此，所有同一天晋升的军官，例如2001年1月1日，其军衔起算日相同。军衔起算日相同的军官，其资历或地位，按照下列条件排序：选拔为晋升候选人的日期，前一级别的军衔起算日，接下来是前一现役任职级别的资历高低，然后是任命为现役军官的服役年限，联邦任命的服役总年限，任命为军官的日期（军官为军校毕业生，如果其任命日期相同、以往的军衔起算日全部相同，那么按照军校学习时间长短决定），出生日期，最后是名字的字母表顺序（《国防部命令 1310. 1》《陆军条例 600 - 8 - 29》）。

5. 将官的退休

美国陆军将官的退休包括自愿和强制两种。具体情况包括：

（1）在联邦体系服役满 20 周年，其中以军官身份服现役满 10 周年，可以提出申请自愿退休；陆军部长可以批准同意其退休。

（2）对于将官（从准将到上将）来讲，要想在本级自愿退休，必须在各自级别服现役至少 3 年。国防部长可以免除将官“本级 3 年”的时间规定，但其最低时间不得少于 2 年。对于那些极端困难、特殊、罕见因素的个别案例，虽然将官在本级服现役时间少于 2 年，但是总统还是可以免除其“本级 3 年”的时间限制。

（3）满足上述本级服役年限要求，任职于或曾经任职于上将或中将岗位的军官，在退休时，如果得到国防部长提交给总统和国会的优秀服役证明，可以在其任职级别退休。

（4）军官在其最高任职级别的服现役年限，未达到上述本级服役年限的要求，但是在其晋升前级别服现役满 6 个月，如果得到陆军部长签发的优秀服役证明，可以在晋升前的级别自愿退休。

此外，对于军法署、陆军军医局、牧师局等单位内服役的将官也都有明确的自愿退休规定。此处不详述。按照美国法律规定，陆军军官有下列情形之一的，必须强制退休：

（1）准将军官，如果没有被推荐晋升少将且没有提前退休，则在其任准将满 5 周年的次月 1 日退休，或以军官身份服现役满 30 周年的次月 1 日退休，以后到达时间为准。

（2）少将军官，如果没有提前退休，则在其任少将满 5 周年的次月 1 日退休，或以军官身份服现役满 35 周年的次月 1 日退休，以后到达时间为准。

（3）中将军官，如果没有提前退休，其强制退休规定与少将军官的退休要求一致。只有一点不同，即以军官身份服现役的时间为 38 周年，且满 38 周年时为中将军衔。

（4）上将军官，如果没有提前退休，则在其任上将满5周年的次月1日退休，或以军官身份服现役满40周年的次月1日退休，以后到达时间为准。以军官身份服现役满40周年时，仍为上将军衔。

（5）按照《美国法典》第1253部分（a）之规定，所有将官在满64周岁的次月1日退休。

按照《美国法典》第10篇第635或636部分之规定，应该退休的准将或少将军官，如果工作需要，经陆军部长同意可以延期退休，继续服现役。延期退休、继续服现役的时间不得超过5年，而且如果在此期间军官年满64周岁，则延期在其生日前结束。应该退休的少将以上（不含）军官，如工作需要，经陆军部长同意，可以延期退休继续服现役至66周岁；经总统同意，可以延期退休继续服现役至68周岁。延期退休、继续服现役的时间不得超过5年；但是，延期在军官年满64周岁当月的最后一天结束，不得超期。对于延期超过64周岁（国防部长批准超过66周岁的延期；总统批准超过68周岁的延期）的将官，同时任职的总数不得超过10人。

第三节　美军将官岗位任用路径

进入21世纪以来，美国面临日益不稳的国际安全环境，庞大的国防系统愈加不能适应预算趋紧及军队在全球范围内收缩的现实。加强将官在岗位分工、教育培训、选拔任用和评估评价等方面的工作极为迫切。

当前美军存在将官任期太短、晋升后服役年限太短、职业生涯不够长等问题，传统的将官管理方式带来了一定的负面影响，如岗位任命频繁、人员流动率高，大量精力旺盛、能力出众的军官因退出现役而流失，许多将官没有达到预期的本级最低服役年限就退休。如此快速频繁的岗位任命会削弱组织机构的效率；淡化领导层的个人责任感；抑制高级军官的职业满足感；破坏初级和中级军官对高级军官的信心。

一、"发展型"岗位和"使用型"岗位

为此，美国国防部委托兰德公司国防研究所，对与将官管理有关的晋

升、任命、任期等问题进行评估。对于将官晋升模式和任职期限的数据评估证实，高级军官退休相对较早是因为高级军官的任命晋升和军衔晋级相对较快造成的。例如，在各军兵种中，高级军官退休时的平均服役年限为：准将平均服役 28 到 30.5 年，上将几乎没有服役年限超过 35 年的。多数退役上将的平均任期为 10 年，10 年中通常有 5 次任命。准将级别退休的将官，一般任期为 3 年，平均有 2 次任命①。

研究发现，美军中有两种类型的军官岗位，“发展型”岗位和“使用型”岗位。任职于“发展型”岗位的军官通常都能得到晋升。而“使用型”岗位的军官则很少得到晋升或是压根没有得到晋升。数据分析结果显示，所有的准将职位都可以归为“发展型”岗位，所有的上将职位都可以归为“使用型”岗位。两类职位非常明显，一是那些非常明显的“终点”职位，任职于这些职位的军官没有一个晋升到下一级别；二是那些典型的“发展型”职位，军官们后来晋升为中将和上将。

根据“发展型”岗位和“使用型”岗位的差异，研究人员设计建立了多种将官管理体系。这些可选体系，改变了“发展型”岗位和“使用型”岗位的任职年限，改变了军队领导者在每个级别上任职于“发展型”岗位和“使用型”岗位的次数。在众多可选方案中，以下方案最为理想：

- “发展型”岗位的最低任期为 2 年。
- “使用型”岗位的最低任期为 4 年。
- 在晋升为中将或上将之前，军官在准将和少将衔级上必须在 3 个“发展型”岗位上任职。
- 有望晋升为上将的军官，在中将一级只任职一次“发展型”岗位。
- 无望晋升为中将的少将军官，只需要在为期 4 年的“使用型”岗位上

① Harrell, Margaret C. etal. 2004. *Aligning the Stars Improvements to General and Flag Officer Management*. RAND National Defense Research Institute.
Harrell, Margaret C. & William M. Hix. 2012. *Managing Adverse and Reportable Information Regarding General and Flag Officers*. RAND National Defense Research Institute.
Thie, Harry J. 2001. *Generaland Flag Officer Careers: Consequences of Increased Tenure*. RAND National Defense Research Institute.
Thie, Harry J. 2004. *Developing and Using General and Flag Officers*. Testimony presented to the House Armed Services Committee, Subcommittee on Total Forceon March 2. RAND Corporation.

任职一次。

- 准备在中将一级退休的军官，在晋升到中将以后，需要在为期 4 年的“使用型”岗位上任职 2 次。
- 所有上将军官，需要在为期 4 年的“使用型”岗位上任职 2 次。

这样一种构架，将使高级军官的贡献最大化，把军官的发展机会最大化，也不会明显降低军官在体系内的流动速度；同时，稳定了无望晋升军官的任职年限。尽管军官任职准将的时间要少于现行做法，但是准将的时间被分配到了 1 次或 2 次为期 2 年的任职之中，而不是现有的 2 次为期 18 个月的任职，所以更为稳定。

按照这种方法，每年陆军和海军将有更多军官晋升为准将，空军与现在基本持平，而海军陆战队晋升为准将的军官人数将略有下降。这是因为准将这一级别的任职时间将略微缩短，晋升为准将的军官或者向上晋升，或者在 1 次或 2 次为期 2 年的岗位任职之后退休。与现行做法相比，这些军官在准将一级的停留时间略短，但是每次岗位任职年限与现行做法相比，还是有所延长。各军兵种每年晋升为少将的军官人数，与现行做法相比基本持平或略高。三个军种中，军官晋升为少将的概率有所增加，只是陆军中军官晋升为少将的机会有所下降。除了陆军，其他三个军种军官晋升为中将的概率增加；而对于空军和海军来说，任职于“发展型”岗位的少将军官，有 89%或者 90%可以晋升为中将。任职于“使用型”岗位的中将军官，在本级的停留时间长达 8 年，退休时已在军中服役 39 到 41 年；与现在的中将军官相比，在退休时多服役了 6 年。相对来讲，那些有望晋升为上将的中将军官会快速通过中将这个级别，只需要在为期 2 年的岗位上任职 1 次。还有一部分任职于“发展型”岗位的中将军官，不会得到遴选晋升。因此，对于所有在中将级别退休的军官来讲，其平均服役年限与现行做法下的中将军官服役年限基本持平，但是这些军官会明显分成 2 组，每组军官的平均服役年限也不同。上将军官在本级停留 8 年，退休时已经服役约 40～43 年，与现行做法相比，延长了 5～6 年。

根据这一模型，多数军种每年将有更多的军官晋升为准将（海军陆战队的晋升数量略有下降）。晋升为少将的军官数量与现在持平或略有增加。晋升为中将和上将的军官数量明显下降，因为在退休之前军官在中将和上将级别的停留时间大幅延长。除准将军官外，其他级别将官的平均职业生涯都有所延长；与现行做法相比，准将军官的岗位任职期限会有所延长。

除一些上将岗位（如军种司令和参联会主席）外，当前的将官管理体系，没有根据不同岗位的固有职能来决定将官的任期长短，也没有根据使用岗位培养军官的方法来决定将官的任职长短。将岗位分为"发展型"和"使用型"，一些岗位的任职期被延长，但并没有"堵塞"军官的晋升。这些岗位的任期被延长以后，军官的流动率和晋升率与以前持平，或优于以前；但是，准将一级任职时间有所下降。因此，对于多数上将级岗位和部分少将、中将级岗位来讲，任期延长不会限制"快速晋升者"的发展机会。

变革后的将官管理体系，可以提升组织机构的能力，增强个人责任感，提高整体稳定性。岗位的任职时间得到管控，为身在其中的军官设立了更为明确清晰的发展预期。若要落实这个体系，各军种需要明确各个岗位是"发展型"还是"使用型"；要为每个岗位的任职期设立具体目标。各岗位的最佳任职时间，应该根据级别、军官性质、工作性质而有所区别。这样，"使用型"岗位的任期会比"发展型"岗位的任期长。理论上，作战军官任职的"发展型"岗位，最低任职期应为 2 年；"使用型"岗位的最低任职期应为 4 年。非指挥类岗位的任职时间，也要长于指挥类岗位的任职时间。

变革后的体系，强调对岗位任职时间的管理，允许各级别任职时间或服役时间依据变革后的岗位任职时间进行调整。另外，各军种应该管理其准将级别和少将级别的"发展型"岗位数量；这样，军官可以在准将级别和少将级别共有 3 次"发展型"岗位任职经历，可以在中将级别经历 1 次"发展型"岗位任职。

二、"作战"类和"管理"类将官

美军认为，美国在未来数年将面临瞬息万变、令人忧虑的国际安全环境。军费预算不断缩减，美国继续承担全球责任的目标受到严峻挑战。结束了长达 12 年、耗资巨大且胜负未分的伊拉克和阿富汗战争之后，美军步入了一个下行通道。人事、战备和装备现代化等各方面工作都要为争取有限的预算进行激烈竞争。因此，美军必须高度重视高级将领的培养工作，对将官管理体制实施必要改革。

过去12年的反恐战争使得美军高级将领的培养工作受到作战影响未能正常开展。许多军官缺少到战区之外进行多样化岗位锻炼的机会，有的到军校或地方院校进修的机会被取消或推迟，有的进修课程被压缩。这一时期成长起来的将官与其前辈相比，应对未来十年复杂安全环境和管理挑战的准备工作明显不足，主要原因就是他们缺少正常标准的培养机会。未来几年，为这一时期成长起来的将官提供和创造学习机会，加速其培养进度非常必要。

然而美军仍然沿用20世纪的军官选拔任用、教育培训和评估问责体制。冷战时期的管理思维对当前的美军部队仍具影响，特别在人事管理领域。复杂国际安全环境的挑战和预算下行时期对庞大国防系统进行高效管理的挑战，都对将官队伍提出了前所未有的要求。在这个重要的关节点上，需要对现行的将官管理体制进行重新审视和改革。美军高级将领不仅要在预算缩减的情况下管理庞大而复杂的国防系统，还要在冲突中率领部队取得战场上的胜利。面对上述战略挑战，美军亟须培养出一批具有创造性和前瞻性思维的高级将领。

美国智库“新美国安全中心(CNAS)”曾就美军将官的管理进行研究，发布研究报告《打造更好的将官》，报告提出把将官分为“作战”和“管理”两大类，并按这两大类编定所有少将、中将和上将岗位。准将晋升为少将后，就被安排到“作战”或“管理”岗位，以此来完善军官的培养和教育水平。延长岗位任职年限，不仅有助于提高将官的技能、学识及责任意识，还会进一步延迟退休年龄——中将和上将服役40年或40年以上将更为常见。

报告建议美军精心计划各类岗位任职将官的教育项目。如“作战”类将官应该参加更高级别的指挥和参谋课程，课程重点关注战略、政治与军事关系方面的技能；“管理”类将官需要重点参加工商管理或行政管理课程，并以特定的军事类课程作为补充。

此外，还要完善军官选拔和评估体系，使军官对自身表现有一个更清楚的预期，着重加强中将和上将级别将官在整个职业生涯中的问责意识。该体系应该包括所有军官的表现评估和书面评价，这将有利于推动师生帮带和不断自我培养上一个新台阶。

美军现有的军事职业教育和高级军官成长模式已不再适应现实挑战的

需要。过去十年，许多美军中将和上将很少有机会全时参加军事职业教育和拓展岗位锻炼，战略思维培养严重缺乏。针对上将军官的军事职业教育时间大幅压缩，课程安排仅有数天或数周，而低级军官培训时间动辄数月甚至数年。将官需要在任期前半段用更长时间到军事职业教育中“回回炉”，使知识水平跟得上复杂形势的变化。

总之，美军将官需要在以下三个方面做好准备：一是更多的培训机会。通过将高级军官分为“作战”和“管理”两大类型军官，延长岗位任职时间，强化技能水平，提高领导能力。二是需要严格的将官级别基础教育。三是需要一个更加完善的选拔和评估机制，以加强问责意识，提高将官的工作效能和职业素养。

首先是延长部分高级将领的服役时间。在高级将领职业生涯的顶峰时期，将素质最高、最具经验的人保留下来能给美军带来巨大的益处。美国现行法律规定准将和少将的最高服役年限分别为 30 年和 35 年(或者在该衔级上服役 5 年)，中将和上将的最高服役年限则为 40 年或 40 年以上。因此，现在美军中有 190 名左右的中将和上将有机会延长服役年限并接受深入职业培训。他们几乎占据了美军中所有重要岗位，延长这部分人的服役年限和岗位任职年限，使其接受更全面的培训是一项有丰硕回报的重要人力资本投资。

延长高级将领服役年限之所以可行，主要是因为：第一，寿命预期不断提高。随着医疗卫生和营养水平不断提高，人的预期寿命在过去 10 年提高了 2 岁。因此，人到 60 岁仍能够老当益壮。第二，军队人事管理系统已经不存在制约延迟退休的不利因素。拉姆斯菲尔德任国防部长期间通过的《2007 年国防授权法案》删除了关于退休金限制的条款，代之以新的条款。将服役 30 年或 30 年以上的军官能拿到相当于基本工资 75％的退休金改为 2007 年 1 月之后退休的军官，服役期超过 30 年的，在拿 75％基本工资的基础上，每多服役一年就多拿 2.5％的退休金，也就是说当军官服役期达到 40 年，就能拿相当于基本工资 100％的退休金；而服役 42 年的将官就能在其最后 3 年任期内，拿到相当于基本工资 105％的退休金。虽然退休金的多寡并不是多数将军决定退休与否的主要原因，但这项政策确实对延长服役时间有一定促进作用。

三、美军将官的职业发展与教育培训

在未来数年美军将官服役期达到或超过40年将成为普遍现象。这也为延长岗位服役年限创造了可能，有利于将官在岗位上拓展战略思维，培养风险意识，丰富解决棘手问题的经验。这些都是21世纪管理复杂的国防系统所必需的素质。另外，服役期延长后也使将官们有更多时间参加扩展岗位任职、教育和培训，认真做好评估和反馈工作。这些都为将领们应对复杂挑战提供了必要准备。

一直以来，晋升为将军意味着一名军官将肩负多重责任，但并不是所有人都具备与之相称的素质。擅长作战的指挥官不一定能有效地管理国防系统中的商业运作模式。当前的全球安全环境和商业环境要求领导者拥有较强的专业素养和丰富经验，在走上某个岗位时就已经是该方面的专家。无论是战场上的损失还是错误的商业决策在当今的国防系统都是不可接受的。然而目前的人事管理体制仍存在许多缺陷，使军官在以上两方面的表现都不能达到最佳状态。

在过去12年反恐战争中，美军官兵不断部署到战场作战，许多军官，特别是陆军、陆战队和特种部队军官根本没有时间参加学习和扩展任务培训。战前所计划的部队在休整时能定期参加学习和扩展任务培训的想法必须给不断的作战部署让位。更糟的是，一直以来已经很短的两年岗位任职时间被一年或时间更短的作战部署岗位所替代。

美军更愿意提拔擅长“作战”的军官到将官军衔，这使得对将官的技能要求无法与之相匹配。例如，“美陆军经济和人力资源分析办公室”的一份具有里程碑意义的研究报告表明，美军中大多数将官岗位为管理岗位而非作战指挥岗位，准将为65%、少将为80%、中将为82%、上将为92%。各军种比例略有不同，海军陆战队将官管理岗位比例最低。在各军种中，这些岗位与企业管理工作类似，负责诸如人际关系、公共事务、供应链全球管理以及信息技术等事务。

然而，晋升为准将的大部分都是多年从事作战指挥的军官。就陆军而言，从准将到上将的各级将领中，从作战指挥领域提拔的分别占50%、70%、80%和85%。缺乏管理背景的军官被提拔重用在军中已经大行其道，有很多不符合管理岗位能力需求的将官被冒险提拔到管理岗位。

1. 将官分为“作战”和“管理”两种职业轨道

召之能战、战之能胜仍然是美军的最核心使命，这样的军事文化使作战指挥军官更多受到提拔重用。正是基于上述原因，绝大多数晋升准将的军官都是作战指挥领域的佼佼者，他们精通战术和战役，但对如何管理庞大的国防体系知之甚少。当晋升为少将或更高职位时，军队上层岗位一定被这些作战指挥类军官所把持，他们无法承担起复杂而艰巨的管理重任。长期以来，美军认为“作战”和“管理”两类军官可以交叉任职，从而造成了将官表现欠佳的不良后果，而且离军队的传统渐行渐远[①]。

成功的军事行动不是在真空中进行的，需要出色的后勤和装备保障、合适的武器配备、招募和保留优秀人才、高效的信息管理等多项工作的配合。一流的管理能力是战斗力中不可或缺的重要组成部分。对在非作战领域里表现突出的军官予以物质奖励和提拔同样至关重要。负责采购、后勤和人事管理的军官应该有一条独立而清晰的发展和晋升之路。尽管许多将官岗位需要管理技能，美军还是要仔细评估何时或用何种方式对其进行选拔和培养，使那些具备优秀领导才能的军官脱颖而出。

在任何一种将官培养方式中，都要既提拔懂作战的军官，也要提拔懂管理的军官，让两者充实到高级领导岗位，两者不可偏废。办法之一就是在选拔少将时，将备选军官分为“作战”和“管理”两条轨道。每个将官岗位要么分为“作战”岗位，要么分为“管理”岗位，这样更容易发现急需的人才，也能够人尽其才。美军 4 个军种每年共选拔约 60 名准将作为晋升备选对象。各军种还要成立晋升委员会对备选干部进行评估，并将意见提交给各军种的最高军事指挥官。根据各军种自身需要，每年对“作战”或“管理”岗位人员的需求并不一致。

此种方式能够鼓励将官在各自的领域中增长才干，通过不断的岗位锻炼提高人才的使用效率。不能再延续少将及以上级别军官两年轮岗一次的老做法了，也不能按常规做法将缺少管理经验的军官放在高级管理岗位上。要让将官的专业技能不断提高，经验不断积累，有用的经验能够被不断利

① Barno, David. 2013. *Building Better Generals*. Center for a New American Security.

用。高层领导的延续性应当增强，仅靠军官在工作岗位上“自学”的人才培养方式应该成为过去。

2. 岗位任职时间：提高延续性和专业性

就管理岗位而言，任职时间长短有可能决定将官履职的成败。理想状态下，每个高级将领履职后都应该有一个适应期，以便学习新知识，了解新情况，承担新风险，获取宝贵的新经验。据 2011 年美国国防科学局的研究成果显示：“商业领域的领导者通常比军队领导者任职时间更长。案例研究表明，实现组织文化的变革一般需要 5 至 7 年时间。”

美军过去曾有过延长岗位任职时间的成功经验，特别是那些需要创新性的岗位。有三个人物很具代表性，分别是战略空军司令部司令柯蒂斯·李梅上将、海军核反应办公室主任海曼·瑞克欧威尔海军上将和特种作战司令部司令斯坦利·麦克克里斯托中将。

1946 年战略空军司令部成立之时，没有任何先例可循。该司令部负责整个国家核武库的指挥和控制，依靠创新和不断学习强化了对苏联的威慑。李梅上将是战略空军司令部最具革新能力的人物，从 1948 至 1957 年一直担任司令，任职时间长达 9 年。正是在这段时间内，李梅上将把战略空军司令部打造了成一支规模庞大又纪律严明的部队，能够向世界任何地区投送核武器。

瑞克欧威尔海军上将的经历更是前无古人。从 1949 至 1982 年他一直担任海军核反应办公室主任，在长达 33 年的任期内促进了美国海军战舰和潜艇的核动力化。其创造性的工作极大提高了美国海军的隐身能力、续航能力和整体战斗力。瑞克欧威尔 1982 年退休时，鉴于其在任职岗位上的特殊贡献，里根总统颁发了一份行政命令，之后成为一项法规，规定海军核反应办公室主任任期为 8 年。

在最近的伊拉克和阿富汗反恐战争中，麦克克里斯托中将担任特种作战司令部司令长达 5 年。在这期间，他在“管理”和“作战”层面都发挥了创造性的领导能力。在任期延长的时间里，他改善了特种作战司令部与中央情报局等情报部门的关系。这是特种作战司令部能够在 2003 年成功抓获萨达姆，在 2006 年成功击毙伊拉克基地组织头目阿布·穆萨布·扎卡维的重要原因。在麦克克里斯托中将率领下，美军特种作战司令部实施了千余次恐怖分子围捕行动，其专业能力和杀伤力也在不断提高。

正是因为岗位任职时间长，才给了这些高级将领承担风险，直面失败的机会，风险和失败是领导干部成长过程中必不可少的两个要素，在培养决断力和创造性思维方面发挥着基础性作用。

上述事例中将领的任职时间与今天将官的平均任职时间形成了鲜明对比。今天陆军上将的岗位任职时间仅为15个月。任职时间过短成为创新性发展的障碍，原因在于要么“现在栽树，只能后人乘凉”，要么“树被后人推倒”，改革动力明显不足。任职时间过短也使得在位领导不愿以身犯险。承担风险就有失败的可能，过短任期内根本没有吸取失败教训和改正错误的时间。任期延长后，就能做到“双向学习”，给承担风险、评估不足和改正错误留下了足够的时间，也能让将官有时间提高专业素养，更加负责地作出各项决策。

任期延长后，高级将领就会采取更具长远眼光的方式解决问题。他们会认识到，在任职前期所做的决定会对其未来任期产生后续影响。现在着眼长远的做法很少，只顾眼前利益的做法却在大行其道。因此，美军认为应该将中将和上将的岗位任职时间全部延长至3年，并力争延长至5年。高级将领的任期第一年应该被视为实习期，当发现其能力无法胜任该岗位时，可以不受惩罚地转到其他岗位。在可能的情况下，这种做法应该拓展到准将和少将。

目的是为增强高级将领的专业知识，提高任职的延续性和将官管理效率，做到人尽其才，才尽其用。第一，将所有少将、中将和上将级别的军官分为“作战”和“管理”两大类，做到职位与技能和经验的统一。第二，晋升少将的候选人从“作战”和“管理”两大类军官中选拔应该成为军队的一种常态化机制，保持好两类军官岗位任职的延续性，使两类将领在各自的轨道上强化技能，丰富阅历，深化教育培训。第三，将所有中将和上将的岗位任职时间延长至至少3年（将5年定为下阶段目标），促进“双向学习”。

3. 将官的教育培训体系

军事职业教育体系一直都是美军军官培养的重要组成部分。该体系基于以下两个原则：一是为确定性而训练。确保官兵的技能可以满足已知任务的需要。二是为不确定性而教育。确保官兵掌握过硬的知识基础，形成决断能力，能够随机应变地处理突发事件。从历史上看，即使在军队预算吃紧，部队裁减的情况下，军事职业教育仍然受到了高度重视。最突出的例子就是美国陆军在第一次世界大战的紧张局势下，大幅增加了对军事教育的投入，此举是美军在第二次世界大战中能够迅速扩军并取得胜利的最主要原因之一。事实上，“在 1919 至 1941 年间，美军军官职业生涯的一半甚至三分之二的时间都是在西点军校、后备军官训练团、兵种院校、陆军指挥与参谋学院以及陆军战争学院中以学员或教员的身份度过的。”这使美国陆军拥有了大量人才储备。在扩军备战之际，陆军参谋长乔治·马歇尔能够将最优秀的军官充实到关键的指挥与参谋岗位。

今天，美军拥有世界上最完善的军官军事职业教育体系。在一名军官成为将官前，都要参加持续数年的军事职业教育课程。各军种的要求略有不同。课程安排主要强调战术训练而非课堂教育。表现突出的少校军官将进入中级军事职业教育院校进行深造（陆军为指挥与参谋学院），接受战术和战役层面的教育和训练。脱产学员的课程安排为 10 个月（有部分学员可以参加远程教育课程）。由于中级指挥官比初级指挥官要更多地面临复杂和不确定的局面，授课内容也开始向课堂教育方面倾斜。只有最优秀的 10％的中校或上校军官能够参加为期 10 个月的高级军事职业教育培训（培训地点为各军种战争学院或其他类似院校）。教学内容将战役和战略结合在一起，为军官到更高级别的指挥或参谋岗位任职打好基础。军官也可以参加远程教育，但学习的时间要长一些。

在过去十年的反恐战争中，军事职业教育的重要性明显遭到轻视。陆军、海军陆战队和特种部队等地面部队的军官过去 12 年都在疲于应付反恐战争，此类问题更加突出。很多军官不断地被部署到各个战区，在本土休整时间很短。所有军种的军官都受到不断被派驻战区前指和部队的影响。

在此期间，虽然军事职业教育仍在进行，但在中高级培训中，许多军官选择推迟上课，参加远程教学或通过作战经验拿学分。许多优秀的军官认为参战比上一年学更重要。作战部队的学员越来越少。例如“参加陆军战争学院 2009—2010 学年学习的美国陆军学员共 338 名，只有 3 名装甲部队军官和 13 名步兵军官。这意味着 20 个研讨班中每个班分配一名地面机动军官都不够分”。

伊拉克战争结束和美军逐渐从阿富汗撤军后，各军种军官参加中高级培训班的热情有所恢复。美国陆军恢复了“9·11”事件前择优选拔军官到指挥与参谋学院进修的制度，反恐战争中该制度曾被废止，当时每名少校都能直接到该学院进修。选择在职业生涯头十年脱产参加军事职业教育的军官人数慢慢恢复到“9·11”事件以前的水平。

尽管军事职业教育体系受重视程度有所提高，但像这样长时间的学习机会到上校级军官从战争学院毕业就再也没有了。对于少数有机会晋升为将官的军官来说，他们在战争学院脱产进修之后，剩下的职业生涯中就再也没有这么长时间的培训机会了。到战争学院进修的军官，服役期通常在18～22年，未来的将官在其职业生涯的后半段再没有长期的培训机会。随着职位提升，军官们担负的责任越来越重，面临的挑战越来越复杂，却也面临着长时间的教育培训空档期。

军官晋升为将官后，军事职业教育转变为时间较短的功能性课程，理由是将官缺少大块学习时间。新晋升为准将的军官一般需要参加军种组织的为期一周的课程和三周的联合军官的“拱顶石”课程。各军种也会组织一些单项教育科目，如为期一周的地方大学商业会计课程、如何担任军种联合司令官等短期功能性课程。但是这些课程都具有临时性，学员没有时间深入思考，不利于培养军官的决断力。

为将官所设的大多数课程都缺乏学术严肃性，学员获得的是搭建人际关系网的好机会，而不是认真学习的经历。一名退役将官将“拱顶石”课程看作是“一次丢失的机会”，因为课程根本不重视战略领导力的教学，不需要阅读和讨论，仅仅依靠早就退休的上将们的言传身教。她认为“这门课程给了新晋升的将官以露脸的机会，提高了其政治曝光度，但缺乏学术内涵，课程安排应该更丰富，更具挑战性”。其他将官课程也大致如此。

今天，战术和战役级军事职业教育课程已经成为大多数军种优秀校级军官的必修课，但他们却很难晋升为将官。而将官参加的却是打游击似的短期课程。教育培训是军官培养的重要环节，增加资金投入，提高将官的各项技能和素质，是非常值得的。

美国陆军已经认识到了现行教育培训体系的局限性，已经为准将军官开发了一门为期四周的课程。内容包括沟通技巧、阅读和讨论，还要求写作和发表论文。尽管上这门课程的人数不多,但这也为弥补教育系统中的不足迈出了坚实的一步。但一个月的集中学习对学员形成创造性思维是不够的,延长服役时间的办法能够给将官们提供更多额外的教育培训机会。

将官进入“作战”或“管理”职业轨道后,职业教育体系应该为两类军官提供不同的专业性课程。

一是“作战”类军官的职业军事教育。所有“作战”类将官都已经掌握了过硬的战术和战役专业技能,但不一定能在复杂的军事、政治关系中表现得游刃有余。这种能力对少将到上将级别的军官非常重要。这也反映出美军过去30年重作战、轻战略谋划的弊病。未来的高级将领必须了解战略和作战规划、国际关系和外交的互动、跨部门合作以及不抱偏见地向文官建言献策的重要性。将官还必须了解战争所有带来战略影响和政治后果间的关系,设计顶层政策时照顾到军官与文官的关系。许多专家认为,未能真正理解和掌握政治与军事的关系是过去12年中美军将官队伍的一大缺陷。

应该从严设计将官的军事职业教育课程,确保其能够真正做到履职尽责。该课程应该效仿英军高等指挥与参谋课程,由上校和准将级军官参加。该课程为期3个月,内容涉及战略、政治、组织和指挥等各个方面。更为重要的是,参加课程的学员都是根据其未来发展潜力精挑细选的人才。他们是英军中最优秀的人才,仅占军官总数的2%。该课程还强调未来军队领导者间的团队意识,着力培养同事之间的信任感。

美军也拟考虑开设类似的课程,为期3个月,由“作战”类的少将军官参加。由于每年晋升少将的人数只有约60人,参加课程的人数不会超过20到30人。学员在该门课程中应该学习层次更高的内容,能够将战略层面的知识与战争和国家政策等大战略层面的知识相融合。此门课程可以开在美国国防大学,利用学校现有的师资力量和基础设施实施教学。能为学员们提供更多接触政治、军事和学术界人士的机会。课程可包含如下内容:

美国民主及军政关系的性质。军事领导人总是希望文官提供开展军事行动的确切目的。但是民主是一个混乱的政治过程,下达的指令往往是含混不清且不完整的。将官应该面对现实,学会如何在此种情况下权衡利弊得失,提出一系列可行的建议。还要学会如何向包括总统在内的高层文官提问,维护良好的军政互动对话关系。理解美国民主体制内美军在宪法中的地位作用，以及行政和司法部门的法定地位，这也是课程设置的一个重要目的。

战略和战争的案例研究。将官应该对政治、战略和战争三者之间的关系有透彻的理解。应理解掌握克劳塞维茨和孙子等重要战争理论家的思想精髓，通过战争史上经典案例理解冲突和政治的本质，拓宽将官的知识面，加强对当前国家安全挑战的认识。将官们必须善于总结历史上的经验教训，应对不断发展变化的战争威胁。

21世纪的全球趋势。未来国际上将出现许多新的、复杂的趋势，包括国际经济秩序的不稳定性、个体的力量越来越强、人口趋势变化、资源竞争、冲突风险和地区不稳定性加剧等。将官们应该了解这些趋势及其影响，以便这种环境中有效履职。

不断变化的战争形态。21世纪的战争包括三种相互重叠的冲突形式：一是硅战争，敌人拥有高技术武器和强大的战斗力；二是铁战争，威胁来自于某个国家，越来越表现出混合战样式；三是影子战争，利用无人机、特种部队和情报活动应对全球非常规威胁。将官们有责任为各自军种和整个军队增强应对复杂战争形态的本领。

创新及变革管理。未来10年，美军将继续面临严峻的管理挑战，包括预算自动削减、机关经费快速攀升、在部队规模、战备和装备现代化之间难以平衡等问题。克服上述困难，高级将领们需要拿出可行的策略和战略，必须懂得如何营造一种鼓励创新的氛围，发挥基层部队官兵的创造力，对创造性解决问题的单位和个人予以奖励。在预算和资源吃紧的情况下，鼓励创造性思维和变革的将官们还将面临庞大而僵化的官僚机构中某些既得利益集团的挑战。

二是“管理”类军官的军事职业教育。所有晋升为准将的军官都具有出色的作战技能。在现有的“非升即退”的晋升体制中，如果一名上尉不能领导一个连队，就不能晋升为少校；海军中校如果不能指挥一艘军舰或一个中队，就不能晋升为上校。但许多将官岗位，无论是军种还是联合军官岗位，需要的都是管理庞大而复杂的国防机构的能力，而不是作战方面的能力。许多在“管理”类岗位上工作的将官都缺乏这方面的知识背景和实践经验。

从某种意义上讲，开发管理类将官军事职业教育课程比开发作战类课程要容易一些。国防部大部分管理工作都类似于地方企业，如人力资源与人事管理，金融管理和审计监督，设施和基地管理等。国防部可以充分利用大学、商学院和行政领导课程等地方资源，辅之以有军队特色的短期管理课程，为将官提供更多的教育培训机会。尽管有些军种已经开展了这项工作，但缺乏教育培训的计划性和针对性，有些课程未能与将官未来的岗位技能需求相结合。

进入管理类轨道的将军应该不断学习管理知识，提升管理技能。由于将官能服役40年，可以利用这些多出来的服役时间参加学期更长、更有深度的专业管理课程。在某些领域，将官们还应该参加每年一次的职业资格进修课程。

目前，各军种都已经与多所管理专业出色的地方大学合作，让军官参加其行政教育课程。例如，空军已经选派了多名上校、准将、少将和高级文职人员到弗吉尼亚大学达顿商学院参加为期一周的空军管理干部学习班，帮助学员提高金融管理、战略思维、决策、沟通、人力资本控制、改革管理和包容性等能力。海军陆战队选派将官到硅谷的奇点大学见学，使其了解瞬息万变的国际趋势。美国能够为将官们提供世界级的管理领导人课程，在现有的工作上继续开拓创新，必定会对管理类将官大有裨益。

四、美军将官的选拔和评估体系

岗位任职和教育培训是培养高级军事人才的基础，再通过选拔和评估程序发现人才，就构成了将官管理的完整机制。美军军官晋升主要依据两部法律：《美国法典》第10篇和1980年《国防军官人事管理法》。从少尉到上将的选拔和晋升都要符合这两部法律的要求，其中的大部分规定已经35年未发生变化。

《美国法典》第10篇第36章对现役军官的晋升、退役和非自愿退休等问题做出了总体规定。《国防军官人事管理法》是《美国法典》的重要补充，规定了美军实施统一的标准化人事管理体系，颁布了有关军官晋升、退役和退休等问题的相关细则。还对校级军官人数上限、各衔级军官被推荐到晋升委员会的比例等做出了明确规定。美军采取“非升即退”的人事管理体制，这意味着军官要想继续在军中服役就必须不断获得晋升。

一是评估。军官评估报告是美军各军种选拔和培养军官的基础。评估一年一次，军官的进退去留几乎都取决于评估报告上的评语和数据。军官的直接上级和直接上级的上级有权对军官进行评估并撰写评估报告，几乎每名军官都将很严肃地看待手中的评估权，因为他们的评语和给出的数据会对下属的职业生涯产生深远影响。通过年度强制性评估报告，军官能够获得有关其自身表现的反馈信息，也能知道一些同级别军官的表现情况。

评估报告提供了咨询和反馈情况的机会，而各军种希望这样的咨询和反馈能更频繁一些。陆军要求在评估期间上下级之间要有面对面的咨询和指导，并通过咨询设定改进目标。其实这种情况在军官到一个新岗位任职时就开始了，他必须与新领导一起探讨新工作的具体任务以及要达成的目标。这样的对话要在一年之中数次的反馈和指导会议上进行讨论，还要和年度评估报告一起上报到评估期最后一次咨询总结会议上。理论上讲，这样的方式能够让军官有一个提前的预期，有关自身表现的反馈信息能够有规律地更新，最后形成的书面年度评估报告全面记录了军官的表现和潜力，这两点是下一次晋升委员会参考的重点。

这种反复多次的职责构建、目标设定和持续反馈的模式虽在各军种中非常受欢迎，年度评估制度在过去十年也一直保持得不错，但还是有一些单位把精力过度集中在作战上，咨询和指导工作受到了忽视。反恐战争结束后，评估报告制度目前来看坚持得不错，军官们每年都能获得关于自身表现的书面评价，对自身发展有一个合理的预期。咨询和指导制度正不断恢复，军事评估和指导制度仍然是军队培养和扩大人才队伍的一项重要手段。

年度评估报告为各军种晋升委员会衡量军官的表现和潜力提供了重要参考。晋升委员会是各军种依法组建的从同年任职的军官中选拔晋升对象的小组。该委员会能够选拔从上尉到少将的各级军官。委员会由军种部长主持，严格根据法律程序行使权力。军种部长向晋升委员会提交书面指南，对军种需求做出明确说明，在晋升委员会得出结果后，该指南向社会公布。

二是将官的选拔晋升。军官在晋升准将时竞争异常激烈。《国防军官人事管理法》规定，中校晋升为上校的比例一般为 50%，而上校晋升准将的比例不到 5%。在海军陆战队，每年约有 450 名上校竞争不超过 10 个准将位置。各军种每年晋升的准将人数为 10～35 名不等。只有晋升为准将的军官才有资格被晋升为少将或更高军衔。

在金字塔式的晋升道路上越往上走，竞争越激烈。以陆军为例，准将、少将、中将和上将的位置分别为150、100、45和10，每前进一步都要淘汰一大批人。竞争激烈只是问题的一个方面，如果选错了一个人，被提拔的军官无法胜任本职工作，会对战略和国家层面的决策带来巨大影响。

常规的晋升委员会最高只负责选拔少将军官。中将和上将不是根据晋升委员会的遴选结果进行提名，而是由军种最高军事指挥官及副职进行提名。各军种根据自己内部的考察程序，指导中将上将选拔过程。考察程序包括新开展的360度全方位评估、上将对中将的比较遴选等。但最终的提名决定权由军种最高军事指挥官掌握，还须经过军种部长同意。提名还要送交国防部长和总统，经参议院批准后，军官晋升才能生效。

在中将和上将级别，各军种正常的晋升体系就消失了：没有晋升委员会，没有评估报告，没有军种部长的书面选拔指南。与选拔中将之前的那种相对透明且完善的军官晋升程序相比，中将和上将的选拔过程明显存在公众监督的缺位，很容易带来“鸭选鸭”（许多军官愿意选拔跟自己相似的人作为继任者）的巨大风险，听话和忠诚度成为最重要的选人标准。然而美军的最高层将领都出自这个相对封闭的体系，他们的决策和建议对国家安全有着最直接的影响。

三是问责机制。不透明的选拔和评估过程带来的严重后果是对中将和上将缺乏问责机制。从少尉到少将的所有军官在年度评估报告中都包括一份关于个人表现的书面鉴定。每名军官都可能以此作为设定个人职业预期的标准，也能给新单位领导一个最初的印象。每名军官都能得到鉴定人的反馈信息。该制度虽然并不完美，但在数十年的实践过程中，有效促进了反馈机制的形成和军官队伍自我认识能力的提高。问责制是职业继续培养和评估的核心制度，有力促进了以老带新和自我培养、自我提高等好的传统。

但是这种行之有效的问责制度，在中将和上将层次就消失了。晋升委员会、书面鉴定、预期目标设定统统不见，咨询和指导也几乎不存在了，各军种对高层将领都不做这方面的要求。高层将领的表现没有一个明确的评估标准，流于口头上的评价。没有书面鉴定，高级将领与文官领导之间很难有效沟通，相互理解，造成工作效率下降。咨询和指导缺失阻碍了军官的自我培养、自我提高。高级将领在“传帮带”方面比低级军官要少得多。

上述问题反映出美军评估体制中的短板，该制度应该保持对高级将领的问责和监督，最高层将领也要坚持做到目标设定、指导和问责等好的做法。高层领导的岗位分工、教育培训、选拔任用和评估问责体制需要改革。在美军整体缩编的情况下，中将和上将岗位也要减少，选拔出能够不负众望的优秀将领有着更为重要的意义。

那么，如何解决这一问题呢？答案是，应该让书面评估报告制度涵盖所有中将和上将级别的军官，为各级别和各类型将官制作单独的评估表格。报告应该每年完成一次，并作为下次任命的部分依据。上将应该通过书面和口头向自己的上级汇报情况。

在履新之前，中将和上将应该完成期望设定环节工作，通过书面对新工作提出设想，设定目标和期望。高级将领可以在履新后 30 日内提交工作设想。中将或上将应至少每半年面对面地接受直接领导的表现评估，讨论单位和个人的表现情况，听取反馈意见和指导，重新设定下一阶段的工作目标。当联合上将职位空缺时(如战区司令)，要公布选人用人的书面指南，明确该职位所需的个人性格与品行要求，以及单位发展的宏观目标。各军种在选拔中将和上将前，应由军种部长向军种最高军事指挥官提交书面指南，对空缺职位所需的个人特质做出明确说明。

延伸阅读

《戈德华特—尼克尔斯法》与军官联合军事职业教育发展历程[1]

1986 年的《戈德华特—尼克尔斯法案》(下文简称《戈—尼法》)通过建立联合管理制度推动军官训练和职业发展发生了重大变化。该制度包括四个基本组成：联合学院举办的联合军事职业教育(JPME)；联合岗位任职目录(JDAL)；联合专业军官任命；联合晋升标准。本报告主要涵盖《戈—尼法》改革意图背景下的联合军事职业教育要求。虽然涉及联合军官任职和晋升，但并不涉及整体的联合军官管理制度。第一部分是联合教育背景以及

① Kamarck, Kristy N. January 13, 2016. *Goldwater-Nichols and the Evolution of Officer Joint Professional Military Education*. US Congressional Research Service Report.

由《戈—尼法》推动的变革。第二部分讨论近30年来联合军事职业教育的实施和发展历程。最后一部分是关于对联合军事职业教育当前状况的担忧和问题，是国会在评估《戈—尼法》过程中应当加以考虑的问题。

一、《戈—尼法》之前的联合军事教育

对军官的联合行动教育早在要求联合教育和经历的立法之前就开始了。1924年建立的陆军工业学院旨在动员、给养和工业支援等方面教育军官，但是并没有类似的学院专注于联合行动研究。二战期间，美军与盟军一起执行联合行动，军事领导人发现应当让军官接受联合与合成行动方面的教育训练。为填补此空白，参联会于1943年建立了陆海军参谋学院，为担任联合指挥与参谋职责的优秀高级军官提供为其4个月的课程。时任陆军航空部队司令的亨利·阿诺德将军在一份备忘录中描述了这所战争学院的目的：(1)训练在联合司令部任职的优秀的陆海军指挥与参谋军官；(2)提供武器和军种最有效的联合运用方法和理念，把战场上学到的经验教训转化为条令；研究结论应当通过军种出版物以及毕业学员在计划和实施行动中的影响力等方式在全军传播。

当时的陆海军参谋学院于1946年变身为国家战争学院，而陆军工业学院后来被重命名为武装力量工业学院。1946年还成立了武装力量参谋学院，旨在为中级军官(少校到上校)提供联合作战教育。截至1946年，主要是在高级军事领导人的推动下，有三所军事院校提供不同方面的联合教育：国家战争学院，武装力量工业学院以及武装力量参谋学院。各军种保留了各自的军种为中心的军事职业教育院校。

然而，冷战时期的大部分时间内，虽然有院校的联合教育课程，但军官们普遍对联合教育和联合任职不太热心。1981年，只有13%任职于参联会办公室的军官参加了武装力量参谋学院课程，只有25%陆海军上校军官毕业于国家战争学院或武装力量工业学院。有人甚至认为，联合事务会损害军官的职业生涯，因为它使军官离开军种教育和任职，军种教育和任职对军官的晋升更有用。

二、《戈德华特—尼克尔斯法案》：新的联合军官管理框架

20世纪80年代早期，一系列联合军事行动的失利(包括营救伊朗美国人质行动的失败)使许多国会议员质疑国防部实施联合行动的能力。1980

年6月16日，在参议院军事委员会的一次提名听证会上，戴维·琼斯上将指出了在国防部内构建联合文化的主要障碍。其中一项就是"要更好地激励最优秀的人才进入联合岗位"。琼斯的发言引发了更大范围的改革行动，最终的成果就是1986年的《戈德华特—尼克尔斯国防部重组法案》。

《戈—尼法》重组了国防部架构，第一次正式确立了各军种在联合环境中训练和行动的要求。《戈—尼法》第四款提供了一系列的要求、指导和目标，成为联合军官管理框架的部分内容。法案在人事管理方面的目标分为三个方面：提高联合军官的质量、经历和教育(见表3.1)。

表3.1 《戈—尼法》军官管理目标与倡议

目标	《戈—尼法》政策倡议
为联合岗位选拔更优秀的军官	要求国防部长制定联合专业军官资格
	联合专业军官晋升率不低于军种总部参谋军官
	联合专业军官大约占联合岗位任职目录的50%
	所有选升将官的军官必须先在联合岗位任职
提高联合岗位军官的联合经历水平	拟选为联合专业军官者必须成功完成一个完整的联合岗位任期
	至少要有1000个联合岗位任职目录职位指定为"关键岗位"，须由联合专业军官担任
	确定联合岗位任期时长(将官2年，其他军官3年)
为联合军官提供合适的教育	加强所有军官的联合教育
	要求联合专业军官在任职前在联合院校完成教育
	要求将官参加拱顶石课程

在《戈—尼法》确立的框架下，军官完成联合军事职业教育特定要求，根据联合专业军官岗位目录获得联合任职经历，就可取得联合专业军官的资格和任命。把联合标准与军官晋升相联系就是为了激励军官取得联合专业军官资格。被任命为联合专业军官意味着精通"联合事务"。《戈—尼法》强调有效管理"在联合事务中受训，且具有联合特质"的军官。虽然联合军事职业教育课程并没有特别界定，但将"联合事务"界定为"与联合运用陆、海、空力量相关的事务"。对联合军事职业教育的要求出现在法案的两部分中：

第 661 条(联合专业军官管理政策)要求军官在被提名获得联合资格或到联合岗位任职前成功完成联合职业军事教育,少数例外。

第 663 条(教育)包含特别针对联合职业军事教育的其他要求。(1)所有新晋将官参加拱顶石课程;(2)国防部长在参联会主席建议和协助下,定期评估国防大学及其他联合军事职业教育院校课程。(3)评估军种学校课程,强化对联合事务的关注,确保毕业生为联合岗位任职做好恰当准备。

三、斯凯尔顿小组与《戈—尼法》的实施(1987—1990)

1987 年 11 月 13 日,时任美国众议院军事委员会主席的莱斯·阿斯平议员任命了一个军事教育工作组,任务是评估国防部根据《戈—尼法》要求实施联合职业军事教育计划情况,这种教育是否为军种军官和合格的联合军官之间提供了充分的联系。还要评估当前的国防部军事教育系统在培养军事战略家、联合作战者和战术家的能力效果。

艾克·斯凯尔顿为该工作组的主任,简称斯凯尔顿小组。该小组于 1987 到 1989 年期间举行了 28 场听证会,有 48 为证人出席,于 1989 年 4 月 21 日发布最终报告。众议院军事委员会在 1989 年 4 月 2 日到 1990 年 9 月 26 日期间就联合职业军事教育又举行了多场听证会。

斯凯尔顿小组就联合军事职业教育所提出的主要建议是“建立两阶段的联合专业军官教育制度,第一阶段在军种学院实施,后续的、临时性的第二阶段在武装力量参谋学院进行”。国会将这一建议吸收进 1990—1991 财年国防授权法,作为一项国会政策公布。该政策敦促国防部长建立联合军事职业教育框架,指出武装力量参谋学院的课程应强调多样化的“实践经验”。两阶段的教育顺序进行,但在“特殊情况”下也允许例外。1990—1991 财年国防授权法进一步规定,武装力量参谋学院的课程不得少于 3 个月。

四、联合军事职业教育的发展历程

联合教育和联合资格制度开始实施以来,已经经历多次立法的变化。新的规则指定可以提供联合军事职业教育的院校,允许一部分课程通过远程学习的方式完成。其他的变化加强了入学激励,通过提供硕士学位,以及增加后续任职的灵活性,以管理个人职业发展路径和军种要求。

五、军事院校的作用(1994)

1994 财年国防授权法包含了国会对军事院校在军事职业教育和联合军事职业教育中的作用。内容为:(1)陆军、海军、空军及海军陆战队军事职业教育院校的主要任务是为军官提供各自作战专业领域的知识以及对各自军种构成要素的广泛而深入的理解。(2)联合军事职业教育院校的主要任务是为军官提供陆、海、空中力量的联合运用知识,包括与国家安全战略、国家军事战略、战略规划与紧急事件规划、联合指挥中的作战行动指挥与控制等相关的内容。(3)存在持久的需求为武装力量维持职业军事教育院校以及独立的联合职业军事教育院校。

1994 财年国防授权法的其他条款允许国防大学授予国家安全战略和国家资源战略方向的理学硕士学位(第 922 条),增加军官从联合军事职业教育院校毕业后任职的灵活性,允许一部分人毕业后把联合岗位作为第二任职,而非第一任职(第 933 条)。

六、构建联合军事职业教育和联合军官管理的战略路径(2001—2005)

在《戈—尼法》临近 20 周年之际,国防部和国会中有人提出,联合军官管理制度是否应当加以改进以反映条令和作战的变化。2002 财年国防授权法要求国防部独立开展对联合军官管理和联合军事职业教育的研究以评估现存的做法、政策和法律满足未来需要的能力。

就联合军事职业教育而言,要求该研究:(1)评估联合军事职业教育顺序以及第一联合岗位任职情况;(2)评估联合军事职业教育后对联合岗位军官使用要求的持续效用;(3)提供建议以确保军官在第一联合岗位任职之前接受联合军事职业教育;(4)提出参加联合部队参谋学院课程应达成的目标;(5)确定是否所有的联合军事职业教育课程都要求住校,或者如果不是,那么确定哪些内容可以通过分布式学习完成;(6)研究增加联合部队参谋学院承训能力的方案。

博思艾伦咨询公司(Booz Allen Hamilton)负责此次独立研究。与此同时,美国政府问责局公布一项研究报告,指出妨碍《戈—尼法》彻底执行的因素并建议国防部制定军官联合事务培养的战略路径。2003 年,独立研究指出,联合军官管理和联合军事职业教育的做法、政策和法律都应当加以更新,以满足新时代的要求。作为回应,国防部要求兰德公司为改革联合军官管理制度探索战略路径。兰德公司发现，虽然国防部变得日益联合，但仍然存在一些对联合军官培养的抵制行为。兰德公司建议，采用一种战略人力资源途径，识别联合岗位，并与联合教育和经历相关联，更好地管理军官职业路径，以填补这些岗位。

上述研究结果加上众议院军事委员会的担忧，认为国防部缺乏一种"连贯的、综合的环境"以及"对联合军官管理和教育的总体构想"。因此，2005财年罗纳德·里根国防授权法要求根国防部制定联合军官管理和联合军事职业教育的战略规划，以确保有足够数量的合格军官任职于联合环境。要求国防部长在2006年1月15日之前向参众两院军事委员会提交计划方案。国会要求国防部识别并评估：有关晋升资格与联合军事职业教育之间关系的任何问题；成功完成联合军事职业教育的激励措施的有效性；联合军事职业教育院校书面入学考试的可行性和效用性；国防大学招收私营部门民间人士对教育经历的作用；为完成联合军事职业教育法定条件的后备役军官授予联合专业资格的意义。

2005年国防授权法在《美国法典》第10部分增加了新的一章，名为"军事职业教育"，明确了联合军事职业教育的界定、拱顶石课程的要求、第二阶段的课程内容以及第二阶段院校师生比例。确立了新的、分层的联合职业军事教育，分为第一阶段、第二阶段和拱顶石课程，要求2009年9月30日之后，凡参加第二阶段教育之前必须先完成第一阶段教育。

七、新的联合资格制度(2007)

国防部应根据2005财年国防授权法要求，于2006年4月3日向国会提交了其战略规划。该规划强调联合经历作为通往联合资格的重要性。不过，对于联合职业教育与联合岗位任职之间的关联关注不够。在2007财年国防授权法中，国会对联合军官人事政策做了重大修订，允许国防部"确立不同层次的联合资格以及每个层次的不同标准。每一层次至少要符合联合教育标准和联合经历标准"。

该法令还取消了军官在联合岗位任职之前必须完成第一、二阶段联合职业教育的要求。国防部于2007年3月30日公布了新的联合资格制度实施计划。该计划建立了四个等次的资格并提供了获得联合资格的双重路径，即标准/教育路径和经历路径(见表3.2)。

表 3.2　2007 年确立的联合资格标准

层次	标准
I	a. 完成委任前和基础军官课程时的联合认证
	b. 初级军官主要集中于军种能力
	c. 获得委任后资格分数开始通过合适的联合经历、训练、演习及其他教育等不断积累
II	a. 完成第一阶段联合教育时授予，积累 18 分，由参联会主席负责认证
	b. 至少有 12 分来自“联合经历”
	c. 其他分数可以来自联合经历、训练、演习及其他教育
III	a. 完成第二阶段联合教育或者后备役军官联合教育时授予，积累 36 分，由国防部长或其委托人负责认证
	b. 从获得第二阶段资格后算起，至少 12 分来自“联合经历”
	c. 其他分数可以来自联合经历、训练、演习及其他教育
	d. 正式委派：联合资格军官
	e. 自 2008 年 10 月 1 日起，候任准将必须为联合资格军官（仅限现役）
IV（仅限将官）	a. 完成拱顶石课程时授予，积累 60 分，由国防部长或其委托人负责认证
	b. 至少还要在国防部长办公室、联合参谋部、作战司令部、联合特遣部队、国防部机构等将官“联合岗位经历”积累 24 分

2007 财年国防授权法允许国防部长免除准将（O－7）以下军官的联合军事职业教育要求，条件是该军官必须完成两个联合岗位任职周期，军官完成的联合岗位经历类型足够使之做好联合岗位担任将官的准备。法令使用“国防大学内院校”取代了“联合军事职业教育院校”的说法，并明确国防大学包括国家战争学院、武装力量工业学院及联合部队参谋学院。

八、《戈—尼法》实施 20 年之后的军事职业教育（2010）

2010 年 4 月，众议院军事委员会监督与调查分委会发布有关军事职业教育（包括联合军事职业教育）的评估报告。就联合职业军事教育的主要发现如下：

- 由于取消了联合岗位任职前的军事职业教育要求，并不能确定联合岗位任职目录上的职位是否由足够合格的军官担任；
- 联合与军种岗位任职要求日益增加，大量在联合岗位任职目录职位的军官过于年轻，根本无法在联合任职之前完成第一阶段的联合军事职业教育；

- 大约 1/3 联合任职前完成第二阶段教育的军官认为课程使之做好任职准备的价值较低；在实用性方面，为期 10～12 周的第二阶段课程与为期 10 个月的课程得到了大致相同的评价。
- 第一阶段教育提供的能力准备不足以满足联合岗位任职需求；
- 对联合教育的完成和要求似乎更多地与晋升资格相关，而不是培养所需的联合岗位任职能力。
- 军官职业生涯中对训练、教育及作战经历方面的不同要求使得联合教育与任职管理更加困难。
- 联合军官的联合教育职业模式集中于培养通用能力，没有充分关注特定联合能力需求。
- 初级层次教育对联合事务内容需求日益增加。

2011 财年国防授权法没有包含联合教育内容，但是有一条有关联合军官管理的条款，拓宽了联合任职和经历的认定方式。第 521 条修订了联合事务界定，明确了“联合军事力量”不仅包括一个军事部门，或者一个军事部门与其他部门，如美国政府其他部门和机构，其他国家的军事力量或机构，非政府机构或人员等。

九、近期国会对联合教育的变动

近年来，国会对联合教育做了较小的变动。2012 财年国防授权法第 552 条授权国防部在不多于两个作战司令部开展一项为期 5 年的非住校第二阶段联合教育试点。作为回应，国防部在位于佛罗里达麦克迪尔空军基地的联合特种作战大学开设了一门联合教育课程，该基地也是美国特种作战司令部和中央司令部所在地。联合特种作战大学是联合部队参谋学院的分校。2012 财年国防授权法第 552 条还授权在国防情报学院（现称为国家情报大学）完成第二阶段教育可获得学分。

2015 财年国防授权法修订了《美国法典》第 10 章第 2154 条，授权在国防部长指定的情况下，为期不少于 10 个月的高级军种课程要满足第二阶段教育要求。以往的法律要求联合教育必须在联合部队参谋学院或高级军种学院住校完成。这一法律似乎为国防部就如何完成第二阶段联合教育提供了更大的灵活性。

十、把采购作为“联合事务”

过去几年来，国会一直在关注如何改进采购人员的招募、保留与职业管理。根据法律规定，联合专业军官是指“在联合事务中经过特别训练的军官”。“联合事务”的当前法律界定为“多种军事力量在陆地、海上、空中、空间或信息环境领域执行联合行动相关的事务，包括：(1)国家军事战略；(2)战略规划与紧急事件规划；(3)联合指挥下的作战行动指挥与控制；(4)与美国其他部门和机构进行的国家安全规划；(5)与盟国军事力量进行的合成行动”。

2016财年参议院通过的国防授权法把采购事务也列为“联合事务”，从而拓展了采购领域任职的军事人员的联合岗位积分。该法案还包括条款，允许军官寻求双重职业路径，主要专业在作战领域，以及一个采购领域的次要职能专业。法案建议国防部长确保第二阶段联合教育包含采购事务，以保证军官在采购或相关领域成功任职。

十一、国会需要考虑的其他问题

虽然近年来联合教育并没有很多实质性的变化，国防部和国会中的许多人在担忧联合教育的现状。国防部长阿什顿·卡特于2015年12月宣布将在《戈-尼法》改革框架下评估国防部的结构和效率。2016年1月4日的一份国防部备忘录列出了需要评估的主要问题。就联合军官管理制度而言，国防部计划考虑如下问题：

1. 当前的联合岗位资格法律和政策是否能够提供合适的人力资本发展以满足联合作战要求？

2. 是否能够做出调整以平衡联合职业发展与其他专业知识或职业发展考虑之间的需求竞争？

国防部发言人表示，该评估将会引发内部政策变化或者立法建议。其他受到关注的问题包括：

- 联合教育学院的教职员工问题

  教员的专业知识足够吗？他们有恰当的资格吗？

  文职与军职教员的比例合适吗？

  教员的薪酬合适吗？

  学员与教员比例和管理人员与教员比例合适吗？

- 联合教育课程提供必要的知识和技能问题

  课程是否充分讲授领导者特质要求?

  是否应当拓展课程?

  课程是否提供恰当比例联合岗位所需的战术/技术技能?

- 如何讲授联合教育问题

  如何保持恰当的学生比例(如军职与文职学员、军种部门、军官与士兵、外国军职与文职学员)?

  联合教育能否在非住校环境中有效实施?

  联合教育院校之间是否由充分的协同?

  联合教育学分能否在其他学位授予院校获得(如军种院校或地方院校)?

- 联合教育在职业管理与军官发展中的作用问题

  如何恰当平衡军种中心的军事教育与联合教育?

  完成联合教育是否应当继续与晋升挂钩?

  后备役军官的联合教育要求应当如何?

  如何平衡联合军官资格中的联合经历与联合教育?

  现存的任职政策是否考虑到联合教育的投资效益?

打造更好的战争学院[①]

美国需要战争学院,至少全部6所都需要,来发展国家安全领域、特别是军事领域的专门知识,服务于美国利益和价值观。所有战争学院都体现了联合性,但也存在着不同程度的差异,各自拥有联合、跨机构、政府间和多国行动所需要的相对优势。

更准确地说,各战争学院在发布共同的联合要素时分别代表了陆军、海军、空军、海军陆战队、经济和国家政策等专门领域。对高级军种战争学院的教育而言,这种联合但非统一的模式是典型的美国军事方式,催生了健康的竞争。这种模式在某些方面不够"有效"(就像"联合"本身一样),但"有

① Richard A. Lacquement Jr. Making the War Colleges Better. *Parameters* 49(4) Winter 2019 - 20.

用”才是分析战争学院更重要的标准。

战争学院培养领导者、孕育不同思想，为美国国家安全作出了卓越贡献。改进师资、优化课程、拓展服务，增强战争学院的效能。必须改进人才管理的大框架，这影响到如何选拔与培养教师和学生，也决定了教师和毕业生随后如何服务社会。希望对话会推动战争学院行动起来，密切关注动荡的国际安全环境。

本文主要包括三个部分。第一部分阐述了战争学院存在的必要性，突出强调了美国陆军战争学院关于如何有效满足美国社会安全需求所提供的答案。第二部分涉及胡克在“让战争学院从优秀变成卓越”一文中所提出的问题，他的贡献是有益的，但有点不完整、有时甚至是离谱的，不过应该给予赞扬而不是批评。第三也是最后一部分提供了让战争学院变得更好的其他建议。

使命和结构：战争学院存在的原因和方式

先看看设立战争学院的背景，然后再聚焦如何改进它们。战争学院的使命是培养和发展高级领导者，为高级别的国家安全任务服务。战争学院是职业军事教育(PME)广泛生态系统中的职业学校。每一个都是由美国政府的军事部门为满足重要的职业需求而设立的，其经费和人员配备都是基于本部门考虑但同时也依托社会。

1884 年，海军部设立了海军战争学院。1901 年，陆军部设立了美国陆军战争学院。1924 年，陆军部设立了陆军工业学院，即现在的艾森豪威尔国家安全与资源战略学院。1946 年，时任参谋长联席会议主席的艾森豪威尔将军设立了国家战争学院。同年，陆军部设立了陆军战争学院。1991 年，海军陆战队设立了海军陆战队大学。所有战争学院的使命与其军兵种一样，都是为他们的最终客户——美国人民服务。

这 6 所战争学院并不是高级军事教育的唯一来源。有一些规模较小的项目提供晋升美军将级/校级军衔所需的联合高级教育。美国陆军也有一个项目，让被选拔的军官参加高级教育课程，但这些课程不会获得联合职业军事教育学分。为了获得晋升将级/校级军官的资格，陆军战争学院的学员必须取得第二阶段联合职业军事教育证书，最常见的方式是通过联合部队参谋学院为期 10 周的课程。

与大多数民间学术机构不同，战争学院的目的不是为了在开放的就业市场中争夺学生和衡量价值。战争学院不是吸引学生选择一所学校来发展未来就业技能，其学生起点都已是公认的专业人士，学生所在的组织为学校提供资金和生源。因此，学生不是客户。相反，学生体现的是专业人才职业军事教育项目满足社会需要的进一步发展，社会才是真正的客户。

战争学院的人员、设施和其他资源主要来自国防部的税款预算。因此，战争学院的办学原则是以国家安全需要，而不是学生个体、其他市场或商业机构的需要为职业义务。这一点很重要，因为它几乎影响到涉及教职员工、学生和课程等管理的政策实施方式的各个方面。

战争学院关注的是专业人士在军事司法实践中所需的专门知识，如战争、威慑、稳定行动以及对民事当局的支持等，并对网络和太空作出新的司法裁定。学术的严谨性造就了职业的专业性，但战争学院的课程主要不是学术性的。学生进入战争学院，是因为社会需要国家安全。

为了与专业学校相适应，战争学院的教员大多具有国家安全部门背景，包括现役和退役的军事和文职国家安全专家，并辅之以在相关研究领域具有学术造诣的文职人员，譬如政治学，特别是安全研究、外交政策、美国政治和区域研究等子领域；历史，特别是军事历史；心理学，特别是领导艺术；企业管理，特别是资源和人力资本管理。

战争学院的学生以高级别军官为主——主要是中校和上校，包括来自盟国或伙伴国的类似高级别军官，以及来自陆军、海军、空军和国防部其他机构的高级文员，也有其他的来自非国防部行政部门的国家安全专业人员，主要是国务院、情报机构和国土安全部。美国、盟国或伙伴国政府支付其高级专业人员进入战争学院学习的费用。学生不用支付学费，但他们需要付出个人成本，通常是完成学业之后必须为自己的机构服务额外的时间。例如，在陆军，这相当于增加了一年的服现役义务。

学生的选拔极具竞争性，体现了各机构人事制度和政策的一种功能。在竞争激烈的“非升即退”的美国陆军军官队伍中，成千上万的军官被评定为中尉。大约16年后，只有不到15%的人被竞争性地选拔提升为中校(O-5)，这是军官有可能被竞争性地选拔进入战争学院学习的最低级别。大约22年后，只有不到5%的人晋升为上校(O-6)。

战争学院具有双重性质，他们不但培养领导者，而且孕育思想。战争学院不会仅仅为了掌握和应用，去传授一种固定不变的知识体系。的确，战争学院的许多课程、见解、框架、规则、理论、条令和应用技术，可以指导毕业生的自由裁量判断。但是，战争学院并没有一劳永逸地解决国家安全问题。此外，国家安全问题本身也会随着某些变量的变化而发生变化，这些变量很少会完全消失，而且会出现新的变量。与专业判断相关的大量变量为专业通才创造了条件，使他们可以在职业巅峰时为组织服务，同时不会忽视组织之间和组织内部专业化的重要贡献。

影响战争学院使命的三个重要因素依次是教员、课程和拓展，这三者对成功都不可或缺，都不容忽视。教员是了解国家安全专业需求、确定和发展适当专门知识，以及在教育和培养未来领导者过程中传授专门知识的重心。教职员工与代表社会的利益相关者密切合作，主要在政府行政和立法部门，也在州一级。

课程代表了那些处于上升通道的国家安全专业人员为履行他们对社会的责任而必须掌握的专业知识体系。课程是专业知识的生动体现。教师和学生有责任学习和掌握专业知识，并对其质疑、研究和创新，以确保专业知识在不断变化的安全环境中与社会利益和价值观保持一致。

第三个因素是拓展。学生和教师必须与他们所服务的人保持联系。战争院校的学生和教职员工了解战略环境及其挑战非常重要。教师和学生参与拓展活动，为制定政策和战略提供见解、观点和建议。

战争学院不是唯一提供国家安全教育的机构。在国防部内部，海军研究生院、空军理工学院、以及国防部其他一些教育和发展机构也提供高级联合教育。但在其他行政部门，没有与国防部相对应的教育和发展机构。例如，国务院有一些针对职业中期专业人士的教育项目，但不如联合职业军事教育那样广泛深入。

民间学术团体也有一系列的学术项目，提供与国家安全机构相关的教育和发展。公共政策项目和商学院可能会讨论与国家安全专业人员相关的学术话题。但这些项目不足以满足社会的国家安全需求。

高质量的公共政策学校，如普林斯顿的伍德罗・威尔逊学院和约翰・霍普金斯高等国际研究学院，提供出色的研究生课程，它们主要支持希望成为公共服务领域、包括国家安全部门专业人士初级学生的培养和认证。宾夕法尼亚大学沃顿商学院和西北大学凯洛格管理学院等商学院为市场经济中的大型企业提供有价值的补充课程。然而，无论是公共政策学院还是商学院，通常都会迎合学生个体的需求。

挑战——让战争学院从优秀走向卓越

胡克的文章是对本领域研究的有益补充，值得称赞，其分析深思熟虑。而且，他所关注的类别——学生、教师和课程，也很重要。应该把重点放在值得国家及其纳税人关注的事情上。

作者提出了一些有益的建议，包括更加重视战争学院教师的任务和构成；强化教师的教学、学术和服务；更加重视学生的选拔；更好地创造机会，使之符合学生和组织的需要；持续关注战争学院课程的严谨性和范围，包括如何跟上当代关键挑战的步伐。胡克未曾言明的观点，即学术标准和专业标准是相辅相成的。但另一方面，他对学术和专业标准的关注未能做到平衡。

但是胡克强调学术而不是专业标准，从而造成了严重的扭曲。学术标准和专业标准并非相互排斥，但区别很重要。部分问题是胡克过分关注非特定的民用学术项目，并把它用于战争学院主要的比较研究。总的来说，在与平民项目进行比较时，他把重点放在了战争学院授予的硕士学位上。

民间教育和军事教育之间的这种比较并不恰当，主要有两个原因。首先，即使将战争学院的课程与商业、法律、医学和公共政策等其他民用专业课程进行比较，两者传授给专业人员的知识体系在性质上存在显著差异。大多数专业学校注重于明确界定的专业知识体系，在这个体系中，对专业人员的判断是有明确界限的——如医学专业人员、健康专业人员、法律、商业专业人员等。这类课程注重专业化。

对军事教育而言，高级专业人员的培养侧重于更广泛、更一般的知识体系，包括在实际或潜在暴力背景下的各种人类行为以及对生命和安全的基本威胁。与战争学院最类似的可能是各公共政策学校，它们将经济学、治理学和政治学交叉在一起。这些可能是胡克心目中想要的学校，但他应该说得具体点。长期以来，军方一直将此类学校作为职业发展路径的一部分。战争学院的许多教工，既有文职也有军职，他们都接受过这类课程的培训。

其次，除了少数例外，民用研究生课程是为寻求基本职业资格的学生设计的(法学院是执业法律的途径，医学院是执业医学的途径)。商学院和公共政策学院的情况通常也是这样，在这些学校，大多数学生都处于职业生涯的初始或早期阶段，而这里是培养职业生涯中基本专业知识的场所。尽管如此，当商学院或公共政策学院为职业中期的专业人员提供课程时，它们与战争学院之间有时存在类似之处。也许，将战争学院的毕业率和保留率与职业中期人员的硕士课程进行比较，而不是比较本科或初级专业研究生教育，更为合适。

文章中有几点需要更正或澄清。关于联合性、课程长度、竞争性选拔、学术标准、选修课取舍、战争学院的经验对学生和教工未来任务的价值，以及“一刀切”特征等内容的界定，属于需要修正或详尽阐述的几个小问题。

首先，所有战争学院都是联合的，不仅仅是国家战争学院和艾森豪威尔学院。对于各军种而言，联合职业军事教育学分可能不是主要的焦点，但它是一种法定要求，就像读国防大学课程时它是法定要求一样。胡克也只提到了战争学院住校教育常见的10个月课程，没有认识到远程课程的性质、结构和贡献，例如海军战争学院、空军战争学院、联合部队参谋学院，以及陆军战争学院的远程课程，这些课程支撑着大量的与联邦预备役和国民警卫队相关的后备役学生。此外，虽然并非所有远程学生都可以参加，但陆军战争学院两年制远程教育项目可以使相当一部分学生像住校学生一样，获得第二阶段职业军事教育资格和硕士学位。

学生进入战争学院无需竞争的说法只是部分准确。诚然，战争学院没有类似于军种院校或一般的地方本科和研究生课程所需要的个人申请要求。从概念上讲，地方院校的这些课程与战争学院不同，后者是特定职业的守护者。相比之下，战争学院侧重于培养和教育经验丰富的专业人员承担额外的责任。在战争学院的使命中，专业的、组织性的要求占主导地位，与平民项目几乎没有相似之处。

如前所述，从更广泛的角度说，战争学院的学生确实存在入学竞争。战争学院学生选拔的竞争是制度性的。各军种通常会比较军官整个职业生涯中的表现和潜力，以决定选择谁上战争学院。陆军、空军和海军陆战队是集中选拔。对于所有学生来说，入学的选择是由分配了学生名额的机构或国家所实施的。前提条件是中校或上校军衔并且拥有学士学位，这标志着学生素质的高水准。

我觉得有关战争学院不符合学术标准的说法令人费解。正如胡克指出的那样，战争学院授予的硕士学位，与地方研究生院一样，是由同一地区的认证机构认证的。此外，所有战争学院必须达到地方研究生学位标准，才能保留资格认证，譬如，2019 年，美国陆军战争学院符合了中部各州高等教育委员会的要求，再次获得八年的资格认证。

战争学院不能满足学生选择的说法似乎也有失偏颇。诚然，机构在选拔职业生涯中期的专业人士进入战争学院时，首先考虑的是机构的利益。特别是在各军种内部，选拔的数量取决于配额，以确保战争学院的学生群体具有适当的联合性、跨机构性和多国性。但对许多人来说，个人偏好是一个主要因素，因为人才管理机会允许个人选择就读哪所战争学院。

一旦进入战争学院，学生们有许多其他选择。每一所战争学院都有动力使学生的选择与学校的要求相一致。所有学校都开设选修课作为其教育计划的一部分。在陆军战争学院，除了选修课之外，还有一些特殊课程可供竞争性选择，有超过四分之一的学生参加。虽然核心课程占用了学生的大部分时间，但已经找到了几种方法来适应每一种教育体验，并打算在未来几年扩大这样的机会。

战争学院的主要课程包括卡莱尔学者计划（国防研究和写作）；高级战略艺术计划（国家级军事政策、战略和宣传）；国家安全政策计划（国家安全政策和战略发展的关系）；高级国防管理计划（国防部资源管理）；陆、空、海、空间联合演习（JLASS－EX），其亮点是来自多所战争学院的学生一起参与战争游戏；支持陆军深度战争模拟的“未来”研讨会（“联合探索”）；学院艾森豪威尔系列项目（遍及全国的一系列高质量国家安全活动）。

我不同意胡克的观点，他认为学生在战争学院的表现无关紧要。然而，我意识到更广泛的传统观念认为，进入战争学院的竞争性选拔比入学本身更重要，但我不认为这种观点能站得住脚。与此相关的是，班级排名没有体现在学生的成绩单和评估报告中，这种说法并不符合所有战争学院的实际。

在陆军战争学院，自 2013 年以来，班级排名一直是住校课程和远程课程的组成部分。目前的制度，按照陆军官方学术评估报告的最新修改版，确定杰出毕业生(班级前10%)和优秀毕业生(随后的20%)。学术评价报告是官方正式评定，在军官完成主要学术课程后记入人事档案。陆军战争学院新版表格包括这样一项：要求对学员进行强制正态分布排序(即杰出毕业生、优秀毕业生、毕业生)，其方式与陆军军官评估报告上的强制分布选择非常相似。海军战争学院还确定了班级排名(前5%的最优秀毕业生以及随后15%的优秀毕业生)。

关于在战争学院的表现对个人未来职业没有影响的说法很难得到证实。作为通常个人职业档案中众多信息中的一笔，真正的答案在于组织机构的偏好。学生对战争学院的整体学术成就和其他荣誉，比如写作奖，表现出兴趣和关注，这表明学生们自己通常认为这些成就对提升他们的职业前景很有价值。

陆军学术评估报告除了区分杰出和优秀的表现外，还认可诸如区域研究和特别项目这类重点研究领域的工作，并对获奖和其他成就提供叙述性评论的空间。这些内容对晋升委员会和任务派遣官有什么作用？大量的例证可以说明这些信息的重要性。学员在陆军战争学院的表现已经影响到了其任命(通常是陆军军官)。但两者之间的契合度似乎需要进一步研究，不过，不挂钩是不合适的。

至于教员，胡克给出了一个说法，也许有些道理。他引用了“几乎(没有教师)会被选拔晋升”的证据，断言各军种并不重视战争学院。再说一次，知识和传统智慧，不管最初的来源是什么，都可能捕捉到一些真相。但这个问题需要一个基准。从一个显而易见的事实开始：许多战争学院的军事和文职教员已经是高级领导者了，上校是高级军衔。来自国务院的许多教职人员都曾担任顾问或部长级顾问，相当于拥有一星和二星级别的军衔。在职和退休的高级行政人员(相当于将校军官)在战争学院教员中也有很好的代表性。至于非政府部门文职教员，战争学院教员队伍呈现出的高级专业人员相当引人注目。

关于教师任命后的晋升问题，应该投入更多的研究。“几乎没有”表达什么样的数量？在过去的八年里，我个人就有与五位担任战争学院教员的美国陆军将领共事的经历(在海军战争学院时的约瑟夫·安德森中将和帕特里克·多纳霍准将以及在陆军战争学院的布莱恩·卡什曼准将、苏西·

奎兰准将和格雷格·马丁少将)。

尽管如此,我还是同意一个更普遍的观点,即战争学院的教员应该有更多的职业提升空间。各军种最好将战争学院的教员视为“下一届毕业班”,在未来的晋升和任命中给予更多的考虑。这种方法符合如何使军种学校教员的职责产生有益的结果,也与二战中具有战前教员经历的将校军官树立的正面榜样相一致。

关于战争学院文职教授的国家地位,我再次质疑胡克,并且更有底气。我有实证表明,整个职业军事教育领域有非常多的初级学者。当然,考虑到战争学院主要是职业教育与职业实践学校,忽略文职和军职教员的高级实践经验似乎并不合适。许多文职教员在政府高层颇受尊敬,而政府高层是战争学院毕业生和战争学院思想的主要受众。

那种“工业化时代”“一刀切”式的批评似乎并不符合实际,只要浏览一下胡克引用的资料,或者简要看一看战争学院的每门课程。这6所战争学院当然不是彼此模仿,他们并不都遵循相同的发展模式。如前所述,他们代表了“联合”本身具有的许多健康的竞争特征。

我曾参观、参加或研究过几个地方公共政策项目——与战争学院最接近的民间项目——战争学院更胜一筹。两家的项目都非常符合时代要求,都面临着信息、技术和相互交织的交叉学科的挑战,这些挑战使战争和其他主要的治理问题变得非常棘手。也许只有我这么觉得,但“工业化时代”的比喻并没有引发共鸣。

我还发现了另一个小问题,虽不是不准确,却令人困惑:第一个尾注中写道,“文职教员撰写了大部分职业军事教育评论”。我对胡克在文章正文和注释中所引用的资料来源进行了快速梳理,得出结论:绝大多数评论者我可以归类为军人或军职教员,包括文章开头部分的名言警句出自退役陆军上将马丁·登普西和退役海军陆战队上将詹姆斯·马蒂斯。就我个人而言,我认为军事专业人士积极批评和质疑职业军事教育是适当和健康的。

还有其他一些小问题需要澄清。我赞同胡克的呼吁,考虑更好的方法来建立体验式学习,比如在战争学院课程中增加模拟、战争游戏和演练的数量。但是他的这种呼吁没有针对所发生的实际情况提供证据或标准。我对证据很熟悉,尤其是在陆军战争学院,这些证据反映了通过“参谋骑乘作业

(Staff Ride)"[①]、战争游戏、模拟、案例研究、演练和各种角色扮演活动增加体验式学习。我听到也看到人们强烈要求更多地关注某些教学方法，如使用棋盘游戏、战略演练和强制决策案例研究(Decision-forcing Case Studies)[②]，这些都有助于讨论如何充分利用学生的教育时间。但这种讨论涉及的范围较广，常常需要在各种教学方法之间寻求平衡，有些方法像苏格拉底式对话一样古老，但仍然有用。

上述许多观点都是针对那些有问题的假设、主张或传统看法。我质疑，但并不排斥他们。胡克提出了一些重要的问题，值得各战争学院进行进一步的研究和比较。总的来说，胡克在其有价值的建议中提出了他的观点，目的是提升战争学院的教员、学生和课程质量，这一目标与我是一致的。

评估形势：需要改变什么？

与任何职业一样，专业知识和实践必须随着社会需求的变化而发展。使用暴力将个人意志强加于他人的工具、技巧和环境并非一成不变。因此，战争学院也不能一成不变，否则就有停滞的危险。此外，战争学院并不孤立。在国防机构中，战争学院是一个庞大的培训、教育和发展社区的重要组成部分，该社区把适合履行特定军种职责的若干特征整合在一起，嵌套在一个共同的、总体的、联合的专业框架中。在美国社会中，健康的军民关系需要美国职业军事教育在更广泛的国家社区中扎根，这是美国社会赖以生存和繁荣的众多职业之一。

战争学院寻求避免战争，但必须让毕业生们做好使用暴力或胁迫的准备，从而成功地获取安全、自由、繁荣、正义、幸福以及与和平相关的祝福。战争作为保护或实现这些更高愿望的工具，需要深入研究专业知识和专业技能。事实上，关于工具性使用暴力的核心专业知识，通过教育的形式掌握比通过实践的形式发展更为可取。

胡克提供了很有价值的建议。回顾近年来有关职业军事教育、特别是战争学院的高级别职业军事教育的文献，我的感觉是我们已经成熟了，可以对现有的项目进行全面的评估，并思考可以使战争学院变得更好的新方法。

---

① 美军培训方式，类似于现地教学，包括回溯战场之旅(retrospective battlefield tours)和现场应急计划演练(on-site contingency planning exercises)。

② 美军培训方式，也叫"现场 on-site decision-forcing casestudies 强制决策案例研究"。

全面审查是什么样子？坦白地说，有些只是例行公事。军事教育协调委员会(MECC)是一个由《戈德华特·尼科尔斯国防部改组法》授权和推动的协作机构，由联合参谋部监管，目的是提高职业军事教育的联合性。在各战争学院，职业军事教育的领导者们会与美国其他职业军事教育机构以及世界各地的盟友和伙伴们交换意见。

作为对《2018年国防战略》和前参谋长联席会议主席约瑟夫·邓福德将军的回应，军事教育协调委员会正在努力修改军官职业军事教育计划，聚焦学习结果，延续职业军事教育和美国高等教育界正在形成的这一趋势。军事和民事认证程序相辅相成，促使从事国家安全的专业人员与高校其他领域的专家进行有益的对话。此外，军事教育协调委员会的成员们正在努力构建职业军事教育和人才管理新愿景，直接回应《2018年国防战略》中提出的挑战。

此外，综合本文前面的内容，改进的重点应该放在战争学院如何促进人才管理，并应包括以下几个重要方面。

1. 战争院校应该更加重视教员的素质，特别是军职教员，以此作为提高学生学习成绩的手段。此外，应该更多地强调教员的经验——“下一个毕业班”的巨大价值——他们在未来的战略和作战任务中有很多东西可以回馈这个职业。

例如，应该在职权范围内将优秀教职军官任期延长到法定退休日期之后，以便从他们的职业生涯中获得额外收益。除了把更多的教员轮换到战略和作战岗位之外，还应为国家安全专业人员提供好服务，包括军职和文职人员，他们应该有更多的时间以战争学院为基地，进行教学、学术和服务。

2. 战争学院应该更准确地了解新生的经验、才能、局限性和兴趣，以此作为评估手段，更好地帮助他们满足职业不断变化的需求。战争学院应该更清楚地了解学生的才能，以便更好地根据他们预期的未来责任和任务来调整战争学院的课程。首先应该更加重视学生的高级经验和专业知识。

课程的改进应该更好地贯彻教育方法的最新理念、更好地运用评估新生优缺点的工具、更好地采取顾及学生偏好的办法。应该通过一些机制思考更多的方式，聚焦诸如专业选修课程和研究领域的个性化需求，更好地匹配学生期待的未来职位路径和兴趣。至于通过协作方式去改进课程，可以像陆、空、海、空间联合演习(JLASS－EX)那样,使用在线、住校或混合方法在战争学院之间分享更多的经验,这或许很有意义。

3. 要坚持把战争学院作为军事人员职业延伸的基地,应该保持甚至加强师生的互动方式,如研究论文、研究项目、战争游戏、任务讲解和课程拓展等,以利于探索现实问题,并找到可能的解决方案。应继续提供相关的支持,通过综合研究项目、与作战模拟的关联(如"联合探索"项目),以及通过战争学院学生和教职员工在整个联合、跨机构、政府间和多国范围内与国家安全领导者的日常联系。

结论

职业军事教育的重点一直是职业实践,而不是基础研究、知识获取或学生的自我实现。它只有在有助于实现美国国家安全目标的情况下才是有效的。国家安全问题异常复杂。战争学院是分析问题、制定有效解决方案的专业性关键机制之一。从根本上说,我赞同胡克有关使战争学院更强大的看法,但我不同意他关于战争学院应该多像平民学术机构的观点。尽管职业军事教育和地方学术界可以分享有用的经验和共同的方法,但我所知的民用项目中没有一个可以替代战争学院的项目。我也不认为民用项目应该可以。

美国的民间教育和军事教育贡献的互补性对社会明显有益。战争学院,连同军种学院、指挥与参谋学院以及其他一些职业性的教育项目,应该继续成为美军培养专业人才、满足国家安全需求的工具。

军队不应将这一跨学科的培训义务外包出去。美国武装力量能够利用民间高等教育体系,来补充职业教育的需求。但最重要的是,武装部队各军种负有根本责任,去教育和培养本军种的专业人员。强大而健康的战争学院,以专业精神为动力,以学术道德为补充,对美国的国家安全至关重要。

第四章

美军战略领导力培育

组织并不能真正做成什么，计划也于事无补，管理理论更是如此。任务的成败取决于人，只有吸引最优秀的人才，我们才有可能完成伟大的事情。

——科林·鲍威尔将军

提要：美军认为，要有效应对新的后现代安全环境，应着力培养创新型军事人才，尤其是高级军官的战略领导力。为此，美军构筑了以院校教育为主渠道的培育路径，为高级军官战略领导力培养提供智力支持。美军高级军官及将官的联合军事职业教育主要针对组织领导和战略领导培养，其主体对象是中校、上校、将官等。经过多年的实践，美军院校教育已经形成了较完善的战略领导力课程体系以及切合战略领导者能力本位的培养模式，取得了较明显的培养成效。

第一节　美军院校战略教育

美军培养领导者依靠训练、教育及经历三大支柱。领导能力是院校教育、实践训练、自我发展以及专业经验的有机结合。领导力培养是一个系统、渐进的过程，只有在长期工作中才能得到提高。领导者在直接领导层次上获得基本能力，在升任组织和战略层次领导职位过程中，这些基本能力为

其在不同职位开展领导工作奠定了基础。

多年的战争实践使美军认识到，仅仅取得战术上的胜利并不能确保实现美国的战略目标。要有效应对新的后现代安全环境，应着力培养创新型军事人才，核心目标是领导力培养，而高级军官的战略领导力至关重要。为此，美军构筑了以院校教育为主渠道的培育路径，为高级军官战略领导力培养提供智力支持。

院校教育是美军战略领导力培育的主渠道。美军军官院校教育包含初、中、高三级院校教育体系以及预任、初、中、高、将官等 5 个层次的军事职业教育体系。高级军官及将官的联合军事职业教育主要针对组织领导和战略领导培养，其主体对象是中校、上校、将官等。经过多年的实践，美军院校教育已经形成了较完善的战略领导力课程体系以及切合战略领导者能力本位的培养模式，取得了较明显的培养成效。

美军负责军官战略教育的主要是国防大学和军种高级院校。美军现有军种高级院校 4 所，分别是陆军、海军、空军、海军陆战队的战争学院，其教授重点是国家安全战略和国家军事战略。高级院校以战略研究为主，旨在培养“军人政治家”。重在分析影响安全战略环境的政治、外交、军事、经济等因素，为高级军官进行高层决策，承担指挥与参谋工作做准备。其中，军种战争学院主要培养各军种的高级指挥与参谋人员，课程内容包括：国家军事能力和指挥体制、联合作战理论、战役计划以及战区联合与联军作战等。高级院校招收对象为服役 16～23 年的中校军官，多数已取得硕士以上学位，年龄大都在 40～45 岁，学制均为 10 个月。学员毕业后，任旅级以上指挥军官和军以上司令部的参谋军官。各军种学院除招收本军种军官外，还兼收其他军种军官。

陆军战争学院(U. S. Army War College)是18世纪初战争部长伊莱休·鲁特陆军改革的结果。创办于1901年11月20日,最初建在华盛顿。1951年1月,根据第二次世界大战的经验又重新改建,院址在莱文沃斯堡。1952年迁到宾夕法尼亚州的卡莱尔。学院的主要任务是:培养陆军高级指挥官和高级参谋军官,并为国防部和政府部门输送高级战略人才;为美国海军、空军和政府部门培训专门人才,达到熟悉陆军条令和作战原则的目的;研究陆军作战思想,以便在未来战争中有效地发展和运用陆军兵力。该学院正规班学制为10个月,共44周,每年8月开学,次年6月毕业。课程分为必修课、选修课和研讨会。所设课程以战略、战役指挥和军以上合成作战、联合与联军作战为重点。学院下设战略地面力量学院(School of Strategic Landpower)、战略领导力中心,战略研究所、陆军军事历史研究所以及陆军维和与稳定行动研究所等单位。其中,战略地面力量学院下设军事战略、规划与作战系,指挥、领导与管理系,国家安全与战略系以及远程教育系等四个系。战略领导力中心包括战略兵棋推演系、战略领导发展系、人的维度系(Human Dimension Department)、技术融合系等4个系。战略研究所主要关注地缘战略与国家安全研究,包括战略研究与分析部,聚焦全球、跨区域及职能问题;地区战略部,聚焦地区战略问题;学术交流项目,负责与全球战略研究者进行交流。此外,陆军战争学院出版学术期刊《参数》杂志(*Parameters*)和《陆军战争学院评论》(*Army War College Review*)。

海军战争学院(U. S. Naval War College)是一所重点研究海军和海上作战的高等教育机构。海军战争学院位于罗德岛纽波特的海港岛。1884年,海军战争学院成立,最初是研究海军作战的高级院校。该学院第一位院长是斯蒂芬·鲁斯,而美国著名的海军问题专家阿尔弗雷德·马汉当时曾是该学院4名教员之一。鲁斯主张海军战争学院应设立鼓励学员掌握技术、海军和国家战略之间关系的课程体系。马汉替代鲁斯成为该院院长后，学院的视野也变得更加广阔。马汉的讲义被收入《海上力量对历史的影响 1660—1783》。该书于 19 世纪 90 年代初出版，对美国产生了长远的影响。20 世纪初期，该学院开始把模拟演练作为更好地研究海上作战的方法。第一次世界大战期间，海军战争学院停办。在第二次世界大战期间，由于该学院的几名毕业生对于战争，特别是太平洋战争的非凡贡献，使该学院得以继续存在。主要设有战略与政策系、联合军事行动系、国家安全事务系、战略与战役研究系、兵棋推演系、国际项目系等六个系，下设远程教育学院、领导力与伦理学院、海上战争学院、海军指挥与参谋学院、海军战争学院、海军指挥学院、海军参谋学院、高级士兵学院以及海军领导力和伦理中心等 9 个单位。学院出版《海军战争学院评论》杂志，学术影响力较大。

海军陆战队战争学院（Marine Corps War College），隶属于海军陆战队大学，位于华盛顿以南一个小时路程的匡提科海军陆战队基地，毕业学员授予战略研究硕士学位。该学院始建于 1990 年，最初称为战争研究学院，是一所小规模的院校，从海军陆战队和其他军种招收大约 18 名学员与地方有关国家安全领域的人员一同学习。海军陆战队战争学院主要研究战争以及联合、联军和多国环境下的非战争军事行动。10 个月的课程符合《1986 年戈德华特—尼科尔斯国防部改组法》有关联合军事职业教育第一阶段的要求。2006 年末，该学院可以授予第二阶段证书。海军陆战队战争学院的课程包括 4 个部分：战争政策和战略、国家安全和联合作战、地区研究和综合研究。

空军战争学院（Air War College）是空军军事职业教育的军种高级院校，隶属于空军大学。学院于 1946 年招收第一批学员，1947 年正式建院。学院的任务是：为国家安全培养能够指挥联合作战活动和使用航空航天力量的高级军官，即培养能指挥大规模空军作战的指挥官及高级司令部的参谋人员；研究发展空军的指导思想及运用空军的基本原则。以军事战略、空间系统、国家安全政策、行政领导和指挥管理为训练重点。招收的学员是负责战略层次运用空中和太空力量的高级军官，学习重点是联合和联军作战。开设的课程主要有：空军指挥与高级司令部参谋人员的职责、作战计划与实施、领导艺术与伦理学、空军作战条令、国家机构的组织与发展、国家安全研究、国际关系史、陆海军的任务及其相互间的关系、本土防御中战略防空、国家打击武器系统及新式武器的研究与发展趋势、防御武器、空中力量使用原则、联合部队的使用、未来冲突研究等。1989 年，学院获得认证，成为联合军事职业教育第一阶段院校。2007 年申请获得第二阶段培训资格认证。

美军军官的联合教育第二阶段是在联合教育第一阶段基础上进行的高级教育，实施机构为军种高级院校以及中级联合院校（即联合部队参谋学院的联合联军作战学校）。教育目的是培养学员的联合视角，让学员从参联会主席、联合参谋部、联合司令部总司令和联合特遣部队司令的角度来理解联合作战，同时进一步加深学员对各军种文化的理解。军官教育的第四层次为将官教育。将官教育是军事职业教育的最高级，具有内在联合性质，可进一步区分为初、中、高三层次。“拱顶石”和“联合部队军种司令部指挥官”课程为初级将官教育。“拱顶石”课程对象为新选拔将官，“联合部队军种司令部指挥官”课程由三军种各自主办，旨在为准将至中将担任联合司令部下属军种司令部指挥官做准备。“联合将官作战”为中级将官教育，由空军大学主办，各军种管理，旨在为少将军官担任战区指挥官做准备。“塔尖”课程为高级将官教育，对象为可能担任联合司令部司令的将官。

国防大学（NDU）是美国最高综合性军事学府，直属参联会主席领导，始建于 1976 年。20 世纪 90 年代，国防大学开始涉猎更广泛的问题。21 世纪头 10 年，国防大学面貌一新，已超出军事职业教育范围，扩大到其他领域。国防大学本身不仅是一个教育机构，而是一个包括多种机构、向参联会主席负责的组织。国防大学的校长为中将，由海军陆战队、空军、陆军和海军轮流派遣。国防大学的办学模式完全与美国地方综合大学相同，即大学为行政管理和协调机构，具体教学由所属学院组织实施。国防大学的指导原则包括：学术卓越、学术自由、多样性、诚实、成长、合作。其所属学院包括：国家战争学院、艾森豪威尔国家安全与资源战略学院（原武装部队工业学院）、联合部队参谋学院、信息与网络空间学院、国际安全事务学院。另设有国家战略研究所、应用战略学习中心、联合与战略后勤中心、东南亚战略研究中心、非洲战略研究中心、半球防务研究中心等机构，其中国家战略研究所设有大规模杀伤性武器研究中心、战略研究中心以及中国军事事务研究中心。国防大学出版社出版发行《联合部队季刊》和《棱镜》杂志等学术期刊。国防大学的主要任务是对高、中级军事指挥和参谋军官、联邦政府官员进行国家安全战略、国家安全政策、安全资源分配与管理、国家军事战略等方面的教育，并对国家安全战略、全球地区安全等问题进行综合研究。通过一系列现代化教育，使在校学习的军政学员成为未来军政部门的领导者，能对美国的安全做出正确预测和判断，并提出相应对策。通过对高级军官和政府官员的联合教育，为武装部队、政府部门和工业部门的官员提供一个在国家安全方面相互合作的平台。国防大学的办学思想是培养学员独立分析与解决问题的能力，让学员及时了解全球最新信息、最先进的科技成果，培养其创新能力。国防大学把走出课堂、走出国门，开展军种间、军地间交流，进行社会调查，作为院校教育的重要方法，并规定大学所属院校学员必须保证在校学习时间的 1/10 参加这样的活动。

国家战争学院位于历史上著名的罗斯福大楼，1903 年美国总统西奥多·罗斯福曾在这里为陆军战争学院奠基。从 1946 年建院开始，国家战争学院一直是国家安全战略方面的高级军事职业教育院校。主要任务是培养高、中级军事机关的指挥和参谋军官、联邦政府官员、外国军官和政府官员。通过组织国家安全战略的高级课程教学，为武装部队、国务院和其他政府机构培养未来领导人，使其能承担高级决策和指挥职责。由于艾森豪威尔和马歇尔将军非常关注各军种对其他军种及地方有关机构的了解，因此建立了该学院。国家战争学院一直致力于培养国家安全领域的未来领导者，提升他们拟制和执行实现国家战略利益的国家安全战略所必需的严格逻辑和思维。课程学制为 10 个月，每年 8 月中旬开学，次年 6 月上旬毕业。招收中、上校军官和资深文职官员，每期招收住校学员 160 名，其中陆、海、空军各 40 名（军龄 16～23 年），政府官员 40 名。学院每期都招收数量不等的友好国家或盟国的学员，每期只有几名。学员中 75％来自各个不同军种（其中包括参联会主席邀请的国际军官学员），四分之一为地方学员。毕业后获得国家安全战略硕士学位。课程设置分必修课、选修课和专题研究。必修课的主要内容包括国家安全战略，国家安全政策制定，国际战略问题，军事战略问题（军事战略与国家战略的相互关系，当前与未来军事战略的选择分析），军事思想和战争本质等。选修课分五大系列，包括国际政治与经济、战略与安全研究、地域与地区战略研究、国家安全战略制定程序、战争与战略等。选择地区安全研究的学员可到该地区进行实地调查研究，掌握有关该地区安全情况的第一手材料。在国家战争学院的教育计划中还有“联合作战”“联合作战能力构成”等课程，共分 9 个专题，讲解和介绍美军联合作战部队的编成原则、联合作战的情报等。

针对战略领导力培养，美军院校教育主要有如下几种做法。

一是构建科学的战略领导力课程体系。美军高级军官院校教育以培养战略家为主要目的，强调拓展学员的政治、外交、军事、经济、科技等视野，将批判性思维与创新思维运用于战略决策。其重点是战略教学，课程设置以战略研究为主，重在分析影响安全战略环境的政治、外交、军事、经济等因素，为高级军官进行高层决策，承担指挥与参谋工作做准备。对中校和上校侧重进行军事战略和战区战略内容的教学，课程内容包括国家军事能力和指挥体制、联合作战理论、战役计划以及战区联合与联军作战等。对将官则主要进行国家安全战略和国家军事战略的教学。课程内容包括国家安全战略、地缘战略、国家力量手段、国家安全政策程序等。

以将官课程为例，该类课程以最高级的战略问题为主，旨在为升任战略领导的将官进一步培养完善战略领导力素养。其培训对象是各级将官，培训机构是国防大学开设的拱顶石课程、塔尖课程，联合部队军种司令部指挥官课程、联合将官作战课程、海军将官作战课程、空军将官课程以及各种高级研讨会和培训班等。教育内容着眼于最高层次的战略问题，尤其是提高将官对综合利用各种力量达成国家安全目标的认识，以及全面理解国家安全战略问题。教学重点是国家军事战略与国家安全战略的结合，以及国家安全战略与国家制定方针政策的需求相结合等内容。可进一步区分为初、中、高三层次。"拱顶石"和"联合部队军种司令部指挥官"课程为初级将官教育。"拱顶石"课程对象为新选拔将官，"联合部队军种司令部指挥官"课程由三军种各自主办，旨在为准将至中将担任联合司令部下属军种司令部指挥官做准备。"联合将官作战"为中级将官教育，由空军大学主办，各军种管理，旨在为少将军官担任战区指挥官做准备。"拱顶石""联合部队军种司令部指挥官"和"联合将官作战"课程的教学内容主要为各种战略（国家安全战略、国防战略、军事战略及战区战略等）研究、战略制定程序、信息战和战略领导素养。"塔尖"课程为高级将官教育，由国家战争学院和艾森豪威尔国家安全与资源战略学院（前身为武装力量工业学院）承担，培养对象为可能担任联合司令部总司令的将官。主要学习内容为联合联军部队环境、联合部队建设、联合部队指挥，以及政府部门、国家指挥当局、国家军事战略和国会对军队的影响等。

二是打造切合战略领导者能力本位的培养模式。为切合战略领导者能力本位需求，美军为高级军官量体裁衣，着力打造灵活多样的培养模式。美军军种部、有国防部研究项目的地方大学、盟国防务院所以及防务智库等联合举办了各种将官和政府高管课程。比如与哈佛肯尼迪政府学院联合举办的黑海安全计划课程(BSSP)，北约防务学院的北约将军和大使班课程，英国防务学院的国际战略领导力课程，华盛顿大学的国家与国际安全执行力课程，海军部与北卡大学联合举办的战略思维课程等，这些课程周期长短不同，相互竞争又各有特色，为将官的学习和研究提供了宽广平台。再次，美军高级军官教育课程的实施方式也灵活多样，主要通过研讨、演习、模拟、参观见学等实践课程检验学习成果，锻炼岗位能力。

第二节　美军校官战略教育

美军《军官军事职业教育政策》①认为，选拔和培养“具有战略思维能力的军官”是军队各级领导对教育应尽的职责。该政策指出：军事职业教育提供必要的教育对训练、经历和自我发展构成补充，从而培养最具职业能力（具备战略意识和批判性思维能力）的军人。该政策强调，军事职业教育体系应致力于打造具备以下能力素质的军官队伍：一是具有战略思维能力的军官。他们应受过军种军事职业教育，拥有建立在个人军种能力基础上的联合作战能力。培养军官在多军种、多部门和多国环境下指挥《联合作战顶层概念》所构想的部队的能力，使其能够有效地参与决策，以促进国家各种力量工具的有效运用。二是具有批判性思维能力的军官。他们应该能够以最宽阔的视野审视军事问题，能够认识和评估影响美国军事力量使用的可能变化和相关反应。学员完成学业后应该具备最高水准的敏锐思维能力，并通过终生的学习体系获得并保持这一能力。三是精于联合作战的高级军官。他们应学会制定并执行国家军事战略，有效地使用武装力量及其他国家力量工具实现陆、海、空及太空物理空间和信息环境（含网络空间）中的国家安全战略和政策目标。

美军认为，军事职业教育“应该重点培养军官的分析能力、批判性思维能力和创新能力，为军官提供一个循序渐进的、全面的教育经历，每一层次的教育都应建立在前一层次教育的基础上，形成梯次递进的教育体系”。所有军官都须从“三个层次”的教育中受益。在第一层次，应该牢固掌握本军种、其他军种以及联合指挥的知识和能力；在第二层次，应该清楚地掌握战术和战役法，或清楚地掌握作战力量运用的相关知识和能力。在第三个层次，应该“清楚地把握历史学、国际关系学、政治学和经济学等学科专业之间的关系”，因为每个学科专业“对形成战略思想都至关重要”。

---

① Joint Staff Headquarters. 2020. *Officer Professional Military Education Policy*. Washington D. C: Office of the Chairman of the Joint Chiefs of Staff.

《美国法典》第10编规定，联合军事职业教育应至少要包括与战略研究相关的联合事务教学内容，如国家军事战略，各个层级战争的联合计划、联合条令、联合指挥与控制、联合部队与联合需求开发，等等。《军官军事职业教育政策》规定，在各军种中级院校的第一阶段全日制联合军事职业教育中，要进行国家安全战略、国家军事战略、战区战略及计划等内容的入门教育，而在军种高级院校的第一阶段非全日制联合军事职业教育中，要进行国家安全战略、国家规划体制与过程、国家军事战略与体制、战区战略、联合战略领导等内容的拓展教育。与此同时，各军种在中级院校设立了一年制硕士学位精英教育培养方案，陆海空三个军种还把其中的战略研究课程与战役法高级课程相结合，旨在帮助少量优秀的军官尽快胜任高级参谋岗位的战略规划工作。各军种还加强了对研究生毕业学员的监管和跟踪培养，以期在中级军官队伍中培养联合作战计划的骨干精英。

美军高级军事职业教育院校战略教学的对象，主要是中校和上校军官。《美国法典》第10编规定，高级院校第二阶段联合军事职业教育的课程内容除了要深化第一阶段联合军事职业教育中有关联合事务的教学外还要讲授有关战略研究的内容，如国家安全战略、战区战略和战役、联合计划过程与体系、联合跨部门跨国的一体化能力等。现行的《军官军事职业教育政策》要求，承担第二阶段联合军事职业教育任务的院校，要重点讲授战略研究的内容，如联合作战、战区战略、联合跨部门跨政府跨国的环境下的战役行动、联合跨部门跨政府跨国的一体化能力、联合战略领导能力等。该政策还为各高级院校合理确定和安排战略研究内容的教学提供了指南。例如军种高级院校的战略教学侧重于战略领导能力、国家军事战略、战区战略等课程内容的教学，国家战争学院和武装部队工业学院则侧重于国家安全战略等课程内容的教学（武装部队工业学院更专注于战略资源管理）。军种高级院校还可以自主地安排军种层次的战略教学。另外，国防大学武装部队参谋学院所属的联合高级作战学校虽然是一所高级院校，但它却侧重于战略研究的教学，为预提的联合资格军官提供“二合一”的联合军事职业教育，使其完成学业后能到各联合司令部、联合参谋部或联合特遣部队的作战计划岗位任职。在课程教学中，主要采用演练和案例研讨式教学方法，研究学习联合部队一体化战略部署。

所有高级军事职业教育院校的战略教学，都注重对历史案例进行详细的分析和研究。早在20世纪70年代初，海军战争学院就有效地运用了案例教学方法讲授战略课程。时任院长斯坦斯菲尔德·特纳上将认为："对于战略研究这样一门不断发展变化的学科专业课程，运用案例教学法实施教学是非常有效的""研究历史案例可以通过对战略基本要素的全面理解，审视当前的问题及其发展趋势。通过研究历史来解决当前问题，以前车之鉴为后事之师"。受访的默里教授称，海军战争学院的战略研究课程一直被视为高级军事职业教育的"金牌课程"，为其他高级院校所仿效。当然，其他高级院校一直在努力推进战略研究课程的教学创新。例如，早在1998年，陆军战争学院就提升了其课程层次，开设了高级战略艺术课程，为第二学年的优秀学员提供高难度的案例研究学习。再如，武装部队工业学院的一些教员曾提议，应组建一个研究战略规划和战略发展的高级学校，选拔第二学年的优秀学员在该校研究国家战略资源和能力。

第三节　美军将官战略教育

美军军事职业教育体系中，正式的将官教育班次可谓屈指可数。针对预提将官设立的学制为5周的"拱顶石"课程班，为高级军官提供了一个强化战略思维的难得机会。完成"拱顶石"课程班学习的预提将官可获得第三阶段联合职业军事教育证书。该班的教学目标，专注于各军种、联合参谋部、各联合司令部及二级司令部、各政府组织和国际合作机构中的高层决策，同时促进来自各军种、政府各部门的学员建立良好的关系，为胜任更高级别的领导职务建立更广泛的人际关系网。"拱顶石"课程班的教学，试图将地缘战略理念与军种层次的战略指挥相融合。参联会主席在2009年6月23日的一份备忘录中，对国防大学校长作了如下要求："拱顶石"课程班要侧重战略层次的资源管理与领导艺术等内容的教学，但也不能忽视必要的管理及指挥的内容。要优先保证学员有机会与各联合司令部和各军种的主要领导接触交流，让他们多到指挥中心和联合情报作战中心参观见习，不要在会议室里坐而论道。

美军各军种首长负责为将官设立短期的课程研讨班，使之从战略战役层次全面理解战争。例如，学制为一周的“合成部队和联合部队职能（军种）部队指挥官课程班”，主要为各军种培训拟任的战区指挥官，调学对象为准将、少将或中将。再如学制为两周的“将官联合作战课程班，主要培训拟任的战区指挥官、各联合司令部军种部队指挥官和联合特遣部队高级指挥官。各军种首长还负责管理各军种战争学院的“联合信息战应用高级课程班”，以提高将官信息与网络作战的指挥能力。另外学制为一周的“合成部队和联合部队特种部队指挥官课程班”，是由美国特种作战司令部为将官开设的较为专业化的课程班。上述所有的教育培训班次，每半年一期，每期最多招收 18 名学员。各军种还可以选派优秀的准将和少将级军官参加“国际防务管理高级课程班”，其课程内容主要有：当今复杂和不确定安全环境中的战略规划以及稀缺国防资源之经济、高效和有效的分配与使用等等。

高级将官接受教育的机会也非常有限。目前，主要有两个面向高级将官的短期课程班。一是国防大学学制为两周的“塔尖”课程。其教学目标，是增强拟任联合和合成部队高级指挥官（如中将或上将）对国际问题中国家政策和目标的理解，以提高他们在复杂的全球环境中把这些政策和目标转化成一体化战役计划的能力。二是由陆军和海军开设的短期“高级管理教育”课程班，其教学重点，是战略事务、部队管理和国际关系等，调学对象为各军种的中将和上将。

随着高级将官的职务升迁，很难有机会接受教育和训练，因而只能更加依赖经历、自学和自我发展来提高自身的战略敏锐性。可见，将官接受教育的机会，与其岗位职责的需求还存在脱节现象，这将会使得高级军官难以适应复杂和不确定安全环境对其战略领导能力的需求。

以下我们以美国陆军将官培养为例加以说明。美国陆军将官管理办公室为将官们打造了全面、高端的训练项目。其侧重点是陆军战略领导培养。军官在提拔为准将后必须参加陆军战略领导培养项目初级课程。成为资深准将后，需要进一步接受陆军战略领导培养项目中级课程培训；晋升为少将后，则需要学习陆军战略领导培养项目高级课程；初次任职的中将将官需要学习进阶级的陆军战略领导培养项目；晋升为上将后，则要学习陆军战略领导培养项目的统帅级课程。陆军战略领导培养项目具体包含以下课程。

1. 陆军战略领导培养初级课程

该训练课程为强制性，每年一次，由陆军参谋长主持，适用于所有在近期晋升为准将的军官，包括现役和后备役军官。通过在将官层级的、关于战略、战术以及单兵作战方面进行学习和研讨，帮助新晋准将尽快适应将官角色。参训将官将从战略层级对将官的角色、个人与职业责任、职业发展情况以及当前陆军各类训练项目的目标、现状乃至存在的主要问题有更深一步的认识。

2. 陆军战略领导培养中级课程

作为陆军战略领导培养项目的第二层级，每季度实施一次，课程目的仍是通过使高级将领掌握足够多的技巧应对“向战略领导方向的转变”，使其成为合格的战略领导者，使高级将领具备陆军兵种层级的视野，能够在未来继续自我提升，坚持奉行报效国家、献身职业使命的信念。在获提拔为资深准将或参加初级课程约 18 个月后，须参训此课程。

3. 陆军战略领导培养高级课程

该课程每季度实施一次，旨在使陆军战略层级的将官继续得以发展并接受教育，使之能够对下一个时代的变革了然于胸，具备前瞻能力，并以此统领陆军。

4. 陆军战略领导培养进阶课程

为使中将将官适应初次任职，需要学习进阶级别的陆军战略领导培养项目。在确定晋升为中将后，即刻确定培训日期。

5. 陆军战略领导培养统帅级课程

统帅级课程旨在为获晋升为上将的将领适应首个任期而设立。在确定晋升为上将后，即刻确定培训日期。

还有如下其他课程。

1. 军旅巅峰班

该课程每季度举行一次，参训地点分别在麦克奈尔堡（第一周与第六周）、美国本土（第二周与第三周）以及美国本土以外（第四周与第五周）。经国会决议，面向所有新晋准将设立本班次。根据参议院要求，学员在提拔为准将后约两年内必须全部学完该项课程。该课程为时 6 周，由国防大学承办，旨在强化学员在联合与协同作战方面的意识。该班次包含实地参观见习项目，学员可借此对世界范围内的协同作战、特种作战以及联合作战进行深入了解。

2. 高级指挥多样化意识课程

该课程每季度一次，为拟晋升为准将的军官设置。要求现役人员在一年内完成，非现役军官在两年内完成。该项课程与陆军战略领导培养项目的初级课程一同完成。

3. 陆军高级指挥官传播研讨班

该课程为全体将官设立，通过一对一的方式开展训练，主办单位为陆军公共事务办公室。通过学习该课程，将官将能够掌握与媒体和公众打交道的技巧。该讨论班不仅仅教会将官如何进行有效沟通，也能有效拓展所有参训学员的“媒体适应水平”。

4. 高级将领力量整合课程

该课程每季度一次，为所有拟晋升为准将的军官设立，由陆军参谋长主持。旨在使军方高级将领和非现役高级文官熟悉掌握部队需求和现有水平的方式及原因。研究在高级指挥军官的层面、在联合协同作战的范畴内，如何通过灵活多样的手段满足部队需求，以使部队能够顺利开展工作并完成使命。

5. 作战指挥赋能研讨班

该课程每季度一次，旨在使高级将领加深了解并掌握陆军在从当前的数字化师向未来作战系统/目标部队转型过程中关键的技术赋能者。本研讨班聚焦陆军向模块化部队转型期间的网络信息系统与技术。使学员理解战役指挥背后的技术背景。

6. 将官过渡课程

该课程为期 5 天，每季度一次。陆军参谋长要求所有上将和中将在其获任命一年内参加此项课程。晋升后两年内没有参加过此项课程的少将及准将也应尽快参加此项课程。其他将官可视情参加。该课程旨在为将官及其配偶提供处理个人事务方面的训练，并为处理个人事务提供经验技巧及策略。

按照职级/军衔情况参加的课程如下。

1. 联合将官作战课程

该课程每半年一次，空军与陆军共同主办，受训目标为任职后六个月以内的师级指挥官、作战中心以及作战训练中心指挥官等。该课程为期两周，是联合作战课程中的高级部分。各军种首长与大部分作战指挥官都将在该课程中授课。

2. 联合部队地面指挥官课程与合成部队地面指挥官研讨会

该课程每年三次，着眼于使高级将领有效履行联合部队地面指挥官的职责。该课程为将官及其他高级领导者在联合、合成及多国或者跨部门环境中，遂行以地面作战为主的军事行动，使作战指挥官能够迅速、果断及持久地取得对地面的控制能力，进而为国家政策的实现发挥至关重要的作用。在高级导师小组指导下，该课程基于研讨会的形式，将检验高级军官在战区/战役层面有效形成与执行地面力量指挥的关键要素，以支持联合部队指挥官。

3. 将官法律方向课程

根据陆军参谋长要求，本课程适用所有在岗将官，以及待任将官，期限为一天，为高级将领提供妥善的法律指引，使之根据其职务和责任特定需求开展工作。

4. 将官高级指挥课程

该课程每季度一次，根据陆军参谋长要求，该课程目标群体为全体军事设施首长与陆军分管军事设施部门的领导。该课程包含多项主题，主要有：劳资关系、预算周期、与地方政府关系、设施与建筑情况、环境、动员以及士气、福利与娱乐等内容。该课程要求将官在就任相关职务两个月内完成受训。

5. 伊拉克或阿富汗语言文化意识培训课程

该课程每周一次，为即将赴伊拉克或阿富汗上任的将官量身打造。教学目标是使学员有能力在旅行、住宿、待人接物、点菜等日常事宜中运用当地语言。此外，该课程将介绍当地部队的军阶，地方礼节和文化陷阱等。

6. 塔尖课程

该课程为期 5 天，每半年一次。授课对象为参联会遴选的在特定位置任职的三星上将。目标旨在使高级将官适应高层军政岗位，以及在最高层级指挥联合与盟军部队。该课程可以使高级将领熟悉新的岗位环境，了解国家与国际层面的目标、政策和方针指导等。

以下为将官自选项目。

1. 国家安全研究课程

由国防部承办，为涉及政策层面的高级执行官打造，上至助理国防部长帮办/国防部相关处领导及相应的官员。由乔治·华盛顿大学承办，致力于探讨制定决策的技巧、在心理层面应对压力并进行危机管控及其对国家安全决策和政策产生的影响。

（1）防务政策研讨会：该课程为期三天，提供基于现实世界态势的模拟演练，使与会的25名成员增长见闻、强化处理危机能力和决策能力，在复杂和瞬息万变的形势下进行决断。该研讨会以实时进行，要求与会者根据态势进行现场决策，并适时加入不同程度的紧急事态，使研讨会更具真实感。

（2）国家与国际安全课程（为期10天）：使参训将官对构成美国国防环境的三个“同心圆”要素进行系统、缜密的思辨。讨论内容包括“同心圆”的“最核心圆”（行政部门、跨部门合作），涵盖范围更为广泛的政策部门“第二圆”（国会、媒体、公共舆论等），以及“第三圆”，即国际社会。该课程安排有现地见学。通过将上述诸多因素考虑在内并进行模拟演练，学员将能够对全面国防环境的相关基本知识有深刻的理解。

2. 联合部队空中指挥官课程与合成部队空中部分课程

高级将领军职业事教育的课程，每半年一次，美国空军主办，其他军种协办。该课程旨在为潜在的联合部队空中指挥官培养战区级作战领导力。参训将官学习作战、军事条令，并将之应用于战区级的联合与合成作战行动中，聚焦空天力量运用。参训将官将重点探讨塑造未来作战行动的方式，关注空中和地面力量的纵向与横向整合。

3. 联合部队海上指挥官课程

参与学员来自美军各军种，包括海岸警卫队。作为海军职业军事教育的高级行政课程，该课程旨在解决当前海军作战指挥官所面临的现实挑战，主要内容包括地区现实挑战以及联合部队海上指挥官解决这些挑战的能力。此外，该课程还研究联合部队海上指挥官的概念和条令、战役能力、指挥与控制程序与运用。

4. 高级联合信息作战运用课程

该课程历时四天，旨在使高级将领领悟在信息作战领域内的责任，是一门跨部门课程。通过学习该课程，高级将领能够从联合战区级（战役）与国家（战略）级对信息战有更加深刻的认识。

5. 海军主管商务课程

为海军上将、中将以及各军种高级领导提供加强认识并深化个人对创新、商业转型与金融管理等方面的富有合作性及吸引力的机会。来自私营工商企业、政府、国防、科学及学术界的卓越代表通过讲授，使参与学员开拓思路，通过学员间的互动拓展其在商业领域的知识面。

6. 安全援助管理防务学院课程

该课程面向在国防部范畴内，现任职（或即将任职）于项目办公室、职能办公室以及在更高层级监管安全援助管理活动的美军雇员。该课程旨在使学员增进对美国政府改革防务章程与服务相关政策和流程的了解，熟悉开展相关工作的国际环境。“安全援助管理主管课程”为美国政府高级安全援助管理者与参与国际市场营销的国防军工人员而设立。

7. 参联会主席第四级反恐行政研讨会

为高级将领及文官提供反恐领域的最新进展、细节详解及反恐/后果管理活动的模拟推演。该课程旨在训练从上校到少将层级的高级将领的决策能力。

8. 个体防范恐怖主义课程

该课程旨在提供手段及理念，使学员认识并抵御恐怖活动。该课程包括在课堂讲授恐怖主义的历史与心理因素以及当前最普遍的恐怖风险。该课程包括如何使用武器和用于躲避恐怖袭击的驾驶技巧等实践内容。

9. 美国—俄罗斯安全项目

该项目是由约翰·肯尼迪政府学院承办，每年一次的主管课程，主要是为俄罗斯联邦和美利坚合众国的将领提供进行公开交流的论坛。主旨是深化俄罗斯与美国在国家利益领域互相理解；探索两国就双方关注的重要议题开展合作的独特方式；鼓励俄罗斯与美国高级别将领开展非正式对话等。

10. 黑海安全项目

由哈佛大学约翰·肯尼迪政府学院、国防部与卡耐基集团共同承办。

该项目将美国军方高级将领、国防部高级文官与黑海地区9国(亚美尼亚、阿塞拜疆、保加利亚、格鲁吉亚、希腊、摩尔多瓦、罗马尼亚、土耳其、乌克兰)军方和国防部高级领导汇聚一堂,就地区安全问题开展探讨。该项目将就涉及美国战略关注重点所在的地区与国际安全相关的一系列主题开展研究。

11. 后勤技术主管教育项目

该课程适用于在后勤及供应链管理领域工作的军方领导或企业负责人。通过学习该课程,学员将能够拓展在相关领域的知识、强化决策流程、锻炼合作技巧,增加相互交流的机会。对有助于促进后勤转型的实用保障技术进行探讨和分析。此外,还针对后勤领导在战略和战役层面必须运用后勤技术的各种情势进行探索。

12. 将官系统采购管理课程班

该课程为时一周,旨在为高级将领及政府高级领导了解政府和防务工业决策者的想法。该课程包括关于涉及防务系统采购环境的各项主题的讨论。

13. 合成联合部队特种作战指挥官课程

该课程旨在使高级将官能够在联合、跨部门、跨政府甚至多国环境下,顺利履行特种作战行动指挥官职责。

延伸阅读

美国国防大学教育转型[①]

美国国防大学(NDU)正在实施研究生课程的重大改革,该课程培养高级军官以及其他国家安全专业人员。如果一切按计划进行,那么国防大学培养高级国家安全领导人的方式将发生转变。

国防大学实施改革的基本理由是,在国防预算不断下降,安全挑战日益复杂的时期,国家需要尽可能优秀的战略领导者。推而广之,需要尽可能优秀的、面向崭露头角的战略领导者教育课程。参谋长联席会议主席马丁·登普西(Martin Dempse)将军认为,培养有能力的未来领导者是应对严峻且

① Christopher J. Lamb and Brittany Porro, 2015. Next Steps for Transforming Education at National Defense University, *Joint Force Quarterly* 76, 1st Quarter, 40 - 47.

不确定的未来的最佳手段。他指出，优秀的领导者能够“在我们组织结构不完善，技术出现不足，培训未达到目标，指导滞后的情况下帮助我们渡过难关”。在未来，能够思考复杂问题，在思维上胜过对手，协调环境、不确定性和意外情况，寻求并具备适应能力的领导者将成为“我们的决定性优势”。培养这样的领导者是登普西将军的意图和国防大学的当前志向，但仍需克服很多挑战。

大量研究表明，传统的联合军事职业教育方式需要改革，特别是在战争学院一级。对战争学院批评分为两大类（见表4.1）。人们最关注的是当前的机制性问题：谁来教？教什么？如何教？具备什么资质？教学的严格程度和效果如何？对于军队文化和领导人管理联合教育机构和项目的方式，也存在着更广泛、更系统的担忧。检视这些批评，以更好地说明在国防大学发生的变革为什么能够改善学员的教育体验，更重要的是说明为什么要采取额外措施来加强和扩大这些变革。

表4.1　高级战争学院存在的问题（据批评人士）

联合军事职业教育充分性评估的来源	机制性问题：谁来教？教什么？怎么教？达到什么目标？				系统性问题：联合军事职业教育的管理和得到的支持	
	教师	课程	教学方法	严格程度	支持	领导
克罗宁（2010）	X	X	X	X	X	X
政府问责局关于国防部联合军事职业教育的研究报告（2013）		X				
众议院军事委员会的研究报告（2010）	X	X	X			X
约翰逊·弗里斯（2012，2014）	X	X	X	X	X	X
里德（2011，2014）	X			X		X
瑞克斯引用丹尼尔·休斯的论述（2011）	X			X	X	
斯凯尔斯（2010）	X		X		X	X
威亚尔达（2011）	X	X		X	X	X

一、战争学院的批评者和改革者

批评人士称，战争学院和大学无法吸引到一流的教师，教授过时的课程，不再开创先河或使用创新的教学方法，纵容学员而不是向他们发起挑战(见表4.2)。批评人士进一步认为，除少数例外，战争学院的课程都是一种“及格/不及格”的经历，最终每个人都会及格，而学员在学校的表现对其在原部队的发展几乎没有影响。

表4.2　批评人士指出的主要绩效问题

	机制性问题：谁来教？教什么？怎么教？达到什么目标？				系统性问题：联合军事职业教育的管理和得到的支持	
	教师	课程	教学方法	严格程度	联合军事职业教育的价值	支持和管理
主要批评摘要	现役人员：军队未派遣顶尖人才；毫无准备地开始执教；任期短	重点：对批判性思维和领导能力重视不够	创新：缺乏创新的教学方法，特别是在平衡对通才和专家的需求方面	目标：关注社会目标，而不是学术成就	文化：军队文化偏向于行动，而非反思；偏向训练，而不是教育	能力：靠退役军人身份走上管理岗位的人员不能胜任学术管理工作
	退役人员：拥有博士学位的退役军人缺乏公开的研究记录和专业领域	相关性：与后续工作分配的关系较弱	思维能力：更注重“训练”(信息传递)，而不是培养批判性思维	难度：不具挑战性；没有入学要求；一年的教学时间不足以涵盖所有内容	偏好：优先聘用有军事经验的而不是有学术经验的管理人员	价值：行政级别的迅速提高带来了成本却没有得到价值补偿
	文职人员：对顶尖的地方学术人才没有吸引力	平衡性：通才模式和专家模式不协调	知识的活力：不够发人深省	标准：及格/不及格，每个人都能及格，不严格	人事制度：军队的人力资源需求凌驾于教育目标之上	任期：战争学院校长离职太快，无法进行必要的变革
	从业人员：过于强调从业人员的观点	理论：强调热点问题但对理论框架不够重视		群体动态：以牺牲教育为代价迎合学员的喜好	学术探究：军队文化通常与学术文化相冲突	游说：没有资深的全职军事教育倡导者能胜任这项任务

大多数批评者认为，这些情况持续存在的原因超出了学院及其教职工

的直接控制范围。他们认为，反智的军队文化贬低了教育的价值，使学员和学院管理者不愿严格地追求教育。例如，美国少将罗伯特·斯卡尔斯(Robert Scales)认为，军队文化对教育的重视程度不够，不愿派遣最优秀、最聪明的军官去教学，并称战争学院已成为“智力的死水，远远落后于公办和民办高等教育机构”。1986年的《戈德华特—尼科尔斯国防部重组法》规定，高级军事教育是联合岗位和晋升将官的条件，这就保证了有学员源源不断进入战争院校学习。不过，海军战争学院的琼·约翰逊-弗里斯(Joan Johnson-Freese)等长期在战争学院工作的教员担心，军队文化对教育的蔑视会削弱学员的学习动力。

此外，军事教育机构的管理人员来自同一种文化，他们很少有挑战这种文化的倾向。战争学院的校长任期很短，通常在任期结束后就退休了，所以他们也没有什么动力或机会挑战现状。这些因素使得内部改革前景渺茫。

过去，国会曾介入“修正”军事教育。现有法律和参联会主席的书面指导要求战争学院提供“严格的”教学体验。然而，众议院军事委员会最近的一项研究结论并不支持那些指责战争学院教学不严格的批评者。相反，也许是意识到有人批评国会已经立法对军事教育提出了太多要求，该委员会的研究指出，当基于客观的学习标准并得到全面及时反馈的支持时，采用“及格/不及格”的评价方式并不一定会降低教学课程的严格性。考虑到军校毕业生通常肩负着生死攸关的重大责任，可以说这是一个很低的门槛。

二、地方高等院校与军队高等院校的比较

在过去的十年里，对联合军事职业教育的批评并未使人们产生支持改革的共识，更没有形成具体的议程。从某种程度上说，其原因是有些批评是错误的。例如，前国家战争学院教授迈克·马扎尔(Mike Mazarr)准确抨击了那些不断重复战争学院注重战术而忽视战略的论调。他指出，“即便是对国家战争学院课程略知一二的人，也不可能(想到)或写出这样的东西。”

改革议程不受欢迎的另一个原因是，战争学院的批评者和支持者往往各执一词。批评者认为战争学院应该效仿一流的地方大学。他们建议让教授终身任职，更加重视教职人员的研究工作，以及改变文化以更好地与“开放、自由、质疑权威和所有既定真理”的学术界保持一致。考虑到高等教育发生的变化，其中一些建议似乎已经过时了。例如，终身制在地方高等教育中的价值日益受到质疑。终身任职教师的比例从1975年的37%下降到了2003年的24%，下降趋势在过去十年中一直在持续。同样的，教职人员研究和教学职责之间的恰当平衡也存在争议。乔治·里德(George Reed)断言，"一流地方大学的肮脏小秘密"是"对研究和出版的过度重视，这可能会影响有效的教学。"至于学术自由，在战争学院里质疑正统可能比在典型的地方研究生项目中更容易。变幻莫测的院系政治，机构审查委员会和来自被政治左右的学科政治正确性越来越多地限制了地方大学的思想自由。

那些为战争学院传统教学模式辩护的人通常一开始就持有相反的想法：战争学院是独特的机构，不应该用一流大学最好的研究生课程的标准来评判，或者试图模仿这些课程。里德在战争学院和地方高等院校都待过，他指出，战争学院的模式"更类似于专业学校(例如法律学校或医学学校)的模式"。像律师、工程师和医生一样，军官也被派往高等军事院校学习公认的专业知识。

战争学院的确是专业学校，但这不能成为他们教学不够严格的理由。恰恰相反，战争学院现行的"及格/不及格"标准与专业学校的模式并不一致。专业学校要求学员获得并掌握专业知识，并且在测试学员是否满足这一要求时毫不留情。谁想要一个从所有人都能通过考试的医学院毕业的医生？军队文化并不是教学不严的正当理由。比如，在战争学院，学员需要的是不断进行测试、排名，挂科也不罕见，并且其表现要与将来的分配和职业选择直接挂钩。

在其他方面，战争学院的做法也不同于专业学校的既定规范。专业学校利用富有威望和权威、经验丰富的从业人员传授专业领域的知识。批评人士承认，战争学院的教职人员具有一些非凡的才能，但他们也认为，太多的文职和军职教员缺乏经验和学术造诣。他们声称，一流的文职教员对战争学院的文化没有兴趣，而且军职教员缺乏经验和学术造诣，有时他们还被要求教授学科领域的实践技能。这样的师资配置与专业学校的模式相抵触，专业学校看重经验丰富的专业讲师。正如约翰逊-弗里斯指出的那样，在陆军、空军和海军陆战队，实际上，"被分配到战争学院当教员比当学员更容易，竞争也更少。"换句话说，被选为战争学院的学员是要竞争的，而被分配为教员则不用竞争，这意味着教员在学员心目中的信任度可能较低。斯凯尔斯强调，军队需要改变行事方式，向战争学院派遣经验丰富、追求上进、长期从事某一学科的教职人员。

利用专业学校的模式来说明战争学院教学不严的另一个问题是，它夸大了专业学校与研究型大学之间的对立。所有的研究生水平课程均传授已有的知识并教授批判性思维技能。医学院希望医生不仅了解基础知识，而且了解最新研究成果，以及如何解决罕见的医学问题。法学院希望律师不仅要了解法律，而且还能在不断发展变化的法律范围内想出创造性的办法来帮助客户。战争学院希望战略家们不仅了解当前的学说，而且也了解如何处理新出现的国家安全问题。因此，正如史蒂文·梅茨(Steven Metz)所言，战争学院的教学目标实际上是专业化(即分享与军事任务相关的知识体系)和高等教育相结合，其中包括培养批判性思维能力。

问题在于专业化与高等教育之间的适当平衡。对此，人们的共识已经转向更加强调批判性思维能力，而不是传授现有的知识体系。大多数观察人士认为，大部分军事专业知识最好在军官职业生涯的早期(进入指挥和参谋学院的时候)进行学习。战争学院应该专注于更高层次的战略问题，并质疑现有的行事方式，特别是在传统方式和手段的价值受到质疑的大变革时期。这恰恰是登普西将军和其他许多高级领导人近年来一直在提的观点：战争学院需要传授批判性思维技能，这将使未来的领导人能够适应动态、复杂的安全环境，并在这种环境中表现出色。

批评人士认为，需要用创新的方式来传授批判性思维技能。传统的由教员主持的苏格拉底式公开研讨有其优势，但不足以模拟在压力下解决复杂问题的情形，在压力下解决复杂问题是对战略领导者的基本要求。他们认为，应采用更高级的模拟和危机决策演练来加强传统的苏格拉底式教学法，以使学员更好地为应对未来战略领导力的挑战做准备。

一般来说，传统战争学院的教学模式与专业学校规范的背离和完全矛盾的现象可以归因于军队文化，这种文化偏向自己的成员而牺牲文职教员的利益。战争学院常常(但不完全是)雇用拥有博士学位的退役军官担任管理人员。例如，2014 年，国防大学国际安全事务学院、信息资源管理学院的院长以及艾森豪威尔学院和国家战争学院的系主任都是退役上校，拥有博士学位，有着丰富的专业军事教育经验，国防大学的教务长和研究部主任也是如此（另外，国家战争学院、艾森豪威尔学院和联合部队参谋学院的院长都是现役将官）。批评人士可能认为这是一种徇私行为，但是军事领导人希望战争学院的管理人员能够理解军队文化、专业要求和运作模式，这是理所当然的。自然而然的结果是，战争学院倾向于给学员最大的自由度来决定自己在学业上付出多少努力，而不是通过成绩、考试和繁重的阅读来“逼迫”他们。其最终结果是这样一种教育体验，尽管在某些方面令人印象深刻，但缺乏地方顶级研究生课程通常具备的严格性。

三、更好的战争学院教学模式

强大的文化因素阻碍了战争学院完全模仿地方研究型大学，从某些方面来说，这是件好事。战争学院总是会尊重和反映军队的价值观，这是他们应该做的。这些院校招收的学员往往更重视实践经验而不是反思和研究，他们被指派到战争学院接受教育，而不是被选择成为最有可能在高等教育殿堂中取得成功的学员。地方大学的学员要通过竞争获得参加研究生课程的机会，并为完成研究生教育支付高额学费，因此他们有很强的动力去取得成功并利用他们的投资。他们有很多机构和课程可供选择，以最好地满足个人的需求和目标。

被派往战争学院学习的军官必须要入学，不过有相当大的比例（具体比例存在争议）可能会轻视这种机会。经常听说战争学院的教员们猜测，三分之一的学员最终会重视自己的教育经历并从中受益，另外三分之一只会满足必需的要求，而最后三分之一永远不会真正参与或利用这个机会。

大多数成人教育专家都认为，学习动机是产生学习成果的最大决定因素，因此任何怀疑高等教育价值的倾向都是学习的重大障碍。这就使战争学院的教授们难以开展工作。教育机构有责任激发学员的兴趣，激励他们学习。考虑到这些现实情况，许多在战争学院任教的人士认为，他们必须用精彩的课堂教学来吸引学员，并希望美军固有的职业素养使他们尽可能多地从课堂教学中获益。

马扎尔反驳针对战争学院教学“不严格”的指控时就提到了这一点。他认为，任何地方的研究生都可能对学习不尽心尽力，“研究生院就是这样。真正聪明的人可以浅尝辄止，大部分时间悠闲度日，考试前拼命用功，然后获得通过”。他认为，美国绝大多数军事专业人员都不会这样做，因此他们从战争学院的经历中收获了很多东西。研究生能够轻轻松松完成一流大学的各项课程是值得怀疑的，因为这些大学的入学竞争非常激烈，而且完全不能保证能成功完成学业。在所有硕士研究生课程入学申请中，录取人数不足一半，而在所有博士生中，也只有不到一半的人能够获得学位。硕士学位获得率的数据更难获得，而且数据往往集中在科学和技术学位上，但一项研究表明，硕士学位的获得率约为66%。相比之下，与许多曾在战争学院就读和任教的人士进行的非正式讨论显示，人们对以下说法深表怀疑：“绝大多数”军校学员太专业化，无法通过“不设不及格”的评价体系，尤其是考虑到他们时间紧迫，且提供给学员的课程并不是针对其具体需求的。

其他内部观察人士表达了相反的观点，他们认为“能最大限度地在战争学院学习的学员人数极少”。因此，许多人得出结论，必须比传统的战争学院模式做得更好，该模式与专业学校一样以从业人员为重点，却缺乏此类学校通常需要的师资和严格性。登普西将军持这种观点。他要求国防大学的领导“打破”既有的业务模式，并为“联合军事职业教育计划转型”提供了指导。国防大学对此的回应是推出一项计划，显著扩大学员的选择权，从而提高了其学习动力。

四、国防大学的教育改革计划

国防大学教育改革计划包括六大要素(见表4.3)，第一个要素是对学员的综合评估，其中要考虑到学员的个人情况、之前的教育背景、职业路径和兴趣。导师帮助学员制定一个学术计划，以满足其个人需求，然后与学员一起跟踪计划执行一年内的结果。接下来的三个要素将课程重组为不同的阶段：第一阶段是共同核心课程，为所有国家安全相关专业的研究生提供必要的基本知识；第二阶段提供5所学院各自专门研究的核心课程，向学员提供这些专业领域更深入的专门知识；第三阶段侧重于选修课和研究，学员可以根据自己的个性化学习目标进行调整。总体计划的第五个要素是基于学员自我评价和从接收战争学院毕业生中受益的组织评价进行详细项目评估。这些基于事实的评估将有助于更好地管理包括教师发展计划在内的整体教育活动。最后一个要素是共同的校历，这能促进校园间的合作，并使学员能够更好地参与国防大学多种多样的教育机会。

国防大学整个转型计划都是以学员为中心的。这种教育方式重视学员的个人职业路径、愿望和未来目标，不强迫他们参加一个单一的共同项目，而是明确接受多样性，为学员提供更多选择，并邀请他们参与管理自己的教育。整体的教学方法符合公认的成人教育成功原则，这些原则强调与学员建立伙伴关系，考虑他们的独特情况，将教育经历与职业需求联系起来，利用通常会对成年人学习产生激励的内部因素，而不是外部因素。

表 4.3 描述了按最初预想从计划中获得的益处。实际上，在实施过程中会根据需要进行修改，以适应有限的资源（如时间、工作人员和教员）。在计划实施的初始阶段，一些教员的反对也起到了削弱或限制改革的作用。重新设计课程、项目和标准，给学员更多的选择，建立对教职工和学员表现的事实性反馈系统是一项艰巨的任务。确保成功的最佳方法是保留转型计划背后的原始战略逻辑，并在课程计划的持续迭代中继续推进这一逻辑。

表 4.3　国防大学的教育转型战略

要素	特性	价值
学员评估	与整个国防大学的指导老师一起进行评估	量身定制的学习体验，激发了学员动力，分散辅导负担
	多种困难程度逐渐提高的教育路径	满足学员的需求而不削弱严格性
	确定个人感兴趣的课题	允许根据学员需求定制选修课程
	个人学习计划	自我设定目标；学员学习评估的基础
	学员年终自我评估	确定需要改进的地方和继续教育计划
	学员的继续学习计划	学员在 10 个月的课程结束后继续学习
第一阶段	全校范围的核心课程	确定国家安全专业人员的核心优先事项
	基础材料	构建逻辑；减少重复
	加入参联会主席的相关内容	为复杂的安全环境做好准备
	全校范围内最优秀的人才授课	学员获得国防大学可以提供的最好课程
	不同背景的学员互相搭配	从一开始就扩展学员的学习视野
	利用华盛顿特区进行体验式学习	给学员难忘的实用见解

（续表）

要素	特性	价值
第二阶段	学院的核心课程	学员因学院注重核心竞争力而受益
	学院聘用/重视讲授专业知识的教员	
第三阶段	根据学员需求量身定制	学员的研究体验个性化
	支持研究和学员职业发展的选修课	增加学员关注相关专业研究课题的机会
	教员直接指导下的研究项目	学员运用批判性的学习技巧展现解决问题的能力
	支持研究项目的自选旅行	学员控制研究的设计并使产生优秀成果的能力最大化
	导师是全校最好的专家	学员获得大学能提供的最好的东西
	硕士学位论文	提高一年制研究生学位课程的严格性
计划评估	年终计划评估	事实性反馈可以使目标程序得到改进
	学员的学习反馈	更客观的评估
	来自“客户”的反馈	从客观来源获得批判性意见
	外部评估	促进客观性
共同的校历	共同的年历	允许大学所有学院之间进行协作
	共同的课时	便于学员按照自己的学习计划在其他学院上课
	共同的课余时间	使学员从国防大学的各种活动中获得最大收益

五、扩展多样性逻辑

为给学员提供更好的教育体验，国防大学拟从三个方面推进其变革计划。在每个方面，都可以提供更多的多样性，以促进其迅速实施以学员为中心的教育方式。国防大学目前正在实施的新计划旨在通过允许学员在构建其研究生课程方面有更大的发言权来增强多样性。国防大学需要随着时间的推移来加强这一趋势。

首先，应该为学员建立各种各样的研究生层次的教育路径，包括博士课程。这将进一步避开以往对战争学院提供出色教育体验的能力造成限制的各种矛盾。相对而言，军事职业教育多年来一直采用“一刀切”的做法，这带来了一些负面后果。刻板的做法使得战争学院对全体教员一视同仁，而不管他们的素质如何，从而削弱了教学质量；迫使学员花太多时间学习与自己职业路径不相关的内容，降低了学员的积极性；最终后果是降低教学标准。保持较低的教学标准是为了迁就那些无法应对典型的充满测试、论文、考试和其他障碍的研究生课程（通常都有正当理由），但又不能让他们不及格的学员。为学员提供多种教育路径——定向研究、获得证书、研究生学位、荣誉学位、博士生——根据学员的需求和兴趣定制的不同难度，使大学能够设定并坚持适用于每条路径的标准。

例如，对其职业领域中特别具有挑战性的问题感兴趣的学员可以专注于这些问题，而不受硕士学位要求的限制。也许这些学员已经有了硕士学位，知道自己不会成为一名将官，但他们会珍惜这个机会来解决职业生涯中反复出现的问题。或者，有些没有硕士学位却渴望晋升的学员可能想获得战略学硕士学位，以最大限度地增加晋升机会。还有一些已经获得硕士学位的学员可能渴望发表论文，寻求获得荣誉学位的机会，以竞争稀缺的博士课程名额。接受学员的选择就承认了学员能力和志向不同的现实，也承认了处于职业生涯中期的学习者的偏好。这样就平衡了培养通才和专家的需要，让战争学院的学员有机会从研究生经历中获得最大收获，并帮助处于职业生涯中期的专业人士迈出了成为高级领导人的下一步。允许学员选择最适合自己情况的教育方式将提高其学习动力，这是成人教育成功的关键，特别是对那些经验丰富、职业路径明确的专业人士来说。

其次，需要用成人教育的理论和方法来指导研究生课程。对成人教育来说，只采用苏格拉底教学法并不是最佳的方式。支持以学员为中心的研究生教育的混合教学法可以更好地服务目标人群。战争学院的基本教学方法可以而且应该是以人为本的，强调满足学员各种需求的重要性：情感需求、精神需求、身体需求和智力需求。在对学员进行评估的过程中，所有影响学员学习需求和动机的因素都要考虑，以制定学习计划，最大限度地增加学员在年终脱颖而出的机会，从而为其后续分配做更好的准备。

课程的第一阶段很短，侧重于向学员讲授基本内容（由立法规定并由联合参谋部指导），指导方式应该是社会性学习，学员间进行交流，建立关系，开展团队项目，并通过随时可以参加的“不设不及格”在线考试来证明他们已经掌握了材料知识。这样做的目的是在传授基本知识的同时，让学员了解有关材料重要性的其他观点。在此期间，学员们将从其在来学校之前从事的繁重工作任务中解脱出来。

第二阶段所采取的教学方法将取决于学员的教育路径，但如果学员攻读硕士学位，则应该是一种行为主义教学方法，有明确的学习目标、论文评分和考试。

第三阶段以学员研究为重点，应采用认知教学法进行管理，强调通过案例研究、项目、模拟和论文进行意义构建、解决问题和自主学习。导师应该帮助学员提出研究问题，并建立适当的方法来解决问题，但难度的大小取决于学员选择的课题和教育路径。这样一种用于成人学习的混合教学法将允许大学的工作人员和教员更好地管理这个新计划，以支持学员的多种教育路径。

最后，要接受并理顺其教员队伍的多样化。战争学院的薪酬结构相对丰厚，在招聘具有令人印象深刻的实践和学术资历的教员方面处于有利地位。不过，大学的教员队伍将始终由现役军人、有学历的退役军人以及在国家安全系统担任过高级职位的文职人员组成。除极少数例外，应该避免无从业经验的平民进入战争学院这样的职业院校任教。主要的一点是，不应把所有教员都看成教学机器上可以互换的齿轮，而应该区分不同的资格水平，并相应地对教员及其职责进行分类。战争学院已经通过职衔来区分教员，并为任教的新教员提供一些帮助和指导，建议将经验和专业知识与教学职责更紧密地结合起来。

一般情况下，助理教授将作为团队教师、评分员和项目负责人来帮助管理教育计划；副教授会讲授较低层次的课程；而正教授则会讲授其专业领域更高层次的课程。正教授和特聘教授将担任博士生导师，等等。没有学历或在学科领域没有出色经验的军职教员将从助理教授干起，并随着他们从教师发展活动、经验和研究中获益而被提升。经验丰富的从业人员（军职和文职）将成为那些与其实践经验明确相关的课程牵头人。如果他们继续留任并发表论文，可能会得到晋升，并被赋予更传统的学术和研究任务。虽然这种做法不会十全十美，但是正教授将有更多的时间用于研究和控制他们的课程内容。

第五章

美军战略领导力案例

我们就是微积分中“曲线下的面积”，我是我所有的上司（好的和坏的）、所有的培训和教育以及所有的任职和经历的产物。

——科林·鲍威尔上将

提要：本章以马歇尔、艾森豪威尔、施瓦茨科普夫和鲍威尔等优秀的美军战略领导者为范例，分析了培养战略人才的4种职业路径：教师、组织者、指挥者以及沟通者。战略领导者的核心能力包括坚定的品格、强大的身心恢复力、致力于自我发展、灵活的思维能力、精通战术和战役。应从职业生涯早期发现具备优秀战略潜质的军官并加以培养，使之能够迅速成长为战略领导者，这需要灵活的制度保驾护航。

第一节　战略领导者典型特质

美军认为，战争中人的因素才是决胜之所在。一支军队最大的力量来自优秀的精于战略的领导者，最终目的要么是避免冲突，要么是一旦开战，必须取得决定性胜利。有美军学者指出，要用历史的眼光，审视军中最具天赋的榜样，为当前的战略领导者培养提供镜鉴，采取措施把最优秀的战术指挥官培养成为出色的战略领导者。

要培养未来的杰出战略人才，应当弥补军官战略能力培养中的两项不

足之处。首先，要有一系列的职业路径，为军官提供机会，使之更好地向战略领导力转型。第二，从上尉到上校的军事职业教育需要做出一些重大调整。这样有助于更好地打造战略能力，使之与人才的独特潜质结合，二者相得益彰。识别战略潜质的最佳途径是确认优秀年轻军官的领导力行为特质，使最具前途的军官缩小职业路径选择，拓宽其战略任职经历（如图5.2）[1]。

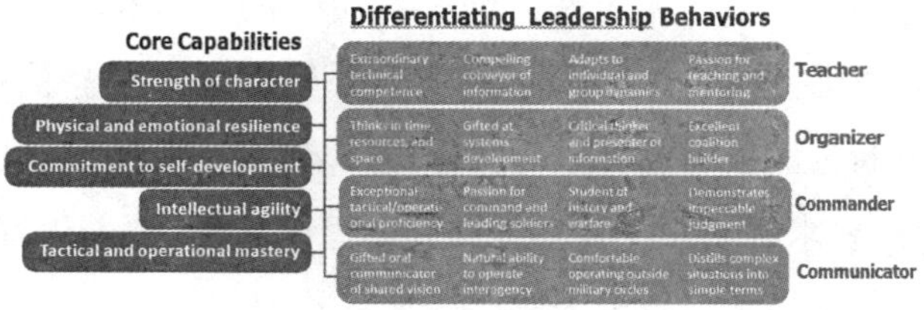

Figure. Strategic Traits Map

图 5.2　战略领导特质图谱

美军认为，好战略的核心是拥有洞察力、经验丰富以及对问题有敏锐理解力的领导者。好的战略可以清晰地解释军队在做什么以及为什么要这样做，把国家的政治和军事目标与国会提供的资源相结合，为军队的战术编成

① Valery C. Keaveny Jr. & Michael R. Fenzel. 2016. The Areaunder the Curve: Developing Strategic Leadersto Winina Complex World. *Military Review*, November-December, 81 – 90.

提供目的。而糟糕的战略则将这些要素搅乱，最终一无用处。

第二次世界大战时横扫欧洲的战役和沙漠风暴行动的成功展示了好战略的典范。这些行动都是由伟大的战略领导者指挥。二战中的乔治·马歇尔上将和德怀特·艾森豪威尔上将，沙漠风暴行动中的科林·鲍威尔上将和诺曼·施瓦茨科普夫上将，都具有非凡的坚定品格，快速的身心恢复力以及丰富的战役和战略经验。他们是值得未来的战略领导者效仿的模范。

第二次世界大战和沙漠风暴行动都有明确的政治和军事目标，战略细节也都能得到清晰阐述。相比而言，未来作战环境并不具备同样的清晰度，社交媒体的不断扩散很可能会影响国家决策者的某些选项。动荡时期的到来不可避免，这要求战略领导者具备锐利的思维之剑，磨砺思维之剑需要改弦易辙。鲍威尔在谈到培养未来战略领导者的困难时指出，“当代的问题非常复杂。14 年来，我们的战术水平裹足不前，不断重复缺乏经历拓展的轮换之旅。接受的教育日益贫乏，思考和辩论的时间日益减少，用于读书的时间也不断缩减”。

正如鲍威尔所言，战略领导者的培养首先是从一个军官自觉地持续自我发展开始的。只有通过不间断的自我进修才能具备理解复杂问题的能力。随着作战环境日益复杂，国防预算愈加紧缩。美军认识到，面对军事威胁在全球扩散的前景，军队和国家的未来胜利掌握在下一代的战略领导者手中。

为应对今天的威胁，并为明天做好准备，必须识别和培养非凡的人才。要提供最好的军事建议，深入理解所有的力量工具，与文职领导人进行熟练沟通，都需要灵活的思维能力。

灵活的思维是一项基本的战略特质。未来的战略领导者必须有能力在战术和战略问题之间实现快速的无缝转换。具备灵活思维能力的军官不会局限于以前所学，具有丰富的阅历，面对各种环境和条件，能够自然地迅速适应，并得心应手。这种灵活性是以对战术和战役行动的精通为基础的。这是成为更高级军事领导的先决条件。

上校军官和将官在执行复杂任务中积累的丰富经验是远征性应急行动体的"结缔组织"。这种集体经验在长达 25 年或更多的时间里教会高级指挥官规划和执行几乎所有行动，使之深刻认识到，特定任务相关的专业知识可以快速增加，但组织层面的思维却并非如此。美国西点军校的三位教授在阐述智力资本的重要性时曾深刻地指出，"技术和工业主导着 20 世纪的战争，而知识型人力资源可能会决定未来世界上的许多安全问题。陆军军官是在快速变化的环境中成长起来的地面部队高级领导者。军官必须要具备灵活的思维能力，不仅是为了在这种环境中生存下来，还要能够发展壮大"。

第二节　选拔培养战略领导者

美军认为，可以通过增加领导者经历的多样性，来打造更强大的战略领导队伍。当然并不是每个领导者都参与这种战略拓展路径。事实上，只有前 10％最优秀的人才应该从上尉开始就悉心管理，直至培养为战略领导者。某些最优秀和最聪明的军官可能在早期就已被错过。那些大器晚成者则会通过自己的决心和优异的表现进入高级军官行列，同样，有些很早就展现出潜力的军官也会因为个人或者职业的原因到不了高级军官行列。如果不能在职业生涯早期就开始有意识地选拔培养优秀人才，将很难确保战略领导者的稳定供给。

军官是否成功的衡量标准取决于其战术表现。不过，如果从上校才开始培养战略才能就太晚了。要想在对外政策领域迅速变得熟悉和应对自如是相当困难的，要懂得某些特定行为产生的影响，要发表强硬的观点，还要深入思考不同的选项。因此，要提高对外政策和战略领导的成熟度，就必须尽可能在军官职业生涯早期开始。美国涉及重大问题的对外政策原则不会每年都发生大的变化，但要理解政策的微妙之处，准确表达所发生的变化，这需要时间和经常的研究才能做到。应该从资深连级军官开始，一直到旅级指挥官以上，就着力指导军官培养全球视野和对外政策素养，期望上校军官开始参与军事战略和对外政策制定。要培养高度的战略能力可能要花费长达十年的专注投入。

参加美国陆军战争学院的军官有机会更深入地思考对外政策问题，但是缺乏为入读战争学院之前的军官制定一个学习思考的组织框架。要通过对不同概念的广泛接触，运用战略理解处理不断发展的危机，讨论战略选项，与私人部门专业人员交流等方式，使最优秀的军官有机会锻炼思维，开阔眼界。教育无疑是具有决定性的组成部分，但它绝不是万能的。时间是最接近的因素，给予年轻的军事领导者以充分去阅读、反思、思考、写作的时间，从更宏大、更复杂的地缘政治角度廓清自己的专业思维。

拥有较多教育经历和丰富阅历的军官具备更好的战略知识素养。应更深入思考如何管理从上尉到上校的教育经历。鲍威尔重申了对恰逢其时的研究和反思的重要性："指挥与参谋学院与国家战争学院处在我所列名单的前列（战略培养）。我曾离开部队，入读这两所院校，这使我更快地为未来的陆军做好了准备，包括领导它的准备。"

当前美国陆军军官传统的职业路径包括军种部门基础课程（持续 4 个月）、军种高级课程（6 年后，持续 6 个月）、陆军指挥与参谋学院对前 50%的现役军官培训（持续 1 学年），高级军种学院针对营级指挥岗位表现出色的军官培训（持续 1 学年）。美军认为，可以从资深上尉就开始培养战略理解力，一旦晋升为校级军官，就应该向更高层级的战略思维过渡。营级指挥岗位之后的教育重点主要是磨练战略思维能力。换言之，要运用"爬、走、跑"模式来训练和培养战略领导者。上尉处在战略领导的"爬行"阶段，致力于理解战略和对外政策的基础知识。少校则处在"行走"阶段，学习战争学院常见的战略材料。最后，参加战争学院的中校已处在“跑”的阶段，学习高级战略艺术课程相关内容，主要是针对少数经过精心挑选的学员设计的。根据规定，被选中入读高级军种学院的学员应是同级中排名前10%的军官，在重返部队之前，必须展示熟练的战略能力。高级战略艺术课程包含了培养熟练战略能力的所有内容，不再是入门性的介绍，而是作为战争学院学员的毕业课程。

第三节　战略领导者成长案例

以下对四位传奇式美军战略领导的职业生涯进行仔细审视，可以发现有些典型意义的发展经历和职业路径类型，可以为加强军官战略能力培养提供借鉴。

对马歇尔、艾森豪威尔、施瓦茨科普夫和鲍威尔的早期职业生涯进行分析，可以发现一套值得效仿的战略准备范例。他们从获得委任到上校期间都积累了丰富的阅历。这些经验并没有揭示战略领导者培养的万能方法，但其杰出的职业生涯清楚地表明，多样的经历和丰富的教育机会相结合，可以培养敏锐的思维，使之更顺利地转型为战略领导者。从中至少可以发现四种职业路径，值得借鉴效仿，可分别是：教师（teacher）、组织者（organizer）、指挥官（commander）和沟通者（communicator）。

战略职业路径之一：教师

丰富的教育经历（研究所、研究员，或者教员），能迅速有效地适应个人和团队变化，具备这种特质的军官将在该类型职业路径中表现出色。热心教学，并能自信地运用不同的传授技巧或信息共享方法，这样的领导者适合此类职业路径。在美国军事学院（西点军校）、美国陆军指挥和参谋学院或陆军战争学院教授一门上尉职业课程，或担任地方科研院所研究员工作，能够培养军官的关键技能，拓宽视野。研究历史经验教训，可以使军官基于过去的类似情形来评估战略选项。这种类型的军官必须具备非凡的战术能力，合适的性格特质，能够以引人入胜的方式传授知识。一个伟大的老师往往具备出色的领导潜质。

乔治·马歇尔：教师

乔治·马歇尔在早期的职业生涯中兼收并蓄，将时间主要花在阅读、思考和教学上。作为初级和中级军官时在高级领导者身边的学习经历使马歇尔获得了更丰富的视角。他还是中校时，先在陆军战争学院担任教员，后在本宁堡步兵学校担任助理校长，他要求学生严格正规地学习历史，研讨战术问题。这些举措，加之以系统的思考，是战略教育的基础。马歇尔研读历史、战术和战略问题，但是持续的战术岗位任职并没有成为他的负担。事实上，在晋升为准将之前马歇尔曾两次驻扎菲律宾。马歇尔曾在三藩要塞区担任过前陆军参谋长富兰克林·贝尔上将的助手，当时贝尔正执掌美国西部战区。后来，马歇尔又跟随贝尔上将到纽约总督岛负责第一次世界大战动员工作（当时贝尔执掌东部战区）。马歇尔先后担任美国远征军司令约翰·潘兴上将的规划者和助手，潘兴担任陆军参谋长后，马歇尔又随其调到陆军参谋部。马歇尔还担任了3年美军驻天津第15步兵团指挥官，这更加丰富了其海外经历。之后他重返本宁堡担任助理校长。战争期间担任高级领导助手以及在军校担任教员的经历，为马歇尔提供了必要的视角和阅历，使之成功领导美国陆军穿越二战的风雨。

战略职业路径之二：组织者

有丰富的早期职业经历（作为战术评估者），在随后的教员岗位上传授自己的经验。才能出众、具有将官潜质的军官提升为校官（营级岗位前后），从事企业层面的部队管理工作或者在具备同样职能的联合参谋部工作。此类职业路径还包括陆军参谋长战略研究小组和高级研究员岗位，直接为陆军参谋长解决重大问题，可以从更高的视角来看待作为精英团队一员的陆军。这些军官不仅会成为陆军未来发展的见证人，同样重要的是，他们要书写陆军的未来。培养书面和口头语言表达能力是组织型职业路径的一个关键因素。

德怀特·艾森豪威尔：组织者

作为一名高级将领，艾森豪威尔赖以闻名的是其处理公共问题的耐心、组织才能以及与重要人物周旋的能力。他善于构建联盟，能在最紧迫的环境中保持冷静，周密思考，这种能力赋予他一种传奇色彩。艾森豪威尔是如何具备这种能力的呢？他早期的职业生涯为我们提供了有趣的解释。西点军校毕业并获得军官委任后的一年时间内，艾森豪威尔驻扎在得克萨斯州的萨姆·休斯敦堡，在那里担任圣路易斯学院的首席足球教练。这种独特的经历无疑培养了他的组织能力。潘兴负责欧洲战场纪念委员会时，要求艾森豪威尔制定一份第一次世界大战的战场指南，这项工作又进一步磨炼了艾森豪威尔的组织能力。艾森豪威尔先后在菲律宾担任过福克斯·康纳上将的助手，以及时任陆军参谋长麦克阿瑟上将的助手，这些经历锻炼了艾森豪威尔与大人物共事的能力。在麦克阿瑟身边工作时，参与处理了退伍军人抚恤金事件，这进一步提高了他的政治敏锐性，后来担任盟军最高司令时反复运用了这种能力。艾森豪威尔还担任过助理战争部长乔治·莫斯利的执行官，担任麦克阿瑟的助理军事顾问，在菲律宾度过了充满挑战性的一年。由此巩固了自己的战略声望。

战略职业路径之三：指挥官

该职业路径要求制度化陆军，尤其是学术机构，具备极大的灵活性。理想的情况是，走这条路径的军官在职业早期就表现出很高的智力水平和批判性思维能力（如被选为罗德学者、奥姆斯特德学者、白宫研究员，或其他类似的竞争性项目等），足以确保该类军官在教学和作战任务之间实现灵活的转换，从最低层面一直到最高的联合或作战司令部参谋部层面，都应如此。该类军官必须表现出卓越的战术和战役能力，对指挥和领导士兵富有激情。在联合参谋部或者国家安全委员会从事大量的参谋工作，可以为升任更高级别的指挥官提供所需要的开阔视角。

具有罕见的指挥和联盟构建能力的军官（可从连到营级期间的专门评估报告看出），应允许其多样化发展，换言之，就是在其不同的任务间隙增加独特的经历，就像施瓦茨科普夫一样，中断在西点军校的教学任务，到前线任职。该类指挥官具备空间（定位能力）和时间（确定资源先后顺序）思考能力，以及优秀的系统工程能力。该职业路径适合爱好历史和战争研究并具备完美判断力的军官。

诺曼·施瓦茨科普夫上将：指挥官

施瓦茨科普夫12岁起就在国外生活（伊朗、瑞士和德国），并学习了三种语言。这种早期经历造就了他的全球视野。施瓦茨科普夫一直对中东问题非常感兴趣，他的作战经历、学习经历、教学经历等等，为他指挥第一次海湾战争准备了成熟的战略经验。1962年，施瓦茨科普夫进入南加州大学研究生院，获得机械和航空航天工程理学硕士学位。然后开始了在西点军校的三年任教岗位，但一年之后他中断教员工作，志愿到越南担任军事顾问。在战火中为1000人的越南伞兵部队担任顾问，后来担任营长，4次负伤，被授予银星勋章。这种经历大大拓展了他的战略视野。施瓦茨科普夫趁作战间隙回到西点军校完成他的教学任务。思考、写作、教学和磨砺使他具备了成为战略领导者所需要的眼光。担任第24步兵师指挥官期间，施瓦茨科普夫带领部队参与格林纳达有限干预行动中的“暴怒行动”。早期的成长经历，加之作为师长参与小规模干预行动，使他逐渐具备了领导盟军实施大型战场作战所需要的战略灵活性。

战略职业路径之四：沟通者

该类职业要求经常与地方部门进行直接接触，途径包括研究员（如白宫或国会研究员），或者在涉及政府高层或公司交流等行业部门锻炼一年，如负责政策的国防部副部长办公室，联合参谋部政策制定岗位（如联合参谋部实习生，军事助理，或非常具有挑战性的联合参谋政策分析师）等。该职业路径适合在军事圈之外游刃有余的军官，在跨部门环境中有卓越表现的军官。可以在国家安全委员会或者其他国家安全机构任职，如国家反恐中心、中央情报局、国防情报局、国家安全局、国务院和国防部等部门。这些位置可以使军官具备详尽的军事概念并擅长将复杂的思想转化为文职领导能理解的语言。这种高层次的经历，可以打造强大的沟通能力，建立与文职领导之间的牢固纽带。该职业路径适合善于传达共同愿景、能在跨部门环境中游刃有余的领导者。

科林·鲍威尔上将：沟通者

越南的艰难经历塑造了鲍威尔的世界观，在乔治·华盛顿大学研究生的经历为他提供了必要的思考和写作时间。他曾在后来成为国防部长卡卢奇手下担任管理和预算办公室的白宫研究员。这一经历对当时这位年轻中校而言，是一种完全不同的、具有战略性的挑战。借此机会拓宽和经营强大的人脉网络，使他具备了成为战略领导者的更大信心。鲍威尔能够融合军地思维，从战略层面而言，这种能力如何强调都不为过。高级军事领导所面临的一个持续挑战就是将军事语言转换为文职领导可以理解的语言。这些经过磨砺的技能在沙漠盾牌行动和沙漠风暴行动中充分显现了威力，鲍威尔向政治领导人和整个国家展现了近乎完美的清晰思路。

总之，这四类职业路径为指挥官和人力资源部门提供了更加多样化的选项，在安排军官后续任职时可以参考。虽然没有万能方案，但可以作为一个"方案库"，使美军在战略人才培养方面有更大的目的性，减少随意性。

延伸阅读

乔治·马歇尔

小乔治·卡特莱特·马歇尔（George Catlett Marshall, Jr. 1880 年 12 月 31 日—1959 年 10 月 16 日），美国军事家、战略家、政治家、外交家、陆军五星上将，曾在二战期间提拔多位将领。他于 1901 年毕业于弗吉尼亚军校，参加过第一次世界大战。1924 年夏到 1927 年春末，在美军驻天津第 15 步兵团任主任参谋。1939 年任美国陆军参谋长，在第二次世界大战中，他帮助富兰克林·德拉诺·罗斯福出谋划策，二战期间坚持先进攻纳粹德国再攻日本的战略方针。1945 年退役。

马歇尔的门生[①]

就在欧洲胜利日(V-E Day)前夕战争的枪声还未沉寂之时,英国首相温斯顿·丘吉尔已将美国陆军参谋长乔治·马歇尔将军奉为真正的"胜利组织者"。马歇尔在1939年接手的陆军在世界上排名第17位,位居保加利亚之前葡萄牙之后。截至1945年,马歇尔将一支不到17.4万名官兵的象征性部队成功地打造为拥有825万多名士兵的部队,这为盟军在20世纪最伟大的战争中取得胜利作出了巨大的贡献。

自他去世后的50年中,马歇尔一直处在历史的耀眼光环中,这使我们很难客观地评价这位将军,他被许多人奉为自乔治·华盛顿以来最伟大的美国战士。马歇尔作为陆军参谋长所取得的成就闻名遐迩,不过,或许他最伟大的成功在于其异于常人的知人善任的本领,他所发现和培养的指挥官们在履行职责时表现出了"富于进取的、坚定果断的领导力"。

在1939年9月1日就任陆军参谋长之前,马歇尔干了两年的副参谋长。就在他正式就任参谋长的当日,希特勒入侵波兰,二战开始。在给一位同事的信中,马歇尔写道:"我就职的日子非同寻常,一场世界大战似乎已经开始"。当时,美国陆军将多兵少,人浮于事。马歇尔发现,军中大量的高级将官和校官惰性十足,不思进取,早已成为无用之才。

在马歇尔看来,打造更加现代化的军事力量的主要障碍就是军中没有淘汰机制(elimination process)。那些到时没有获得晋升的军官继续留在原来的衔级,造成了军事体制中的晋升缓慢现象。陆军积累了一大批已年过60的上校。这些校官中的许多人要么掌管晋升委员会,要么就培养了一批同他们一样充满悲观情绪的年轻军官。

马歇尔曾经告诉弗里斯特·伯格(其主要战后传记作者)说,军官在其职业生涯的某些特定时期会发生巨大的改变。在四十六七岁时,军官作为领导者的一些性格特征会明显地发生一些微妙的变化。在50岁出头的时候,变化会更加频繁,到了60岁,变化已经非常频繁。到了65岁的法定退休年龄,仍旧可用的高级军官已经寥寥无几。简而言之,随着年龄较大的高级

---

① Kingseed C. Cole. 2009. Marshall's Men. *Army Magazine*, December, 51 - 59.

军官不断老去，我们将“越来越难找到能够继承这些高级军官的指挥、控制、组织及管理能力的人才”。

马歇尔认为，陆军最需要的是年富力强、能够忍受长期艰苦的野外作战的指挥官。根据自己1918年在法国作战的经验，马歇尔指出：“野战环境中的领导力在很大程度上取决于人的双腿、肚皮和神经系统，以及可以在战场上忍受艰难困苦和缺睡少眠的能力，并且在这种困苦环境中依然能够以充沛的精力和积极进取的精神指挥若定，挥斥方遒。”他还说，“只有具备积极的领导力再加上强健的体魄，一个人才能在这种环境中发挥作用。”

最终在作战部长亨利·史汀生的全力支持下，马歇尔参谋长发挥了积极作用，推动国会立法成立一个军官委员会来淘汰那些不再适合留在部队的人，并授权作战部长执行委员会的建议。由此，马歇尔得以将大量的他认为已经“虽在现役，实已退休”的军官列入退休名单。也是同一份议案使马歇尔能够推荐擢升一些年富力强的军官，如德怀特·艾森豪威尔（艾克），马克·克拉克及乔治·巴顿等，其职位远在许多军衔比他们高很多的人之上。

解决了人员保留问题，马歇尔下一步是要寻找最优秀的军官来指挥将要参战的师、集团军及部队单位。马歇尔在自己的办公桌上保留着一个人员名单，包括他认识的或别人推荐的一些上校、中校及少校军官，这些都是他非常赏识的人。这些名字都写在马歇尔著名的“黑皮笔记本”中，其中还有一些军官是马歇尔决定永不提升的人。在这个笔记本里记着几乎所有将要参战的军团及部队指挥官的名字。

马歇尔非常倚重自己的经验，尤其是他在佐治亚州本宁堡步兵学校担任助理校长的五年经历。做助理校长期间，马歇尔主管学术部。200多名将要参加二战的未来将官那时都还是学员或者教员。

在本宁堡期间主管战术系的是一名“老中国通”约瑟夫·史迪威（绰号酸乔Vinegar Joe，义为尖酸刻薄）。马歇尔坚信史迪威是这项工作的合适人选，所以就将战术系主任的位置空着直到史迪威来到步兵总部。史迪威完全改革了战术训导方法；从此以后，在马歇尔眼里，史迪威是不会犯什么错误的。史迪威是一个偏见极深的领导，他很聪明但难以相处。后来史迪威负责指挥中缅印战区的美军，他的最大问题就是毫无策略。二战期间驻中国时，史迪威经常称蒋介石为“花生米（小人物）”，不过他向马歇尔声称自己只是对私人参谋不甚谨慎。他受到马歇尔参谋长的批评，因为他发现自己并没能阻止参谋人员揭露他对其他人的粗暴无礼。史迪威最终被解除了中缅印战区的司令职务，这更多的是由于政治原因，而非军事失败。但他毕竟是一个战士，所以后来在原美军第10军司令员西蒙·玻利瓦尔·巴克纳中将在日本冲绳战死后，马歇尔任命史迪威继任美军第10军司令员。

马歇尔选择莫里森·斯泰尔中校领导二系（后勤、物资供应、训练及信号通信）。对于兵器系，马歇尔选择了奥马尔·布拉德利少校。后来，布拉德利成为西点同班同学中第一位升至陆军准将的人。马歇尔任命他的另一个在华期间的朋友弗莱斯特·哈丁少校担任四系主任（负责历史及出版事宜）。

马歇尔后来承认他本来也想让艾森豪威尔在本宁堡作教官。马歇尔初次见到艾克是在约翰·潘兴将军的办公室外面，当时艾森豪威尔被派协助潘兴处理战争纪念委员会事宜。哈丁和斯泰尔注定要成为二战中的少将。关于史迪威、布拉德利和艾森豪威尔的军人生涯，这里不再赘述。

战前引起马歇尔关注的另外两个军官是乔治·巴顿和特里·艾伦。一战时马歇尔就认识他们两人。实际上，这两个人都没有达到马歇尔心目中高级指挥官的正常标准，但是马歇尔参谋长决定特事特办。据伯格援引马歇尔的原话，马歇尔强烈地感受到“巴顿对暴力的热爱，玩世不恭和粗野下流，华而不实，骄傲自大等特点都是为将的严重缺陷”。不过，马歇尔从巴顿“年少轻狂”的背后看到了“一个职业军人的才干，加之以多年的训练，所造就的一个战争天才，在战场上，他能够激励人们突破自己都不敢相信的极限”。在二战中，马歇尔及其门生艾森豪威尔曾不止一次地将巴顿从他自私自大所造成的后果中挽救出来。

同巴顿一样，马歇尔也很喜欢艾伦，他未来将担当马歇尔一战时的第1步兵师师长。艾伦是本宁堡期间马歇尔手下的教官之一，是一个天生的战士，这一特点使他在战场上必不可少，也使他在平时交不到几个朋友。不幸的是，艾伦在“执行纪律和团队合作”方面表现出“不足”，巴顿应布拉德利的要求解除了艾伦在西西里司令职务，之后艾伦回到美国，被安排了另一个师级司令职务。

二战时期在参谋长秘书处工作的其他几个马歇尔门生包括布拉德利，克拉克，马修·李奇微，麦克斯韦·泰勒，劳顿·柯林斯以及沃尔特·比德尔·史密斯等。所有这些人都注定要在战争中担任高级指挥和参谋职位。的确如此，马歇尔曾经4次推迟将布拉德利提升为集团军司令，直到布拉德利将28师整顿完毕，完成这项任务之后，马歇尔将他派到北非战区，与他的同班同学艾森豪威尔会合，他到达该战区后不久，艾森豪威尔让他统领第2军，而巴顿则负责为进入西西里制订作战计划。

在名字进入马歇尔的黑皮笔记本的军官中，艾森豪威尔是占据最显要位置的“马氏门生”。多年来，马歇尔一直在收集有关艾克的信息。一战时统领潘兴的作战师的福克斯·康纳少将对艾克评价很高。潘兴也是一样。伯格提到，另外一个马歇尔的战争密友，驻马尼拉的本·卡菲少校1939年从菲律宾给当时的代理参谋长马歇尔的信中写道，“大家所熟知的‘艾克’，艾森豪威尔步兵中校是(道格拉斯·麦克阿瑟)使团中非常聪明的一员，他的仕途肯定会‘一帆风顺’，否则就算我看走眼了”。所以马歇尔能在珍珠港事件发生后不久就将艾森豪威尔召回华盛顿任用，也就不足为奇了。

艾森豪威尔1941年12月去作战计划处报到时发现，在作战部跟随马歇尔工作并非轻而易举之事。艾克很快就明白，根本不要指望得到马歇尔的大力褒奖。艾克在日记中写道,你所能得到的最高表扬就是“到目前为止,你做得还算不赖”。不过,由于艾森豪威尔工作实在是太出色了,作为奖励,马歇尔安排他承担更重要的工作。

即使进入马歇尔黑皮本的军官也并不能保证万无一失。马歇尔说,“我要让他们经受我所能想到的和平时期最严厉的考验。我会把他们放到比其现任职位更大的职责岗位上去。然后不事先通知再突然调换岗位,调到更繁重、更困难的工作岗位。……那些能够经受得住严厉考验的人得到提升;那些达不到要求的人在最初表现出退缩情绪时就被清除出局”。

相对于每一个达到马歇尔严苛标准的军官而言,更多的人则是半途而废。要了解原因,只需回顾一下作战部长史汀生对马歇尔的个人评价便可知一二。1942 年 1 月 31 日,史汀生告诉马歇尔,说他发现公众人物可分为两大类:“第一类人主要关注的是自己在现任工作岗位上能做些什么;第二类人则主要关注现任工作岗位能为自己谋到什么利益”。马歇尔“排在第一类人之首位。……您是我所知道的最具无私精神的官员”。

因此,那些热衷于谋求个人前途的军官在马歇尔辖下的陆军中自然是没有地位的。就拿修·德拉姆中将来说,他曾是跟马歇尔竞争参谋长职位的主要对手。起初,史汀生提议由德拉姆率领“中国使团”,但德拉姆却宣称不愿在一个地处遥远、与世隔绝的落后战区苦熬时光。马歇尔知道他的意向后大光其火,他用明确的语言毫不含糊地告诉德拉姆,在当前的危机中,每一个军人都应义无反顾,而不应该汲汲于个人的得失。

德拉姆一离开办公室,马歇尔就跟作战部长商讨,认为不宜考虑让德拉姆参加“中国使团”(此后的二战中德拉姆也没有再被派往战场)。最后,马歇尔提名史迪威统帅“中国使团”,史迪威接受了这项任命。虽然不是特别情愿,史迪威还是回答道,“被派往哪里,我就去哪里”。这正是陆军参谋长所期待的无私精神。

就连马歇尔的老朋友巴顿也发现自己跟参谋长的密切关系也不过如此。马歇尔跟伯格回忆道,巴顿的一个上校曾经写文章“严厉抨击作战部,而这些批评完全没有道理”。马歇尔知道这是巴顿授意让他这样做的。后来,马歇尔视察前线时,巴顿请求他提升这位上校,被马歇尔拒绝了。

在吃饭的时候巴顿又极力央求,马歇尔告诉他:“此时不宜谈论这个话题。这是社交场合，不是公务会议。我现在是以参谋长的身份与巴顿将军谈话，而不是跟我的朋友巴顿将军谈话。是你鼓励那位上校攻击作战部的，是你毁了他。我不会提升他的。不要再跟我提起这件事。”巴顿只好知趣地放弃了。

巴顿并不是唯一一个与马歇尔偶尔产生矛盾的高级指挥官。麦克阿瑟就是一个特殊的例子。麦克阿瑟做过5年的陆军参谋长，他始终认为马歇尔及其副官艾森豪威尔在1942年初阻挠破坏了他的菲律宾司令部，因为他们没有向巴丹遭受围困的士兵紧急提供物资和增援。实际上马歇尔已竭尽所能想解救这支忍饥挨饿的部队，但考虑到战争最初几个月陆军吃紧的后勤供给，这几乎成为不可能完成的任务。后来还是马歇尔写信推荐授予麦克阿瑟荣誉勋章。

作战部参谋机构的人往往不愿跟战场上的高级军官硬碰硬，但只要将事情交到马歇尔参谋长那里问题通常就解决了。马歇尔会给一些高级军官写信，明确自己的意向，告诉他们这是他本人最后一次介入此事。

一个很好的例子就是第6军的司令沃尔特·克鲁格中将。在马歇尔任参谋长时，克鲁格是二战中所有前线高级将领中唯一一位担任军级指挥官的人。马歇尔回忆道，克鲁格常常表现得“很难对付，除非自己的要求得到满足”。克鲁格不想接受任何的国民警卫队士兵。马歇尔告诉他说，他必须得承担自己的份额，这是最终决定。事后马歇尔指示把所有涉及此事的信件毁掉。

同对麦克阿瑟的态度相比而言，马歇尔对待艾森豪威尔的欧洲战区要求几乎如同慈父对爱子一般。1944年初，马歇尔告诉新上任的盟军最高司令艾森豪威尔，“你列出了自己最后的要求，目前在我看来，这些要求是可以接受的”。不过，马歇尔的支持是有底线的。对于将要进入法国的作战，艾克要求配备所有在北非和西西里战功卓著的指挥官。他特别需要曾在西西里指挥第3步兵师的小卢西恩·特拉斯科特少将。马歇尔表明了自己的底线，他告诉艾克地中海战区也需要经验丰富的指挥官。结果他满足了艾森豪威尔的大部分而不是全部要求。

马歇尔一手淘汰了许多高级军官，所以难免招致许多批评和诋毁。特别是那些被列在退休名单上的军官批评之声尤高。历史学家埃里克·拉腊比注意到，跟这些军官同样不满的是他们的夫人们，这些军官往往跟马歇尔有多年的交情，但马歇尔拒绝提升或把他们安排在指挥岗位。其中一位军官夫人写信给伯格说，"（马歇尔）曾经是我们的好朋友，可是他毁了我的丈夫"。其他人批评马歇尔编织了一张老朋友关系网，只有那些在本宁堡时期获得他青睐的人才有机会指挥作战部队。还有些人指责他强行让"陆军中的头脑"退休，过于倚重年轻军官。

伯格写道，还有些人指责马歇尔"并不总是能挑中优秀人才，他往往很快形成印象，迅速做出判断，有时会犯严重错误"。例证之一就是詹姆斯·范弗里特上校，他是艾克和布拉德利西点时的同班同学。范弗里特是一个优秀的军官，但马歇尔推迟了他的晋升，因为他把范弗里特跟另外一位名字听起来很相似、但不是很出色的军官搞混了。事情搞清楚后，范弗里特得到了很快的提升。当然这只不过是一个例外。马歇尔调兵遣将时正确的时候远比错误的时候要多。

马歇尔曾经承认，自己所犯的最严重的错误是驻非美军的调动。经过事后反思，马歇尔感到本来应该把动员营调到该国的北部，但他却错误地将他们调动到南部，在那里部队遇到了"完全不可控制的"偏见。这种偏见"极大地刺伤了来自北部的黑人，他们不习惯南部的那种种族隔离现象，特别是在小城镇"。这是马歇尔的少数判断失误之一。

马歇尔习惯于让历史来说话，所以他一直不愿对自己一手提拔的作战指挥官做出评价。他告诉伯格说，"我不会这样做的，我想如果任何此类评价不管以任何方式被写进这本书（伯格的四卷本《马歇尔传记》），那都会成为大家关注的焦点，成为所有激烈争论的焦点，而本书中本应受关注的重要内容反而会被人们忽视。我想这并不公平，因为相关人员根本没有机会来回应这些评价"。

总而言之，马歇尔掌管常规陆军军官的晋升和退休造就了一大批指挥及参谋军官，这些人统帅美国陆军赢得了历史上最具破坏性的战争。这一批人作为一个整体构成了美国历史上最骁勇善战的团队。马歇尔对于美国陆军的现代化所做出的贡献无人可及。

在欧洲战争结束前夕，艾森豪威尔通过电报向马歇尔汇报，“我想您真应该尽早地来这里看看，我们正在实施大反攻。您将会为您所打造的这只军队而自豪。您会为整支部队的‘老兵’素质而感到震撼。您可以清楚地看到您过去五年工作所结出的累累硕果”。艾森豪威尔，这位马歇尔最得力的下属，可谓一语中的。

第二次世界大战中的艾森豪威尔①

德怀特·戴维·艾森豪威尔(Dwight D. Eisenhower，昵称“艾克”)生于1890年10月14日。虽然早在1915年就从西点军校毕业，但在1942年之前，他只获得过一次时间不到一年的指挥权。直到1942年12月，作为盟军总司令到突尼斯前线视察，他还从未听到过战斗的枪声。

指挥“火炬”行动

1942年11月8日，艾克指挥了盟军在战争中的第一次进攻——“火炬”行动。这是一次极为复杂的行动。英国和美国的陆海空三军，未经宣战便从相距很远的卡萨布兰卡、阿尔及尔和奥兰，向中立的法国殖民军实施进攻。没有人知道法国军队会如何行动，但艾克希望通过外交而不是武力去说服法国人，使他们加入盟军而不是抵抗。在艾克的第一次作战或指挥经历中，他所面对的问题极其严重。他的参谋们比艾森豪威尔还要紧张，并仰仗他的领导。而领导是他一直研究了数十年的一个科目。在他看来，领导并不是一门艺术，而是一种需要学习的技能。艾克曾经对在西点军校上学的儿子约翰这样写道：“一个人的领导能力是可以通过刻苦的思考和实践而

① Stephen E. June, 1990. Ambrose, Eisenhower's Generalship, US Army War College. *Parameters*, 90-98.

开发出来的一种品质。”

在此次事件中，艾克不仅仅运用了他的领导能力，而且还从中获得了许多新的经验和教训。后来他在回忆录手稿的序言中写道，正是在直布罗陀的“那段令人焦虑的时间里”，“我第一次意识到无情的、不可抗拒的紧张和焦虑是如何消磨着领导人的忍耐力、判断力和自信心的”。由于参谋人员的职责会使他们不断地向指挥官提供可能出现的最坏结果，这种压力就变得更加沉重。艾克意识到，在这种情况下，指挥官“必须使自己和他的指挥部保持乐观的情绪。在指挥部中，如果缺乏信心、激情和乐观，是不可能取得胜利的”。

艾克还意识到，“乐观与悲观的情绪是极具传染性的，而且这些情绪自上而下的传播比向任何其他方向的传播都要快”。他注意到指挥官保持乐观和充满希望的态度具有两个额外的优点。第一，这种习惯有助于降低个体自身泄气的可能性。第二，它会“对他周围所有的人产生极其重大的影响。有了这种认识之后，我明确地决定，在公共场合中，我的言谈举止都要反映出必胜的信念，我的任何悲观、泄气的情绪都要留在我的枕头上。通过实际考虑，我采取了一种最大限度地运用于整个部队的办法。在与从将军到士兵的每一个人接触时，我都尽量面带微笑，拍一下他的后背，并对他们的问题明显地表现出兴趣”。

最初，艾克看起来更像是一位出色的外交官，而不是一位出色的军人。他与驻非洲的法军总司令让·达尔朗海军上将达成的协议，迅速让法国人停止了抵抗。尽管这个协议因达尔朗的法西斯政治背景而遭到了严厉批评，但它却使艾森豪威尔可以调遣自己的部队，向东进攻驻突尼斯的德军。然而，艾克在政治上敢于承担风险的果断和坚强的意志与他在军事上的优柔寡断和谨慎形成了鲜明的对比。他未能使部队振作起来，德军巩固了在突尼斯的支撑点，最终这次战役以双方陷入僵局收场。2 月，陆军元帅欧文·隆美尔在卡塞林隘道实施反攻，那里的美军由于未得到上级支援而遭到耻辱的失败。艾克后来认识到，这次失利的原因主要是由于他心慈手软未能坚决地撤换掉不称职的指挥官，尤其是美国第 2 军指挥官劳埃德·弗雷登道尔。

然而，艾克从这次失败中汲取了教训。他向美国陆军参谋长乔治·马歇尔汇报说，卡塞林的失利其实是塞翁失马，因祸得福，因为美军从这次经历中获益颇多。他报告说："现在部队已被激怒，并做好了战斗准备，从上到下所有人都已经了解到战争并不是小孩子的游戏，都乐意并渴望认真着手准备了。"艾克把巴顿从卡萨布兰卡调过来负责突尼斯的指挥，并嘱咐他，"你必须片刻都不能把任何一个你已经对其工作能力产生怀疑的人留在担负责任的岗位上。这件事情往往要比你所要做的任何其他事情都需要更大的勇气，但是我希望你对此能够做到完全冷静而不感情用事。"在写给一个当时正在苏格兰训练步兵师的老朋友伦纳德·杰罗的信件中，艾克更加详细地阐述了这个主题，他写道："必须无情地免去不合格的军官。友情、家庭、善良、良好的品格都与此毫不相干，你必须无比坚定、毫不妥协。"他告诉杰罗一定要处理掉"懒散、怠情、平庸或自满的人"。

1943 年这一年，从地图上看盟军取得了辉煌的胜利。在艾克指挥下，盟军攻占了摩洛哥、阿尔及尔、突尼斯、西西里岛以及意大利南部。然而，这些在战略上却并没有多少实际意义，德国没有丧失任何对其防御至关重要的领土，也没有被迫减少部署在法国或苏联方向的部队。从整体上看，艾克在 1942 年 11 月至 1943 年 12 月的这几次战役应该被判定为战略上的失败。

这绝不完全是艾克的过错。1942 年夏天，他曾经警告过他政治上的上司，如果他们为了选择进攻北非的"火炬"行动而拒绝原计划进攻法国的"围捕"行动将会造成何种后果。尽管如此，有些过错确实要算到艾克的头上，他发起这次战役时过分谨慎。在政治方面，这次战役使法国和苏联对美英产生了极大的不信任。法国希望盟军在法国西北部开辟第二战场，而苏联却对盟军处理达尔朗的政策产生了深深的怀疑。总之，这次战役以巨大的外交灾难为代价换取的军事上的回报却极其有限。

在艾克的第一次战斗经历中，他对自己还没有信心，优柔寡断，经常感到沮丧，性情急躁，会依据不充分的情报草率地做出判断，他的心境和战术都是防御性的。但是，他已经了解到在部下面前始终保持乐观有多么重要，在战斗中谨慎的代价有多大，以及在危难关头他可以依靠谁。

"霸王行动"的辉煌

艾克在诺曼底登陆战役中所发挥的作用是如此著名，以至于自始至终，这次行动都刻有他个人的印记。他是这一历史上规模最大的进攻行动的准备、计划、训练、欺骗、组织和实施过程中的中心人物。艾克不顾空军司令特拉福德·利·马洛里在最后一刻向他作出的分析和预测结论，即第 82 和第 101 空降师有可能遭受 70%的伤亡而不能完成原定任务，毅然下令让美国空降兵按原定计划执行任务。艾克独立权衡作为不利气象条件的所有因素、考虑所有选择方案的利弊、听取高级下属的意见，并作出决定。

在 D 日开始的战役中，艾克所面临的最大难题，有时似乎更多的是英国陆军元帅蒙哥马利，而不是德国人。1944 年，在 6 月和 7 月份的大部分时间里，蒙哥马利在进攻卡昂之前的犹豫激怒了艾克的参谋人员和战场上的美国将军们。那年秋天，当蒙哥马利既未能占领安特卫普港，也未能率领他的部队抵达阿纳姆时，他们的愤怒与日俱增。蒙哥马利随后提出要由他担任唯一的地面作战指挥官（这意味着要让他成为布雷德利的上级来负责指挥美军的作战），而且还要求将到达的所有补给全部提供给英国第 21 集团军群，以便让他们独自进攻柏林。与此同时，巴顿也提出要艾克命令蒙哥马利停在原地，把所有的物资提供给美国第 3 集团军，并授权第 3 集团军由阿登高地南部独自向柏林发起进攻。

艾克坚持采用所谓的“宽正面”战略，即让英军和美军同时从阿登高地的南部和北部并肩推进。布雷德利、蒙哥马利和巴顿对此都感到非常愤怒，每位将军都指责艾克是一个和事佬，是一个害怕做出困难决定的指挥官；每一位都指责艾克，似乎总是同意最后一个与他会面的人的意见并接受其计划，只是当他与下一个人会面时又会改变他的意见。然而，艾克在指挥权和单一方向进攻这两个主要问题上从来没有让步，在 1944 年的 8 月和 12 月没有，在问题比较突出的 1945 年 1 月和 4 月也没有。

艾克的理由是多方面的。他对德军的士气和地理的分析发挥了重要作用。甚至在盟军穿过德国“齐格菲防线”后，在他们和德国心脏地区之间仍然存在着莱茵河这重要障碍。从单一方向实施进攻，尤其是越过莱茵河以后，侧翼会遭到敌人的反击。艾克认为这种反击的强度足以切断补给线，然后将先头部队消灭。盟军的港口吞吐能力有限，不能给越过莱茵河的部队提供充足的给养。前进的部队从诺曼底港口每离开一英里都会使这一问题变得更加严重。参战的一位高级工程师指出，“如果巴顿在 9 月份就已经跨过莱茵河，那么他将得不到任何后勤保障和空中支援。在他们到达卡塞尔之前，由希特勒青年团组成的一支精干的反坦克特遣队就能将他们彻底消灭”。蒙哥马利的第21集团军群的参谋长弗里迪·德吉刚指出，如果他们到达了莱茵河，那么就必须以减少其他给养为代价把筑桥材料送往前线。像艾克一样，德吉刚也对德国人的士气已经瓦解的说法持怀疑态度，他预计敌人将会苦战到底。德吉刚写道：“因此，我的结论是，艾森豪威尔是正确的。”

在艾克所作出的决定中，个性特点和政治因素发挥了明显作用。巴顿要拉向一个方向，蒙哥马利则要拉向另一个方向。他们每个人都坚持己见，每个人都确信自己是军事天才，每个人都习惯于自行其是。在他们背后是过分敬仰他们的公众，这些公众使巴顿和蒙哥马利成了他们各自国家军事天才的象征。在艾克看来，将这种荣誉给了这一个或者那一个，都将造成严重的后果。这种后果并非仅仅是指他们身后国家的媒体和公众愤怒的咆哮，而真正的问题是盟军的组织本身。艾克担心盟军组织会在由此产生的骚乱中遭到破坏。当蒙哥马利和巴顿因如此执着于各自的计划而发生争执时他们并不了解艾克所承受的压力。

在这种情况下，艾克的主要的缺点不是他在“宽正面”问题上摇摆不定，而是他太渴望自己被人喜欢，太想让每一个人都高兴。正因为这些性格特点，使他至少在形成口头一致意见的情况下才会结束会面。

然而，因渴望被人喜欢而不得不付出的真正代价，并非来自于蒙哥马利和巴顿对他的敌意。恰恰相反，它来自于战场上。为了满足蒙哥马利和巴顿的要求，艾克给了他们战术上如此之大的自主权，以至于到了允许他们自行选择目标的程度。结果就造成了战争中的一次重大失误——未能快速占领安特卫普并打开安特卫普的通路，而占领安特卫普是盟军所拥有的在1944年结束战争的唯一一次真正的机会。而要为这次失误负直接责任和最终责任的人都是艾克。

经过1944年的11月并进入12月以后，艾克的所有部队全部越过了现在从瑞士边境延伸到北海的整个战线，并继续对德军实施猛攻。12月6日，德军在阿登高地发起了一次完全出人意料、令人震惊的猛烈反攻。德军设法获得了8∶1的步兵数量优势和4∶1的坦克数量优势。接下来发生的“突出部战役”是美军所实施的规模最大的一次战役，损失也最大，在一个月之内就有 4 万余人的伤亡。

艾克承担了这次遭受突然袭击的责任，而他这样做是对的，因为他未能正确判断敌人的意图。他未能预见到希特勒会孤注一掷，而且因为艾克是坚持主张实施总攻的人，所以他要为在阿登高地美军战线上出现的漏洞负责。

尽管艾克有这些失误，但他是第一个充分认识到这次攻击重要性的人(布雷德利认为这只是破坏性攻击而没有把它当回事，而艾克却坚持认为这是一次真正的反攻)。艾克是第一个能够重新调整自己思想的人，并且也是第一个意识到，虽然盟军遭受这一突然袭击最初的损失是极其惨痛的，但由于希特勒将他的部队从齐格菲防线的掩体中调了出来，这实际上是给了盟军一个重大机会。12 月 17 日早晨，仅仅在德军发起进攻几个小时之后，艾克就给美国陆军部写道："如果情况进展顺利，我们不仅将制止敌人的进攻，而且还将从中获益。"

正是艾克把巴斯托涅确定为关键点，并坚持要求守住这个比利时城镇。也正是艾克完全不顾巴顿最初的请求，命令第 3 集团军停止向东进攻而改为向北进攻，以解救在巴斯托涅被围的第 101 空降师。正是艾克决定在阿登高地发起一次以消灭德国的装甲部队为目的而不只是以阻止他们为目的的反攻。事实证明他所做出的所有这些决定都是正确的。

1945 年 1 月和 2 月，艾克坚持要在全线实施进攻，他想在莱茵河以西尽可能多地消灭德军。蒙哥马利和巴顿都强烈要求让另一个人停在原地，并让自己单独推进，但艾克拒绝了。艾克正确地判断出在莱茵河以西歼灭德军比在莱茵河以东消灭德军要容易得多。

3 月份，盟军取得了一个重大的突破，完好无损地占领了雷玛根的鲁登道夫大桥。原计划本来是要盟军在雷玛根的北部和南部横渡莱茵河的。但此时艾克当立断，决定让美国第 1 集团军从雷玛根的中部渡河。他的这一决定是可行的，因为他的部队全都分布在莱茵河沿线，并且已经靠近莱茵河，这就给了他极大的灵活性。结果证明这是一个正确的决定——美军通过大桥并迅速向北包围了德军。几周之内，盟军便占领了整个德国。

历史贡献与领导特征

如何评价艾克在二战中所取得的成就和所遭受的磨难，他对战争的最终胜利所作的贡献，以及他在军事历史上的地位？

对于艾克的成功，除了艾克本人之外，功劳最大的那个人是乔治·马歇尔，他在给艾克最后一封战时信件所写的回信中，代表美国及其盟国以及美军写道："你以战争史上最伟大的胜利完成了你的使命""你极其出色和成功地指挥了一支历史上从未有过的最强大的军队。你遇到并成功解决了伴随着各种各样空前复杂的国家利益和国际政治问题而来的一切能够想象到的难题。"马歇尔说，艾克克服了难以想象的后勤困难和军事障碍。"你自3年前到达英国以来所做的这一切都表明你的行为是无私的，你的判断总是明智而宽容的，你在军事决策中的勇气和睿智是完全令人钦佩的""你已经创造了历史，创造了人类美好的伟大历史，你代表着我们对于一位美国军官所希望和赞扬的一切。这就是我对你的赞扬以及我个人对你的感谢。"这是来自最佳渠道的最高褒奖。他当之无愧。

艾克赢得这样的荣誉，靠的是他在时间、精力、情感方面的无私奉献，当然，甚至更多的还是靠他的头脑、天赋和领导能力。作为领导者，艾克有一个特点是关注细节，而且他凭直觉就知道需要关注哪一个细节。例如，他对D日的气象所作出的判断结论就不能说是纯粹的瞎碰运气。在7月6日之前的一个月，他每天都在已经排得满满的时间表中挤出15分钟的时间与气象预报员空军上校斯塔格在一起。艾克会听取斯塔格对后几天的天气预测，随后询问他作出这种判断的根据。艾克想了解斯塔格的水平到底如何，这样到需要的时候就能作出自己的评价。

作为一名军人，艾克的主要特点是灵活性。他经常说，在战斗准备的过程中，计划是非常重要的，但一旦战斗打响，计划就没用了。最能说明他的这一特点的例子莫过于他对占领雷玛根大桥的反应。

艾克在透过前线而洞察到敌人意图方面的能力是非常出众的。正如12月17日只有他一个人认识到德国人会在阿登高地发起反攻而不仅仅是一次反击一样，在1944年9月，也只有他一个人认为德国人会疯狂地战斗到打光最后一颗子弹。

在地中海战役的时候，他的指挥还是极度谨慎的，但到了西北欧战役的时候，他表现出了敢于冒险的魄力和决断力。最好的例子是，当面对空军总司令特拉福德·利·马洛里措辞强烈地提出要取消空降行动的建议时，他仍然做出要让第82和第101空降师在D日那天实施空降的决定。从后来空降部队对D日作战的成功所作出的不可或缺的贡献来看，仅仅因那一个决定就能使艾克赢得他的声誉。

艾克在欧洲战役中也存在一些失误，但比在地中海战役时要少。而且，有些失误的发生，是为了更重要的目标所致，如维持美国与其盟国英国的统一战线的团结。艾克对蒙哥马利作出的让步，造成了盟军在1944年6月中旬未能占领卡昂，造成了在8月中旬未能全歼法莱斯德军，12月中旬未能攻克安特卫普。在1945年1月初，因为蒙哥马利未能在突出部战役中包围德军，结果致使盟军伤亡惨重，那是美军在战争中所遭受的最大损失。

对艾克的批评者来说，艾克最大的失误是他未能占领柏林。从更大范围上来说，1945年他对美苏关系的未来抱有如此的热情和希望，那肯定是不合适的。他本应该认识到勉强的同盟国之间产生分裂是一个难以克服的大问题。

但是，作为战略家，一个指挥员的最重要的本领，是他的正确决策远比错误多得多。艾克把进攻目标选定在诺曼底是正确的，他选择布雷德利而不是巴顿作为第1集团军的指挥官是正确的，他坚持使用轰炸机来轰炸法国的铁路系统是正确的，他坚持采用“宽正面”战略进攻德国是正确的，他把战场上因德军反攻而出现的德军“突出部”看成机会而非灾难是正确的，另外他在莱茵河以西进行的主要作战也是正确的。艾克在这些重大决策上全都是正确的。

艾森豪威尔的成长经历[①]

作为总统和将军的艾森豪威尔，他的人生经历是众所周知的。而较少为人所知的是在他还是年轻军官的时候，曾被指派做些不太体面的工作。

---

① Carroll, C. Robert. Jan-Feb, 2009. The Making of a Leader: Dwight D. Eisenhower. *Military Review*, 79－87.

在很多人看来，这些岗位可能会毁掉他的职业生涯，但是后来却使他受益匪浅。

本文考察了艾克的职业成长经历，分析了他曲折的成长道路。写作视角是领导者的成功之道，尤其是美国陆军领导的成功之道。我坚信：领导者是造就出来的，而非天生如此。进一步而言，艾森豪威尔的人生经历向我们昭示：伟大的领导者不仅仅是被造就出来的，也是他们自己主动努力而来的。本文讲述了艾克是如何在整个职业生涯中获取专业知识，培养领导能力的。

1890—1911 年：早期(20 岁前)

艾森豪威尔 1890 年 10 月 14 日出生在得克萨斯州的丹尼森。母亲将他前两个名字颠倒过来，改为德怀特・戴维，从此，他便延用了这种称呼方式。几年后，全家搬到堪萨斯州的阿贝利娜。受父母的影响，艾森豪威尔成了门诺派和上帝耶和华的信徒。对于这个爱好和平、笃信宗教的家庭而言，送七子中的一个去参军是非同寻常和极其困难的。

上学时，艾森豪威尔数学和英语都非常出色，但他对历史尤其感兴趣，他在家里学习历史。他母亲有一家相当规模的图书馆，但被锁了起来，艾克找到了钥匙。他对古代史情有独钟。研究迦太基人和罗马人之间的迦太基战争，这或许对他在二战中北非作战和意大利战役有所帮助。他崇拜的英雄是著名的用大象穿越阿尔卑斯山的汉尼拔，后来他在二战时也用自己的方式穿越了阿尔卑斯山。他手枪打得很好，拳击也不差，还是一个棒球和足球运动明星。换言之，他是块适合西点军校的优秀材料。

1911—1915 年：西点军校学员(20—24 岁)

艾森豪威尔能进入陆军，完全是由于一次偶然的机会。他最好的朋友斯维德・赫茨里特说服他报考军校。当时只需要参加一次入学考试就能够进入美国军事学院或者海军学院。斯维德去了安纳波利斯(海军军事学院)，艾克则进了西点军校。艾克一直跟斯维德保持亲密的友谊关系，在整个职业生涯都相互保持通信。后来艾森豪威尔以总统的身份参加了海军退役上校斯维德的葬礼，这也说明了艾克是如何发展和保持终生友情的。

在西点军校，艾克是一个顽强的橄榄球运动员，在球场上司职中卫和后卫，他的持球触地得分被当时的《纽约先驱报》形容为让人“叹为观止”。在大学二年级时参加了 1912 年美国全国大学生橄榄球锦标赛，在宾夕法尼亚州的卡莱尔，艾克顽强地阻挡传奇运动员吉姆·索普。但不幸的是后来他的膝盖受伤，不得不在两年内离开了橄榄球队，甚至差点无法继续在军中服役。他在学校是一个出色的拳击手，而且还担任学校团旗的护卫官。艾克的笔头也相当不错。他在一年级英语考试中取得了第 10 名的好成绩。24 岁军校毕业时，其学业成绩排名第 61 位，由于过错处罚最终排在 1915 届 164 名毕业生中的第 125 名。这一届学员将星闪耀，每三名学员中就有一名成为将军。艾克是在 1914 年第一次世界大战爆发后一年毕业的，但是令他懊恼的是，他没有亲自参加战斗。

在年轻时申请进入军校的时候，艾克收到来自美国国会议员办公室一名秘书签名的信件。信封上的签名严重地冒犯了他，使得他以后不容许任何人代他签名。艾克担任美国陆军参谋长的时候，我父亲负责他的来往信件，当时我父亲模仿了他的笔迹，这样使得每天数百封写给艾克的信件在短时间内能够得到处理。

1915—1916 年：少尉（24—25 岁）

在得克萨斯州休斯敦的萨姆堡，艾克除了担任 19 步兵团的一名少尉军官外，还追求并迎娶了他的妻子玛丽。传闻他的扑克打得非常好。他渴望到陆军航空兵部队学飞行，但他的准岳父以“太过危险”为由不予同意（当时的陆军航空兵部队刚刚组建，毫无经验可言）。1937 年在菲律宾期间，艾克学会了飞行驾驶技术并且能够独立飞行。他早期对飞行的兴趣与其后对坦克战的兴趣同样浓厚，飞行和坦克战在当时尚处于初步发展阶段。

从老学员那里传下来的“班尼黑文斯”歌词里唱到“陆军气氛严肃，晋升缓慢”。但在艾克时代情况并非如此。气氛或许很严肃，但晋升却很迅速。他在 1916 年晋升中尉，1917 年晋升上尉，1918 年晋升为少校。有趣的是，西点 1909 届毕业生乔治·巴顿，做了 7 年少尉，此后也在相同年份分别晋升为中尉、上尉及少校。两人都是在1918年晋升为中校的。

1916—1917年：中尉(25—26岁)

艾克提出申请随“黑杰克”潘兴将军的远征军去墨西哥，但是没有得到批准。艾克的参战要求被拒绝，这并不是最后一次。他担任伊力诺依州第7步兵团监察长时，其帐篷营地就位于靠近休斯敦萨姆堡的威尔逊营地，这段时间成为艾克直接观察国民警卫队能力和局限性的一个独特机会。在团长的授意下，年轻的中尉艾森豪威尔开始全面负责整个团的训练和管理工作。后来，他担任休斯敦萨姆堡的宪兵司令负责军法实施的主管军官，这样就有机会了解军纪事务。之后艾克又担任了驻扎在威尔逊军营新成立的第57步兵团的军需官。第57步兵团从一开始只有数名军官、没有装备、帐篷、兵营，后来迅速扩展为装备齐全、员额3000人的部队，正如尤利西斯·格兰特在美墨战争中担任军需官一样，作为一名初级军官的艾克学到了非常宝贵的后勤经验。

1917—1918年：上尉(26—27岁)

艾克创立了一个培训项目，培训在佐治亚州奥格尔索普堡的后备步兵军官，后来又到堪萨斯州莱文诺斯堡培训新晋升的中尉军官。虽然这些都不是在法国的战壕里进行的战斗任务，但是却使他不仅具备了年轻军官所必需的基本的领导特质，也使他了解了如何教育这些军官。尽管他为战争做了巨大的贡献，还是感到错过了造就职业生涯最伟大的事件。作为上尉的艾森豪威尔在一战期间多次要求参战，但他实际上却为此受到了指责。

1918年：少校(27岁)

艾克任职于驻扎在马里兰州米迪军营的第65工兵团，成为其下属新组建的第301重型坦克营的一员。这是他第一次深入了解坦克。后来上级命令他去美国内战的著名战场——宾夕法尼亚州盖茨堡建立柯尔特兵营。在他的指导下，柯尔特兵营从无到有，最后成长为能容纳1万名坦克兵训练的营地。当时在美国坦克兵还是一个新的兵种。我们能够想象，他在这里的经验将在后来的进攻日前(在大不列颠建立部队转场集结地)派上了用场的。

1918—1920 年：中校(27—29 岁)

1918 年 10 月 14 日，艾克在柯尔特军营被晋升为中校(当天正是他 28 周岁的生日，他离开西点军校仅仅 3 年)，他被派到欧洲战场担任坦克兵指挥官。但是不到一个月后的停战终结了他的部署计划。

艾克虽然有次小规模的损失，但是这却让他尝到了损失整个部队的痛苦滋味。他将部队移师至新泽西州的葛底斯堡，80%的士兵离开了部队，他带着留下的部队乘火车去了佐治亚州的本宁堡。这段经历使他在二次大战后受益匪浅。作为陆军参谋长的艾克后来预见到部队的更大规模的损失。

就总的健康状况而言，艾克在学校是一个出色的运动员，在休斯敦的萨姆堡是一个强壮的年轻军官，他在与别人打赌爬旗杆的比赛中只用双手爬就赢得比赛。而且他在巴拿马的比赛中展现了出色的骑术。从一些照片中我们可以看出即使在晚年他的身材保持得依然很好，虽然他抽烟不少，尤其是在战争期间。他听取了丘吉尔的建议，用绘画来放松自己，后来他又喜欢上了打高尔夫。

1919 年，艾克有了一个不平常的机会：担任跨大陆运输护卫队的观察员。第一天，他们在大约 7 小时内只走了 47 英里(约 75.6 千米)，出了三次故障。整个横跨美国大陆的艰苦跋涉耗时数月，平均每小时不到 6 英里(约 9.6 千米)。这次宝贵的演习经历锻炼了艾克处理协调二战军队的行进和供给活动的重大任务的能力。这可能使得艾克认识到国家的高速公路急需得到改善。毋庸置疑，州际高速公路的发展是与艾森豪威尔的名字联系在一起的。

后来艾克同乔治·巴顿上校一起在米迪营地服役，巴顿 1909 年毕业于西点军校，比他早 5 年毕业(如果加上他在弗吉尼亚军校的那年，巴顿实际上花了 6 年才得到任命)。巴顿曾经在 1912 年的奥运会的五项全能项目上得到第五的名次，并且是个战斗英雄。艾克尊敬巴顿及其在装甲部队的战斗经验。巴顿家和艾森豪威尔家是邻居，他们成了好朋友，彼此都很欣赏对方的军事和历史知识。

在米迪军营时，艾森豪威尔中校指挥重装(马克第 8)坦克旅，而巴顿上校指挥轻坦克旅(雷诺)。二人热衷于研究机械化战争的有效机制，将部队的两辆不同型号的坦克全部拆散。他们一起试验坦克，并就如何使用取得了新的认识。不同于美军作战部的传统思维，他们认识到用坦克迅速突破的价值，而不是仅仅以步行速度来支援步兵。尽管他们在当时并不知道这一些，但这段和平时期的任职经历使他们都对装甲战有了深刻了解。后来装甲战在北非和欧洲战场大显神威，也使两人的友谊贯穿战争始终。在某些观点上的分歧也未影响这种友谊。

1920年：降为少校（30岁）

1920年，坦克军团被裁减，6月30日，艾克和巴顿都被降为上尉，但不久又被迅速提升为少校。巴顿是在1920年7月1日，艾克是在7月2日。巴顿后来在少校的位置上干了14年，艾克是16年。可悲的是，在米迪军营期间，由于猩红热，艾森豪威尔夫妇失去了他们的第一个儿子杜德（伊克）·德怀特。孩子走的时候，艾克只能在走廊上通过隔离病房的窗户注视着他。这幕惨剧一直困扰着艾克直到他去世。

还在米迪军营的时候，巴顿和艾克与福克斯·康纳准将待了一天的时间，讨论关于坦克和装甲作战的一些观点。康纳在一战期间担任潘兴的作战参谋，并且被视为军中智囊，同时他也是一位博学之士。他们一直谈至深夜，康纳将大部分问题针对艾克提出，因为他觉得艾克比巴顿更富有见地。

1922—1925年：依然是少校（31—34岁）

康纳于1922年通过老上级约翰·潘兴将军（时任陆军参谋长）的私人关系，把艾克调到驻扎在巴拿马盖拉德军营的第20步兵旅，担任自己的值勤官。除了作为巴顿的候补者，艾克直到来到运河区之后，才受益于导师。在巴拿马，他了解了他的导师。后来，在职业生涯中，艾克又陆续得益于像潘兴、克鲁格、马歇尔以及丘吉尔等人。但康纳是他第一个也是最好的导师。

三年多的时间里，康纳为艾克制订了精读计划，包括世界上最伟大的思想家如柏拉图、尼采和沙士比亚的作品。艾克还阅读了所有伟大的军事家的著作，特别是格兰特的《回忆录》和克劳塞维茨的《战争论》（读了3遍）。康纳用苏格拉底的方法论培养艾克对哲学、历史及战略战术的理解。康纳也向艾克灌输这样的思想，那就是《凡尔赛条约》的签订使得另一场战争不可避免，未来的这场战争将是结盟式，而且美国在战争中将扮演更重要的角色。所以，艾克并没有把时间消磨在享受巴拿马宜人的热带气候以及玩牌和打马球上，他利用这段时间所获得的知识相当于大学战略学的高级学位水平，并预见到了大约20年后将要发生的事件。

艾森豪威尔夫妇的第二个孩子出生在巴拿马。约翰·谢尔顿·杜德后来毕业于西点军校，他毕业的那天正是其父亲指挥部队跨过英吉利海峡之日。由于难以忍受炎热、蚊虫及蝙蝠的袭扰，妻子马丽带着还在怀里的约翰暂时离开了她的军人学者丈夫，回到她在丹佛的娘家。

1925—1927年：依然是少校（34—36岁）

在导师康纳的帮助下，艾克经受住了在职业生涯的这段时期巨大的政治磨难。作为一名步兵军官，他既没有被选送到位于佐治亚州的本宁堡步兵学校，也没有让他去位于堪萨斯州莱汶沃斯堡的指挥参谋学校，而是事与愿违，再次被调回米迪。为了帮助他克服这种被怠慢的情绪，康纳临时把艾克从步兵调到科罗拉多州的洛根堡军团副官处，负责招募新兵工作。当时这份工作很不受欢迎，但是这儿离岳父母家很近，对他的婚姻十分有益。现在艾克成为美国陆军集团军副官处一员，在康纳的引荐下，美国陆军副官处处长利用部门的名额送他到指挥参谋学校学习。

步校校长私下告诉艾克，因为没有在本宁堡的培训经历，艾克资历不够，所以在莱文沃斯也不会取得好成绩。但康纳给艾克打气，认为他会有出色表现。在1926年毕业的这期学员中，艾克名列第一，而他的学友雷奥纳德·杰罗（后来在作战计划部成为艾克的上司）是第二名。当艾克提出申请担任大家竞相谋求的指挥参谋学校教职时，校长没有同意。相反，他再次把艾克分到本宁堡去当步兵，去辅导足球并指挥一个步兵营，这对一个指挥参谋学校毕业的高才生来讲或许并不是最好的分配，他早在8年前就曾指挥过一个坦克营。

1927—1929年：还是少校（36—38岁）

福克斯·康纳再一次介入艾克的职业生涯，把他分配到美国驻法国的战争纪念委员会工作。虽然从表面上看这份工作好像对其良好的职业生涯有所偏离，但是，委员会主席是刚退役的陆军上将约翰·潘兴。这份工作可以让艾克与家人一起在法国居住，并有机会实地勘察一战的各个战场，亲身了解他当年错过的那场战争，并获得了他即将投入的另一场战争的宝贵见解。

在法国除了编写美军在法国战场指南外，艾克还是潘兴的讲稿撰写人，并协助潘兴写回忆录，潘兴是出了名的难以伺候的上司，然而，他却给了艾克少有的表扬。潘兴的回忆录《我在世界大战中的经历》一书后来在1932年获普利策历史创作奖。

艾森豪威尔少校给潘兴留下了极好的印象，潘兴甚至允许他放下纪念委员会的工作，到久负盛名的陆军战争学院学习。陆军战争学院坐落于华盛顿特区。

这次外出学习最大的收获也许是遇到了时为中校的约翰·马歇尔，并给他留下了极好的印象。马歇尔在一战中曾是潘兴手下的一个策划者，作战部长的副官，也是纪念委员会中举足轻重的顾问。他具有组织天才，后来在三年时间里使陆军人数翻了40倍。他独具慧眼，善识人才，就是他将使艾克位居将星之列。

第一次世界大战时，马歇尔上校是康纳准将的计划官，而那时康纳则是美国欧洲远征军总司令潘兴将军的作战部部长(G3)。这三个杰出人物在许多方面影响着艾克。不久，艾克还将遇到另一位杰出人物，道格拉斯·麦克阿瑟，一个功勋卓著的战争英雄(曾获得过2枚服役优异十字勋章，7枚银星勋章，1枚服役优异勋章和2枚紫心勋章)。

在潘兴、康纳、马歇尔及麦克阿瑟等人之间的有趣关系充分说明了美国陆军内部的政治事务。1930年，退休陆军上将潘兴推荐康纳少将出任美陆军参谋长，但最终更为年轻的麦克阿瑟获得了任命。实际上麦克阿瑟与马歇尔是同龄人，麦克阿瑟比马歇尔大11个月，马歇尔(毕业于弗吉尼亚军事学院)任职比麦克阿瑟(毕业于西点军校)任职刚好早16个月。1930年，新提拔的麦克阿瑟戴上了四星(上校)，而马歇尔还戴着银色橄榄枝的中校牌子。1933年，马歇尔终于晋升为上校，尽管有潘兴将军的推荐，麦克阿瑟拒绝提升他为准将。在麦克阿瑟异常漫长的陆军参谋长任期(5年)结束一年之后，马歇尔最终于1936年晋升为准将。康纳1938年以少将军衔退休。一年以后，马歇尔由准将跃升至中将，任美陆军参谋长。5 年以后，即 1944 年 12 月，时任美陆军参谋长的马歇尔晋升五星上将（当时马歇尔是麦克阿瑟和艾森豪威尔的上级），准确地讲，他比麦克阿瑟提早 2 天晋升上将，比艾克提早了 4 天。

马歇尔的确是一个独具慧眼的伯乐。他在路易斯安纳演习期间遇到了我的父亲（时为上尉）。1944 年 12 月，尽管父亲的师长强烈反对，陆军参谋长马歇尔还是要求卡罗尔中校回国到五角大楼任作战简述官。父亲在国外（冰岛、英格兰、法国）驻扎三年半之后，将获得连续在三位具有历史性影响的陆军参谋长身边工作的难得的机会，他们是马歇尔、艾森豪威尔和布雷德利。

1929—1933 年：少校（38—42 岁）

艾森豪威尔返回美国时正赶上大萧条时期，他到战争部助理秘书处当值勤官，其间他完成了一份探讨美国制造业转为军工生产的准备状态的研究。后来，他成为陆军参谋长麦克阿瑟的助手，在大萧条时期麦克阿瑟与其他人不同，他对工业很感兴趣。艾克为麦克阿瑟写了一份关于美国工业战时动员的综合报告，几年后，这份报告成为罗斯福总统发展“民主的兵工厂”的主要蓝本。这又是一项看上去偏离其正常职业的任务，但却为这位未来将军以后的行动打下了极好的铺垫，即把计划中登陆法国的行动延迟，以便使美国能生产出足够的枪支弹药、坦克、飞机、登陆舰、靴子以及重要给养。

艾克继续为麦克阿瑟效力，撰写有关机械化、战争动员以及发展空中力量等方面的国会报告。艾克甚至还陪同上司（身扎武装带，穿着马裤、皮靴）率领着 600 名步兵以及巴顿迈尔堡的骑兵分队，穿越位于华盛顿特区的安那克罗斯地亚河，去驱散“波纳斯兵团”的约 2 万名老兵。

1935 年，麦克阿瑟离开华盛顿特区到英联邦的菲律宾任首席军事顾问时，他把艾克带去了。艾森豪威尔少校在任职岗位上没有任何选择的余地，但是妻子马丽有选择，她一年后才搬到了菲律宾。

1936—1939 年：终于晋升中校（45—48 岁）

1936 年，艾克晋升中校后，被授予很大的权力帮助菲律宾人准备迎接一场进攻，而这场战争很快在1941年爆发了。在菲律宾马尼拉的4年里，艾克的工作带有军事和外交的双重性质，他得到了菲律宾总统奎松的尊敬和景仰，在未来岁月中，他也同样获得了其他各国元首的尊敬和景仰。

在与麦克阿瑟长达7年的密切接触中，艾克从这位杰出的政治家、敏锐的思想家与雄辩的“美国恺撒”处获得了宝贵的经验，使之能有效应对重大问题、远距离后勤补给以及各种自以为是者，所有这些对于他将来要承担的职位而言是必不可少的。

1939—1940年：中校并晋升上校（48—49岁）

1939年晚期，艾克返回美国，帮助协调一系列大规模部队调动，到加利佛尼亚西海岸的奥德堡对最新组建的部队以及国民警卫队搞训练演习。后来，他作为第15步兵团执行官前往华盛顿的刘易斯堡，在那他还指挥一个营。艾克将取得丰功伟绩，虽然他并没有指挥过超过营级以上单位，指挥过的部队中也没有人参加过战斗。除了自己的性格和能力外，艾克其他的一些部队经历也很大程度上弥补了以上被许多人所诟病的缺陷。数年后，艾克以当选总统的身份视察了驻扎在韩国的第15步兵团。

他的成长过程贯穿着一系列耀眼的任职，所有任职都是参谋长，这岗位是专为上级制订计划，协调人事、情报、作战以及后勤等工作。作为中校，他是第三步兵师的首任参谋长，后又任新组建的第9军参谋长，这两个任职都在刘易斯堡。1940年，艾森豪威尔请求让他的好友巴顿准将到这个部队新组建的坦克部队任职，但陆军参谋长马歇尔没有批准。

作为新晋升的上校，艾克到山姆赫尔斯顿堡沃尔特·克鲁格中将手下任第三集团军任参谋长。克鲁格行伍出身，以前是个列兵，后来升为中将。1941年夏，在路易斯安那演习中，第3集团军决定性地打败了第2集团军。这是一次由马歇尔创意，深受公众注目的训练演习，艾克为克鲁格拟订的作战计划受到称赞。

1941年—1942年：准将（50—51岁）

艾克的一连串参谋长工作为其以后在北非和欧洲熟悉大规模部队的角色和作用打下良好的基础。1941年9月29日，他获得第一颗将星，晋升准将。早在7个月前，他的密友，西点1915届的奥马尔·布雷德利已经晋升为准将。马歇尔把布雷德利从中校提升至准将，一纸调令把他从战争部调到本宁堡去组建军官预备学校。

珍珠港事件后5天，作战部参谋秘书沃尔特·白戴尔·史密斯上校（后来他成为艾克整个战争期间的参谋长）电告在圣·安东尼奥的艾克，说马歇尔令他马上返回华盛顿特区。

艾克从马歇尔那受领的第一项任务是起草一份太平洋战略计划书。几小时后，艾克带着一份简明纲要返回驻地。他认为，在太平洋舰队暂时瘫痪之际，美国不可能再沿用传统的联络补给线为菲律宾战区实施充足的给养。因此，美国必须在澳大利亚建立基地，用来保护那些新的联络线，从那里，美国可以通过空运、潜艇尽可能长期地为美菲部队提供补给。当然，要是日本人发动大规模进攻的话，没有驻军能够守住，但我们有义务尽一切可能尽力而为。艾森豪威尔指出，"失败可以原谅，但抛弃不可原谅"。马歇尔同意了他的计划，告诉他可以按计划实施。接下来的6个月里，艾克在制定计划和战略方面表现出色：计划实施从由负责太平洋防务的副司令、战争计划处（雷纳德·格鲁负责）到该处的处长，一直到主管作战的参谋长。艾克为马歇尔潜心制定了全方位的战略计划，包括情报、特种作战、后勤补给、战时动员和资金筹措等。他学会深入问题的各种细节，这一经验对于后来为准备发动进攻日（D-day）而言是非常重要的。他常到白宫去汇报情况，从来没想过10年后他会以不同的身份重返白宫。马歇尔让艾克起草一份为总统和参联会准备的联合战略备忘录提纲。艾克起草的文章虽然没什么新颖之处，但其条理清晰，逻辑严密，成为在欧洲作战的蓝本。1950年，艾克出任首位欧洲盟军总司令时，他把我父亲从指挥参谋学校调到他身边，随他一起去巴黎。我父亲在麦克奈尔堡的国家战争学院工作时，艾克让他去了一趟韩国（1952年12月），从韩国回来后，就和他一起到了白宫（1953年1月）。按马歇尔的指示，艾克视察了驻扎在英国的美军部队。回来后，呈交了一份部队不合格的报告。马歇尔要求他拟一份给欧洲战场总司令的指令，在将指令递给马歇尔时，艾克请这位陆军参谋长仔细地看一看，因为这将成为战争的指令。马歇尔确实认真地看了。三天后，德怀特·艾森豪威尔少将接替了詹姆斯·切尼少将的位置。

1942年：少将(51岁)

1942年6月25日，艾克离开五角大楼投入到了持久的战争。马歇尔力排众议(很多人认为他缺乏指挥经验)，开启了其门生的职业生涯。此后，艾克的功绩不计其数，仅仅通过罗列任职时间便可以很好地展示他的晋升历程：上校6个月，准将5个月，少将4个月，中将7个月。当然，这在战争年代是可以理解的，不过从中校到中将仅用了23个月的时间，也不能不说是一种非同寻常的成就。对多数人而言，艾克人生中更为人乐道的故事是从这里开始的：在欧洲统领盟军部队取得胜利；出任陆军参谋长；出任哥伦比亚大学校长；首任北大西洋公约组织武装力量最高司令；最后当选为美国总统。最终，他退休后居住于葛底斯堡的一个小农场，这里正是他在1918年建柯尔特军营的地方。1969年3月28日，他在沃尔特里德医院去世，享年78岁。没人会怀疑艾克的气质、性格、洞察力和才能(这些在他的后半生中得到了淋漓尽致的展示)，而这一切在他早年的职业生涯中并非人们学习的楷模。艾克入主白宫沿用了军队司令部的做法，即一个参谋长和参谋秘书。艾克任总统的后期是安德鲁·古德帕斯特上校任国务秘书。后来肯尼迪总统解散了这个机构，这促使艾克把这一做法称之为“有组织的混乱”。

结　语

艾森豪威尔职业生涯的这项案例研究说明了陆军培养领导者的独特方式。今天，陆军还是像20世纪初的做法一样，让军官在全球范围不同的机构内从事多样化的工作，期望他们能够迅速对各种不同的形势作出判断并采取果断行动，与此同时，他们可以获取宝贵的经验，以承担更高级的、要求更为严苛的职位。所以，有些人可能会认为某种职位会使军官偏离其通往成功的职业轨迹，但结果却证明该职位为军官获得担任更高领导职务的独特资格奠定了基础。

陆军正是以这种方式塑造自己的军官，伟大的领导者也正是以这种方式在塑造自己。正如艾克在其自传《稍息》中所言：“每当我坚信上级由于官僚主义而疏忽大意或者死守传统观念，使我注定要承担磨坊式的任务时，我想解决问题的最好方法就是在私下发泄一下后，再安下心来做好手头的工作。”

科林·卢瑟·鲍威尔[①]

科林·卢瑟·鲍威尔(Colin Luther Powell)1937年4月5日出生于美国纽约,父母是牙买加移民,父亲是码头的搬运工,母亲是缝纫工。鲍威尔的大学时代是在纽约市立学院度过的,1958年获地质学学士学位。在校学习期间,他参加了后备军官训练团,毕业后被授予少尉军衔。在完成了步兵军官基础训练后被派往德国,同时晋升为中尉。随后,他先后被派到马萨诸塞州的登文斯堡、肯塔基州的坎贝尔堡、堪萨斯州的莱文沃思堡和科罗拉多州的卡森堡等处任职。

1962至1969年间,鲍威尔先后两次被派到越南参加战争。1969年从越南战场上回国后进入乔治·华盛顿大学,1971年毕业并获商业管理硕士学位。毕业后他被分配到五角大楼助理参谋长帮办办公室任职。1973至1974年任驻韩国美军大队司令。此后历任第101空降师第2旅旅长兼美驻德国陆军第5团团长、美国国防部副部长高级军事助理、国防部长高级军事助理。1987年12月至1989年1月任里根总统的国家安全顾问。

1989年乔治·布什总统任命鲍威尔为参谋长联席会议主席,晋升四星上将。鲍威尔是美国历史上第一位任该职的黑人,也是最年轻的参谋长联席会议主席。任职期间,鲍威尔参与指挥了美军入侵巴拿马、出兵菲律宾和索马里等重大事件。1990年,在鲍威尔的指挥下,美军取得了海湾战争的胜利。由于在海湾战争中的卓越贡献,美国国会授予鲍威尔美国最高荣誉奖——国会荣誉勋章。1993年9月30日鲍威尔退役,随即辞去参谋长联席会议主席的职务。2001年1月至2005年1月任国务卿,是美国历史上第一位黑人国务卿。

科林·鲍威尔的读书天赋并不高,在小学里,有一个阶段他甚至被安排在专为学习困难的学生而办的"慢"班里。但他是个温顺的、听话的好孩子,

① https://en.wikipedia.org/wiki/Colin_Powell.

爱听美妙悦耳的民间音乐或英语诗歌，爱吃香蕉、烤羊肉、大米饭和豌豆。稍大一些，他就利用假期去打工，曾在一家百事可乐厂当过搬运工。后来鲍威尔自己也承认，少年时代他并没有明确的生活目标。

1954 年 2 月，离鲍威尔 17 岁生日还差 2 个月，他从莫里斯中学毕业了。那时，除了在课堂上学到的有限的书本知识和课余打工时学会的某些技巧，他一无所长。不过，在莫里斯中学时，鲍威尔的体育竞赛成绩优异，为此还获得了学校的荣誉。但过了不久，他觉得在范科特兰公园里作越野跑很乏味，就改跑 400 米。再后来，鲍威尔又打过一段时间篮球。那时，圣·玛格丽特圣公会有一个篮球队，因为鲍威尔个子高，跑得快，所以教练给了他一个机会。美中不足的是，鲍威尔大部分时间都是当板凳队员，最终又离开了球场。命运决定鲍威尔与运动员无缘。

他这样有始无终，见异思迁，引起了父母的担心，他们没有明说，但鲍威尔心里有数。不过，他觉得自己确实也有一个突出的方面，他当时是一名优秀的牧师助手，很喜欢在圣·玛格丽特圣公会中承担的宗教责任。这里有组织、等级制度，常举行盛大的庆典。据他后来回忆，这个宗教世界与军队颇有几分相似之处。

按照父母的意愿，鲍威尔像姐姐玛里琳一样向两所大学——纽约市立学院和纽约大学递交了申请，结果两所大学都录取了他。选择哪一所学校，只需简单计算一下就行了。纽约大学是私立大学，一年的学费是 750 美元；纽约市立学院是公立学校，学费只要 10 美元。于是，他进了纽约市立学院。鲍威尔的母亲成了他的咨询顾问，他的两个牙买加堂兄弟当时都在学工程。他母亲说："这个专业能挣钱。"鲍威尔决定在暑假选修一门机械制图课程。

一个炎热的下午，讲师要求他们画一个"在空间与一个平面相交的圆锥体"。别的学生都动手画了起来，只有鲍威尔坐在那里发愣，他无论如何也想象不出一个圆锥体在空间与一个平面相交的情况。鲍威尔心想，如果这就是工程学，那么它也就到此为止了。当他告诉父母自己改变了专业时，他们很失望。在他们的眼里，科林又变成了一个没有方向的坏孩子。

在纽约市立学院的第一个学期中，校园里身穿军装的小伙子吸引了鲍威尔的注意力。他打听了后备军官训练团的情况，接着便参加了训练团。他自己也说不清为什么要这样做，仿佛觉得冥冥之中有一只无形的手，驱使他做出了如是选择。也许这个想法是在第二次世界大战期间萌生，在朝鲜战争期间成熟的。那时候，一户人家的窗户里映出的小旗上如果有一颗蓝色的星星，那就是说这家有人在军队服役；如果那是一颗金星，那就是说有人已经回不来了。这也许是那个时代的流行老调——不管怎样你总会受到征召的，那还不如以一名军官的身份去入伍。

鲍威尔站在操练大厅的队列里，领取发给他的草绿色裤子和上装、棕色衬衫、领带、鞋子、一条有铜扣的皮带和一顶船形帽。他一回到家，就赶忙穿上军装，对着镜子照了又照，自己对镜中的形象十分满意。那时，鲍威尔在凯利大街的朋友没有一个想上大学，他稍稍有一种离群之感，有时觉得孤独。这身军装使他有了一种归属感，一种他从未体验过的感觉。在班上，鲍威尔学数学很吃力，物理也让他头疼，地质学倒是学得挺不错，甚至还很喜欢。鲍威尔所期盼的就是到后备军官训练团或他所从属的军人团体潘兴步枪会。他有生以来第一次成了一个兄弟会中的一员。

纪律、组织、同志间的忠诚和友谊以及归属感，都是鲍威尔的渴求。他几乎是一下子就成了一位领袖。他发现他们这群人当中有一种无私的精神，这使他感觉到了自己家中的那种关心和体贴。在这里，种族、肤色、出生背景和收入都没有任何意义。为了他人和集体，潘兴步枪会会员可以竭尽全力。鲍威尔暗暗在心里对自己说，如果士兵就应该这样，那么就争取去从军！

不久以后，鲍威尔为自己确定了一些目标，他最大的希望是在陆军中干出成绩来。他不想听任导致自我毁灭的狂怒支配自己，无论受到多大的刺激，即使是对当时很棘手的种族主义，他也逐渐找到了在心理上对付它的办法。他认为，如果周围的一些人坚持按照某种愚蠢的观念和习惯来生活，那么自己就应该立刻离开这里。以球场为喻来看人生的战场吧。如果自己被限制在赛场的一端，那只是说明命运为你安排了这个位置，那么就应选择争取成为那一块场地上的一颗明星，不管要付出多大代价，要遇到多少困难，要遭受多少挫折！他不会因为暂时不让他在球场一显身手，就使自己的情绪一蹶不振。鲍威尔认为，他不会让别人对自己的看法变成他对自己的看法。有时，他是受到了伤害，感到愤怒，但更多的时候是感到受到了挑战。鲍威尔要让他们刮目相看。命运为这位未来的美国杰出将领选定了他的人生道路：到军队这个大舞台上去展现自己的才华和智慧，去干一番事业。成功已经在前方遥遥地向他招手了！

几年以后，鲍威尔作为一个年轻的美国陆军军官，和其他许多人一样，来到了越南战场。那一天，刚从直升机上下来，他环顾周围陌生的一切，心里掠过一丝疑虑：我到这里来究竟干什么？容不得他多想，一位南越军官已在向他立正行礼，用还算过得去的英语说："上尉武公效，指挥第2营。"

就在这个前哨基地的后面，耸立着一座山。鲍威尔伸手指向那里，武公效笑着说："老挝。"从这座山上，敌人的石块几乎可以滚落到他们头上。鲍威尔很纳闷，不知为什么要把基地建在这样易受攻击的地方。武公效挺聪明，马上猜出了鲍威尔的心思，解释说："基地设在这里，是为了保护机场。""这里的机场有什么作用？"鲍威尔问。"为基地供应给养。"鲍威尔知道了他们在这里的正式任务：他们要在这里造成一种"存在"。具体地说，就是牵制北越军，不让他们通过阿绍村，到人口稠密的沿海省份从事活动。

有一次在行军途中，他们正在走下一个陡峭的山坡，按照军事顾问的惯例，鲍威尔走在队伍中靠后的位置。他们排的是一列纵队，这意味着敌人只要打倒第一个人，就能阻挡整个队伍。鲍威尔要求武公效将队伍变成3列或4列，但由于树林太密，道路太窄，武公效只得礼貌地对美国人的这点智慧不予理睬。他们刚刚来到一条小河滩上，就听到了几声爆炸声。这是敌人射来的子弹，鲍威尔估计有步枪和冲锋枪。这是他第一次身临战场。他听到头上一声刺耳的声音，人们便开始高声喊叫，一片混乱。鲍威尔努力镇静下来，走向前去，询问发生了什么情况。走到队伍最前面，才知道这是遭到了伏击，几名南越士兵和一个美国兵被打死了。

夜幕降临，这支部队在高地上宿营，鲍威尔感到精疲力竭。一个25岁趾高气扬的美国人的兴奋随着一声枪响立即消失了。今天有人被打死了，明天可能还有人要死，后天也许还是这样。这不是周六下午看的战争影片，而是现实，丑恶的现实。他们几乎每天都要遭到伏击，看到士兵们一个个地死在幽灵般的敌人手里，鲍威尔感到自己要发疯，他惘然不知所措。他在那一天的日记本上写道："八时零五分，遭遇敌人，被击毙三名。"有一天，他们正在沿一条峡谷巡逻。这一次，尖兵班总算在敌人发现他们之前发现了对方，于是他们一阵扫射，打中几个人，其余的人都逃跑了。第一次确凿无疑地打死了敌人，这件事提高了士气。

数字游戏——后来被叫作“数尸体”——此时尚未开始，不过有人已经猜出美国军官想听到什么。他们不断凭着一摊血迹或其他无足轻重的证据向鲍威尔“证明”他们打死了对手。鲍威尔对他们讲，这还不够，他感到自己变成了一场可憎的游戏中的裁判。打死对手，必须以其尸体作证，没有尸体，不足为凭。不久，一名中尉兴冲冲地向鲍威尔报告击毙一人。“带我去看。”鲍威尔说。“太远，太危险。”中尉回答说，鲍威尔重申了上述规定。半小时后，这个中尉回来了，递给鲍威尔一块包着的手帕。鲍威尔打开一看，竟是一对新割下来的耳朵。当天晚上，鲍威尔召集连长和军官们开会。需要有更明确的规定，击毙一人，需看一具整尸，不要肢体，不要耳朵。

当鲍威尔离开阿绍村时，他看待这场战争的视角已经改变。新的看法使他感到不自在。他的任务之一是向一位师情报官员提供数据，这位官员则设法预报何时最有可能发动迫击炮攻击。情报官员在一扇写着“禁止入内”字样的绿门后面作着“回归分析”。鲍威尔的数据可以进入这扇门里，但他本人却不行。一天，这位军官终于露面了。他报告说，有较大的把握估计有几段时间敌人可能加强迫击炮的火力。什么时候？没有月亮的时候。这简直叫鲍威尔不知说什么好！这家伙经过几个星期的数据分析才知道的东西，任何一个越南士兵5秒钟就能把它说清楚：黑暗中更危险。

鲍威尔在贝良基地时，罗伯特·麦克纳马拉国防部长曾对越作过一次访问。他在经过48小时的访问之后就断言：“每一个量的尺度都在说明我们将赢得这场战争。”然而，鲍威尔在阿绍村经历的一切，没有一件能显示他们正在打击对手，他甚至不知道对手人在哪里。这场战争有其超越东西方冲突的民族主义、反殖民主义和国内斗争的历史根源。美国的高级军官知道这场战争打得很糟，但他们却屈从于小集团的压力，继续维持虚假的一套，虚报尸体数目，对安全村抱着自我安慰性的错觉以及夸大战绩。作为一个协同的整体，军方没有对它的政治主管说老实话。军事领导层从未对国防部长和总统说：“照这种做法，这场战争打不赢。”

鲍威尔记得，1968—1969年他第二次在越南服役期间，有一个士兵踩上了地雷。他的一条腿用破布条吊着，胸膛上也挂了花。大家把他架上直升机，送往德普的一家医院。他还是一个孩子，鲍威尔永远不会忘记他脸上的表情，那是各种表情的混合：恐惧、好奇、惊讶，最明显的是困惑。他想说话，但说不出来，他的眼睛充满了疑惑。鲍威尔没有答案，无论是那时，还是后来。还没有到达德普，那个年轻士兵就死了，死在鲍威尔的怀里。

科林·鲍威尔在越南战场上一共得了11枚勋章。回国以后，鲍威尔是幸运的，他的军事生涯一帆风顺。但越南的经历使他牢牢吸取了教训：首先是使用军事力量应服从于政治目标的正确选择，那样才能不犯或少犯错误；其次是在战略上须有正确的选择，应保证美国军人的生命尽量少受损失，这既是道义和责任所在，也是保持士气和国内舆论支持的基石。

科林·鲍威尔在担任军队的高级将领时，像一个斤斤计较的外交家那样行事，有时甚至干脆把演习地图剪开并加以修改。他严谨的工作态度在同僚中博得了一致好评。

他对苏联的"威胁"采取强硬的态度和立场，这使他在里根的亲信中出类拔萃。于是，这位有色人种的移民进入了白宫，并巧妙地为里根向布什的过渡进行斡旋。在被任命为参谋长联席会议主席和四星上将后，他说了一句极有挑战性的平常话："我没玩桥牌、高尔夫球或网球，是在军队中一级级提上来的。"

1990年8月2日，科威特。坦克的隆隆声突然划破了宁静的夜空，伊拉克总统萨达姆的十几万大军向小小的富裕邻国发动了突然袭击，迅即占领了科威特全境。科威特王室的大部分成员仓皇逃往沙特阿拉伯首都利雅得。严重的态势震惊了整个世界。

8月3日，华盛顿白宫。美国总统布什召开了国家安全委员会会议。国务卿詹姆斯·艾迪生·贝克、国防部长理查德·布鲁斯·切尼、参谋长联席会议主席科林·鲍威尔、国家安全委员会主任布伦特·斯考克罗夫特等人参加了会议。

鲍威尔首先提出了政治上的问题。他说，我们是否有义务保卫沙特阿拉伯的安全。布什总统深知鲍威尔的原则——这位20世纪80年代崛起的美国名将历来认为"没有合理的政治目标，就不能合法地使用军事力量"。总统立即明确而坚定地回答说："我们与沙特阿拉伯订有条约，我们有义务……"至于是否应该动用军队去解放科威特，那就有待于联合国去讨论了。

接着，鲍威尔就军事部署发表了他的看法。鲍威尔向总统指出："应尽早将美国国旗插在沙特的沙漠上，但这样做的风险极大，如果伊拉克发动攻击，我们的部队极易受损。假如您最终决定动用部队的话，总统先生，那就必须采取尽可能大规模的行动，给予决定性的打击。选准靶子，确定目标，然后设法压垮它。"

这就是后来在海湾战争中使美国能以极小的伤亡代价换得了对萨达姆的辉煌军事胜利的重要指导原则——"强化选择战略"。

如果没有海湾战争，也就没有科林·鲍威尔，这就是命运。驻海湾地区美军司令诺曼·施瓦茨科普夫将军后来回忆说，"强化选择战略"是鲍威尔提出并极力贯彻的。这种战略思想正符合这位杰出的黑人战将一贯的思维准则，如果谁有机会走进当时的美国参谋长联席会议主席的办公室，就可以看到屋内醒目的地方挂着一帧白色字幅，题为"科林·鲍威尔的准则"，上书12条格言，其中一条是："选择时慎重，你便能获得。"

鲍威尔选择这样的战略显然是建立在知己知彼的基础上的。他深知萨达姆并不是那种西方舆论所谓的"战争狂人"，这位伊拉克的最高统治者实际上不想同美国全面开战。问题在于萨达姆心存侥幸：美国政府是否真下决心卷入海湾地区的军事冲突？美国人民愿意看到自己的军人为科威特这个小国流血牺牲吗？

鲍威尔当然也知道，战争如果进入持久阶段，美国军人的生命代价必然是昂贵的，而这会对美国民众的心理及国会的议员们产生深刻的影响，因此，他很快主持制定了"90—1002 作战计划"。这个计划规定要部署陆、海、空三军共 25 万人。鲍威尔认为，集结的兵力越多，优势越明显，战争的胜利就会来得越快，越彻底。

紧接着，五角大楼的战争机器便全面启动，鲍威尔接连发出了多道命令。美国本土、欧洲、中东、远东地区的美军基地都迅速行动起来，一架架战斗机、轰炸机、运输机呼啸着冲上蓝天，一艘艘航空母舰、战列舰、驱逐舰劈波斩浪，驶向海湾……一个名为"沙漠盾牌"的在沙特阿拉伯大规模集结美国军事力量的行动计划很快付诸实施。

接下来的几个月中，全世界的目光都在注视着海湾危机的发展和变化。外交努力和军事准备同步进行。联合国安理会通过了有关决议，要求伊拉克军队立即撤出科威特，并赋予以美国为首的多国部队在必要时采取一切手段把伊拉克军队赶出科威特的权力。

1991 年 1 月 17 日凌晨，在美国总统老布什的授意下，“沙漠风暴”行动开始实施，海湾战争正式爆发。一批批美国轰炸机在战斗机的护航下，从沙特阿拉伯的机场及停泊在海湾中的多艘航空母舰上起飞，对伊拉克的机场、导弹发射架、装甲部队集结地及各类军事设施进行了反复、猛烈的轰炸。巴格达的夜空中火光冲天，震耳欲聋的爆炸声彻夜不息。伊拉克的空军力量不久就被摧毁，防空火力包括苏制的导弹在强大的美国空军力量面前显得招架乏力，尤其是美国采用了以电子干扰为主的多种高科技手段，在战场上明显占了上风。正如鲍威尔事后所说，这次在伊拉克夜空中发生的一阵接一阵的爆炸声，已开始了战争的一个新纪元，人们称之为“高科技战争”。“沙漠风暴”开始后不久，也许是得到了命运的启示，鲍威尔就对同僚及记者预言：这场战争将在 3 月 1 日结束。后来的事实再一次证明了这位四星上将在政治及军事上高度的洞察力和反应、判断能力。

2 月 24 日，号称为“沙漠军刀”的多国地面部队开始进攻。使全世界军事专家和记者都略感意外的是，伊拉克所谓的精锐力量——共和国卫队并没有组织起强有力的阻击。人们纷纷猜测：是美军的连续空袭起了作用呢，还是萨达姆不想把自己的“老本”一下子拼光？总之，多国地面部队进展顺利。事实上，这正是鲍威尔“强化选择战略”所希望达到的目标。

2 月 27 日，鲍威尔向布什汇报：“到今天晚上，科威特战场上将不再有敌人存在了。”布什与鲍威尔及其他人紧急磋商后，很快决定将于 2 月 28 日上午停火。尽管当时战场上的军事指挥希望越过伊科边界对萨达姆的武装力量进行毁灭性的打击，但是鲍威尔对布什说：“总统先生，我们不该让人们认为我们是为了杀戮而杀戮，我们的胜利已经是明摆着的事实，正确的选择应该是立即停火……”布什同意这个观点，鲍威尔打电话将布什的停火决定通知施瓦茨科普夫。战争结束了。科威特解放了，萨达姆被迫接受了这一失败的局面，命运把胜利的旗帜交给了美国。科林·鲍威尔作为海湾战争的英雄，在美国及西方世界赢得了空前的声望。

硝烟甫定，鲍威尔就向新闻界解释了他对战争结局的选择。他说：“不错，逃出科威特的共和国卫队和坦克是比我们预料得多；不错，我们本来可以打死、打伤或俘获落在那个陷阱里的所有伊拉克士兵。但是，这并不能改变萨达姆今后的行为，有2000万人口的伊拉克对只有150万人口的科威特总是一个威胁，不管有没有萨达姆，也不管有没有共和国卫队。科威特的防卫有赖于它同那个地区的友邦和美国的安全安排。这就是战略现实。另一个现实是，我们在战场上与伊拉克军队交了锋，实现了联合国的目标，将它的有生力量消灭了一大半。有人还会提出，在我们把萨达姆打得节节败退时为什么没有穷追不舍，直捣巴格达？有一点往往受到忽略：当美国节节胜利时，我们是在领导着一个执行联合国明确规定的使命的国际联盟。这个使命已经完成，当然，我们希望看到萨达姆由于给他的人民造成的死亡和国家受到破坏而被本国人民推翻。遗憾的是，这没有发生。"在海湾战争中，147名美国人献出了生命，另有236人死于事故或其他原因。从军事统计的角度讲伤亡不算大，但对每一个不幸的家庭来说都是一个悲剧。""能够聊以自慰的是，我不必同更多的父母说：'我很难过，你们的儿子在围攻巴格达时失去了生命。'在总统何时做出停火决定这个问题上，我起到了应起的作用，我自豪而无愧地履行了自己的职责。"

诺曼·施瓦茨科普夫①

诺曼·施瓦茨科普夫（Norman Schwarzkopf Jr.，1934年—2012年），美国陆军上将，中央司令部司令，海湾战争多国部队总司令。

1934年8月22日，施瓦茨科普夫出生于美国新泽西州特伦顿市。父亲是陆军准将。1946—1951年随父至国外旅行，后进纽约州美国西点军校学习，1956年毕业。毕业后曾在第101师任少尉排长，后调柏林旅并晋升中尉。1964年施瓦茨科普夫获洛杉矶南加利福尼亚大学导弹工程学硕士学位。1965年，他以少校任南越空降部队顾问，1970年自越南战场归国后进入五角大楼工作。

---

① https://en.wikipedia.org/wiki/Norman_Schwarzkopf_Jr.

1976年，施瓦茨科普夫出任美军第9步兵师第1旅旅长，1978年调任美军太平洋司令部计划部副部长。此间，他参与了陆海空三军联合指挥部的工作。1980年，施瓦茨科普夫晋升为将军，赴欧洲美军第8机械步兵师任副师长。1982年任驻佐治亚州第24机械化步兵师师长。1983年，施瓦茨科普夫任美军入侵格林纳达军事行动联合特遣部队副总司令，奇袭格林纳达成功后，晋升为陆军作战副参谋长帮办。1986年，他任驻华盛顿美军第1军军长，并晋升为中将，1987年任美军陆军作战副参谋长。

1988年11月，施瓦茨科普夫晋升四星上将，任美国中央司令部总司令。这期间他对地区性冲突、中低强度作战、沙漠作战和特种部队作战进行了研究。施瓦茨科普夫一直关注着海湾局势，他组织了专门班子，对中东和海湾地区的情况跟踪研究，并多次组织部队进行沙漠和海外作战训练演习。

1990年8月2日，海湾战争爆发，施瓦茨科普夫很快就制定出了遏制伊拉克进入沙特阿拉伯的“90—1002”作战计划。他认为，伊拉克的实力在于规模庞大的地面部队和化学武器，而海空力量均不成威胁。装备精良、拥有制海、制空及制电磁权的美军，可以首先通过空中、海上的强大火力摧毁伊拉克的防御体系。施瓦茨科普夫任美军海湾部队总司令、多国部队总司令后，仅用3个月时间即将包括海、陆、空在内，装备有现代高科技兵器的50余万大军有条不紊地部署在海湾地区。

在五个半月的紧张军事对峙和外交较量后，多国部队于1991年1月17日发起代号为“沙漠风暴”的作战行动，对伊拉克实施大规模空袭。当时联合国通过了允许1月15日之后对伊拉克动武的决议。从海、空同时发动空袭所要求的气象条件考虑，“无月之夜”和“涨潮之夜”最为有利，而在1月15日以后可供选择的只有三段时间：1月17—20日，2月16—18日，3月17—19日。一般人认为，第一段时间太仓促，第三阶段时间又正值穆斯林斋月期间，以后天气转热，风沙增多，只有第二段时间最理想。然而，施瓦茨科普夫却选择了1月17日，完全出乎伊军的意料。因此，当以美军为首的多国部队发动空袭时，巴格达市仍灯火通明，40分钟后才实行灯火管制。伊军的飞机尚未起飞，便被炸毁在机场；伊军的地空导弹也没有发挥作用，只有一些高炮和高射机枪实施了对空射击。这次空袭使伊拉克遭受重大损失。多国部队对伊军的地面作战，也只用了几天时间。一开始，施瓦茨科普夫有意造成从其左翼直接进入科威特的声势，而指挥部队则从右翼攻击，包围了在科威特的伊军。

在施瓦茨科普夫的组织指挥下，经过 1 个多月的战略轰炸和 100 个小时的地面进攻作战，多国部队以极小的代价，歼灭伊军数十个师，将伊军赶出科威特，使美国获得了第二次世界大战后第一场大规模局部战争的胜利。

海湾战争中，多国部队参加作战行动的军兵种之多，武器装备现代化程度之高，组织协同之复杂，均创造了第二次世界大战以来之最。仅美军参加空袭的机种就有 30 多个。施瓦茨科普夫对如此错综复杂的军事行动，实施了成功的组织指挥，开创了高技术条件下指挥多国部队协同作战之先河。

第六章

大国竞争时代美军战略领导力新动向

21世纪的战争与冲突影响深远且瞬息万变。为保持竞争优势，为国家可能面临的新兴战争方式做好充足准备，必须改变指挥官的培养模式。……如果不大幅提高联合作战人员建构、设计和实施战略的认知能力，以在全球范围内整合国家力量，就无法在未来战争中打败竞争对手。

——美参联会《职业军事教育和人才管理构想与指南》(2020年)

提要：本章概述大国竞争时代美军军官战略领导力新动向。美军认为，要打赢大国战争，适应未来战争形态变化，必须首先确立人的智力优势，要在思维上超越对手，具备智胜对手的能力。大国智战驱动军官培训体系变革，更加聚焦军官认知能力提升，强化战略思维培养。力图通过战略塑造，拓展美国竞争空间，实施政治战攻势，打赢认知空间的博弈。

当今世界正处于百年未有之大变局中，国际体系和国际秩序正经历新一轮深度调整，全球性社会、政治、安全等方面的矛盾和问题日益突显。全球地缘政治博弈加剧、安全风险不断上升，全球化和多边主义遭遇挑战，保守的民粹主义、单边主义正在兴起。在“美国优先”思想的主导下，美国对新兴大国实行全面战略围堵，不仅仅是经济上的贸易战，而且在政治、军事、外交、科技、意识形态等多领域有计划、有步骤地实施遏制和打击。2019年6月1日，美国防部发布《印太战略报告》，报告一开篇就强调“美国国家安全战略的基本关注，是国家间的战略竞争”。[①] 这是继美国 2018 年初推出的《国防战略报告》中将国防战略“从反恐转向大国竞争”的继续。在这一背景之下，美军战略领导力培育适应美国新的战略调整，其培训和教育也必然发生深刻变化。

第一节　大国竞争与战略领导

美军认为，要打赢大国战争，适应未来战争形态变化，必须首先确立人的智力优势，要在思维上超越对手，具备智胜对手的能力。近几年美军开始推动人力资源管理创新和人才培训体系改革调整，意图与对手打一场大国智战。如美国 2018 年度《国防战略》报告就指出：“为了在新的安全环境中取得成功，国防部和联合部队必须在思想、策略、选择合作伙伴和创新等方面比那些流氓政权、恐怖分子和其他威胁行为者更胜一筹。”[②]人才培养是打造更具杀伤力部队的重要组成部分，是形成军事竞争优势的重要赋能因素。美国国防部认为，为实现其战略目标，必须集聚各方力量重振军事职业教育，强调“知识领导力”和“自主行动”的重要性，认为未来真正需要的是具有复杂概念技能和判断力的联合专业人员[③]。美军还认为，智能化时代，人比硬件更重要，应加大人力资本投入[④]。为做好军事智力战备，赢得“认知之战、思想之战、理解之战和信息之战”[⑤]，美军先后出台海军部《文职人力资本战略》《2020 年海上力量教育战略》、参联会《军事职业教育和人才管理构想

---

① The US Department of Defense. June 1, 2019. *Indo-Pacific Strategy Report: Preparedness, Partnerships, and Promoting a Networked Region.*

② Summary of the 2018. 2018. *National Defense Strategy of the United States of America: Sharpening the American Military's Competitive Edge.* Washington, DC: Department of Defense, 5.

③ Summary of the 2018. 2018. *National Defense Strategy of the United States of America: Sharpening the American Military's Competitive Edge.* Washington, DC: Department of Defense, 8.

④ DOD Must Invest in People Amid AI Advances. 2020－12－15. https://www.ausa.org/news/dod-must-invest-people-amid-ai-advances.

⑤ Bennie J. Davis III, Managing the Future Talent. 2020－03－09. *Airman Magazine.*

与指南》《军官军事职业教育政策》(2020 版)等重要文件[①],持续推进人才管理创新和军事职业教育改革。

一、聚焦军官认知能力提升

21 世纪,多数西方国家军队的规模将小于对手,技术优势也将不断下降,智力优势将成为未来战争和大国竞争的优势体现[②]。为应对未来冲突,确保国家安全目标,做好军事智力准备将是一项持久要求。建立智力优势需要一系列的新方法,其本质是关于人的认知能力提升。智力优势体现为两个不同但相互关联的方面[③]。首先是个人的专业知识。个人智力优势是胜过潜在对手的创造性思考和规划能力,建立在大量的训练、教育和经历以及个人长期持续不断自学的基础上。智力优势的第二个体现是机构智力优势。机构优势允许不同层次的群体有效利用每个人多样化的智慧来解决短、中、长期的复杂体制问题。机构的智力优势必须在部队编成、作战概念、后勤保障、网络安全、军事行动、人员发展和人才管理等方面加以应用。

2020 年 5 月 1 日,美国参联会发布《军事职业教育和人才管理构想与指南》(以下简称《构想与指南》)(图 6.1),题为"立足未来战争方式,培养现代联合军官"[④]。《构想与指南》指出,"21 世纪的战争与冲突影响深远且瞬息万变。为保持竞争优势,为国家可能面临的新兴战争方式做好充足准备,必须改变指挥官的培养模式。""如果不大幅提高联合作战人员建构、设计和实施战略的认知能力,以在全球范围内整合国家力量,就无法在未来战争中打败

① *Department of the Navy* 2019 - 2030 *Civilian Human Capital Strategy*. 09 January 2020.
Department of the Navy. 28 February 2020. *Education for Seapower Strategy* 2020.
Developing Today's Joint Officers for Tomorrow's Ways of War: *The Joint Chiefs of Staff Vision and Guidance for Professional Military Education & Talent Management*. 01 May 2020.
US Chiefs Of Staff Instruction. 15 May 2020. *Officer Professional Military Education Policy*.

② Mick Ryan, The Intellectual Edge: A Competitive Advantage for Future War and Strategic Competition. *Joint Force Quarterly* 96, 1st Quarter 2020. NDU Press, 7.

③ Mick Ryan, The Intellectual Edge: A Competitive Advantage for Future War and Strategic Competition. *Joint Force Quarterly* 96, 1st Quarter 2020. NDU Press, 7.

④ *Developing Today's Joint Officers for Tomorrow's Ways of War*: *The Joint Chiefs of Staff Vision and Guidance for Professional Military Education & Talent Management*. 2020 - 05 - 01.

竞争对手。”因此，未来的战争胜负在于认知上的比拼。军事职业教育的目标是“培养具备战略意识的联合作战人员。他们具备批判性思维，能够创造性地运用军事力量制定国家战略、开展全球一体化行动并在颠覆式变革条件下进行作战”。

图 6.1　美国参联会《军事职业教育和人才管理构想与指南》封面

具体而言，军官军事职业教育应聚焦军官认知能力提升，培出具备如下五种能力的联合作战领导者、高级参谋军官及战略家：一是能够识别潜在军事挑战，在政策层面解决问题，在全球一体化框架下提供可行性军事建议；二是在大国竞争和颠覆性技术条件下，领导部队迅速适应多变的安全环境并做出决策；三是具备在战役和战略层面的全域联合作战能力，包括整合盟国和伙伴国军事力量的能力；四是有灵活的战略头脑，能够制定、实施和调整战略；五是具备制定和实施战略所需的批判性和创造性思维能力以及书面、口头和视觉交流技巧。为实现这一构想，美国参联会强力推进军官军事职业教育变革。

为此，美国参联会进一步提出培养军官 6 个方面的能力素质要求：一是了解安全环境及国家安全力量工具的地位作用；二是对突发和不确定情况进行预判并有效应对；三是对事态变化进行预判并引领转型；四是实施任务式指挥；五是基于共同的军事职业价值观做出符合伦理的决策；六是运用战略思维和批判性思维，基于联合作战原则和概念实施行动。为达成以上目标，美军采取多项举措，创新教育理念，优化教育模式，力争在能力素质上完胜对手。

美军认为，军官能力素质要求是优化课程内容的依据。军事职业教育重点聚焦联合学习领域(JLA)。联合学习领域是参联会主席规定的知识领域，在建构、实施联合军事职业教育以及培养联合军官过程中发挥着指导性作用。最新的联合学习领域是基于美国联邦法律和国防战略、国家军事战略以及联合作战顶层概念总结形成的，主要包含“战略思维与沟通”“职业军人素养”“竞争、冲突与战争连续体”“安全环境”“战略和联合行动规划”以及“全球一体化作战”等6个方面，反映了美军对一名联合军官从思维到实战能力的整体要求。此外，美军认识到，21世纪的联合不仅是跨军种、跨部门的联合，在中、高级层面，联合范围拓展至联合部队以及全域能力的整合，包括跨机构、跨政府和多国环境。因此必须将联合情境贯穿军官职业生涯的始终。

二、强化战略思维，淬炼作战技能

美军认为，当前军事职业教育面临提高学习有效性以及教学资源短缺等问题。要培养能够执行全域联合任务的领导者，应转变之前基于主题的教育模式，在课程的开发、交付和评估方面，采用基于结果的军事教育模式(outcomes-based military education, OBME)，即在明确教育结果的前提下，使教育系统所有因素围绕效果同向发力。OBME模式将自上而下贯穿教育始终，推动军事职业教育机构以最终教育效果为导向。采用OBME方法，军官联合职业教育以理想的领导者特质(DLA)为基础，参照联合学习领域(JLA)设置课程内容并开发课程学习成果(program learning outcomes, PLO)体系。PLO体系的评估结果会体现毕业生在课程结束时应具备的特定知识、技能以及学员的性格倾向，该结果将有力预测毕业生在真实作战条件下的表现，为人才管理决策提供可靠依据。

美军主张以“主动+体验”式教学方式强化战略思维与作战技能淬炼。利用“主动+体验”式学习方法，培养作战人员的实战能力和批判性思维。例如通过历史案例研究培养学员判断、分析和解决问题的能力，并引导其应用于现实情境。海军陆战队战争学院开设的高级教育课程即采用案例研究的方式来培养学员的批判性和创造性思维。兵棋推演及仿真模拟也是这次教育改革的一项突出改变。通过模拟现代战争的战场环境并在多个场景中反复演练,一方面有助于提高学员决策思维能力,进一步开发学员的洞察力和创造力,一方面可以为未来军事决策提供良好思路。例如美国防大学开设了联合与协同作战模拟课程,旨在培养学员使用兵棋推演制定联合作战计划的能力。为更好的培养学员批判性思维、战略和战争能力,军官职业教育多所院校开设战略为主的课程,如美国国防大学艾森豪威尔国家安全与资源战略学院开设战略领导力课程,作为核心课程,辅以各种选修课程和研究计划,以促进学员的战略思维培育;指挥与参谋学院设置战略领导力课程,提供全面的战区战略层面的教学。美军为军官职业教育提供充足的案例研究、研讨会、兵棋推演和演练库资源,并鼓励加强院校之间的交流协作。此外,美军还注重利用联合演习,来提高教育实效。联合演习是构成军官学习连续体的重要部分。复杂不确定的环境有助于激发参训人员的创造力、批判性思维和适应能力;在计划和实施跨域作战过程中,参训人员通过发现问题、把握机会、做出决策,可以有效提升关于联合作战的认知能力。例如美国陆军步兵学校为使新入职军官迅速适应岗位,在初级和高级课程中均设有多种形式演习,如陆军联合作战演练。美军认为和平时期的演习是培养联合作战指挥人才的最佳机会,美国参联会每年都要组织60～80次战区级军兵种联合演习,并向常态化、制度化发展。强调应充分利用联合演习全过程,把演习中出现的问题和经验教训链接回军官职业教育系统,与此同时军事职业教育的研究成果可以支持一线的作战指挥人员。这样可以形成一个反馈回路,能够有力提高军事教育的实效。

三、对接军事教育和人才管理

美军认为,未来战争充满不确定性和颠覆性变革,必须甄别和挑选表现卓越并能在战争中智胜的军官。才能出众和思维机敏不能仅仅依靠偶然教育或经验主义来实现,而是教育、训练、严格演习和实践运用相结合的产物。要实现指挥官培养目标,需要重新规划军事职业教育,建立更精细化的人才管理体系。无缝对接军事职业教育和人才管理体系,发现、培养和利用具备战略意识、批判性思维和创造力的联合作战人员。

一是从战略层面确立起军事职业教育与人才管理的统一框架。2020 年 3 月份发布的美海军《海上力量教育战略2020》要求对组织机构和职能进行改革(图 6.2),旨在将教育提升到与平台和武器系统同等的战略和预算优先地位①。作为一个全面的教育战略,来统一美国海军大学系统的不同元素,并将教育有效地整合到人才管理计划中,以便对海军军官、士兵和文职人员的教育政策和资源进行调整,从而打造一支受过良好教育和更为敏捷的海军力量。通过长期实施《海上力量教育战略 2020》,持续建设一支知识型的、适应性强的综合海军力量,一支从思想上和作战上能够战胜任何对手的海上决定性力量,同时也能更好地使美国在未来战胜不可预知的安全挑战。《海上力量教育战略 2020》提出了三个"海军教育支柱"。首先是在海军和海军陆战队范围内创造连续学习体系,其次是将教育纳入海军人才管理框架,最后是加强对海军大学系统的建设和投入。2020 年 2 月份美国海军陆战队发布条令出版物《学习》(Learning),阐述陆战队的学习理念,推动陆战队教育改革②。2020 年 5 月 15 日,美国参联会发布新版《军官军事职业教育政策》(以下简称《政策》)③(图 6.3),要求根据 21 世纪联合领导力发展愿景建立完全统一的军事职业教育及人才管理系统。

图 6.2 《海上力量教育战略 2020》封面

二是把好入口关,优化人才管理渠道。在人才的获取、使用和保留方面,美军种部队"优不送学""训用不一"等问题仍比较突出。优秀的指挥参谋军官因作战训练任务繁重无法参加院校培训,军官完成学业未能按要求

① US Department of the Navy. 2020－03－02. *Education for Seapower Strategy 2020*.

② U. S. Marine Corps. 2020－02－20. *Learning* (MCDP 7).

③ The Joint Chiefs of Staff. 2020 － 05 － 15. *Officer Professional Military Education Policy* (CJCSI 1800. 01F).

UNCLASSIFIED

CHAIRMAN OF THE JOINT CHIEFS OF STAFF INSTRUCTION

J-7
DISTRIBUTION: A, B, C, S

CJCSI 1800.01F
15 May 2020

OFFICER PROFESSIONAL MILITARY EDUCATION POLICY

References:
See Enclosure C

1. Purpose. This Instruction provides policy guidance for the Professional Military Education (PME) of officers in the Armed Forces of the United States, with particular emphasis on Joint PME (JPME). It assigns responsibilities, establishes Joint Learning Areas (JLAs), and provides instructions regarding oversight and execution of Officer JPME. The Chairman of the Joint Chiefs of Staff (CJCS) authority for this instruction is found in Federal law (reference a), wherein CJCS is responsible for "...formulating policies for coordinating the military education of members of the armed forces."

2. Superseded/Cancellation. CJCSI 1800.01E, 29 May 2015, is hereby superseded.

3. Applicability. This policy is applicable to the CJCS, Service Chiefs, Combatant Commanders (CCDRs), President of the National Defense University (NDU-P), the President of the National Intelligence University (NIU), and their staffs and components, and to PME programs that are accredited as JPME per statute and listed in this policy.

4. Vision. The PME vision for 21st Century Joint Leader Development is a fully aligned PME/Talent Management system that develops leaders who are skilled in the art of war and the practical and ethical application of lethal military power. The intent is the development of strategically minded joint warfighters who think critically and can creatively apply military power to inform national strategy, conduct globally integrated operations, and fight under conditions of disruptive change.

5. Policy. In accordance with applicable Federal law (reference b) and Defense Policy (reference c), it is CJCS policy that officer PME programs will:

UNCLASSIFIED

图 6.3 美国参联会《军官军事职业教育政策》

分配至相应的联合岗位，甚至联合军官制度论为军种谋求私利、军官获取晋升的“敲门砖”，这些问题制约着教育体系的发展，现行教育体系亟须改变。鉴于此，《构想与指南》要求建立统一的军官职业教育和人才管理体系，为培养适应未来战争的联合军官，必须让军事职业教育走上对接人才管理的新轨道。

美军认为，必须让最优秀的人才与相应水平的军事职业教育相结合。美军主要通过以下途径选拔人才：一是在军官职业生涯的适当时机选拔合适的军官接受军官军事职业教育；二是选择军种中发挥核心作战职能的军官接受教育；三是采用入学考试、入学申请或甄选标准之类的方式，通过评估在以研讨会形式为主的学习环境中，学生的参与程度和完成学业的能力，最终筛选出合适的军官。《构想与指南》特别强调，在选拔军官参加高级军事职业教育时，必须综合考虑其才能、承担战略岗位的潜力和国防部的投资回报率，避免按军种平均分配的机械方式。对于最有潜力成为联合作战将领的军官，必须参加为期 10 个月的全日制战争学院课程。该课程由高级军事学院负责实施，包括国防大学、各军种战争学院、指挥参谋学院等军事学院，其培养对象多为上校及新晋升准将。课程内容设置在战略层面，包括国家安全战略、地缘战略、联合作战艺术、新兴联合作战观念等内容，主要目标是掌握联合作战的基本理论，综合运用各类国家力量维护国家安全、实现国家意图的手段方法，为承担高层次联合、跨部门、跨政府合作作好准备。

三是实现人岗匹配，力求人尽其才。如何使用军官军事职业教育的毕业学员将直接关乎作战效能。为合理分配和使用毕业学员，使人才在部队发挥最大效力，首先要建立人才管理流程，让军官的学业表现与其未来的任职相挂钩。为此，学校将军官的专业知识和学术成就记录在案，包括写作、学术研究、成果分析以及领导者特质等各个方面，一方面督促军官为个人学业负责，一方面可以通过评估结果明确学员的认知能力和发展潜力，协助人才管理流程。根据评估结果提供教育机会和分配岗位，可以最大限度实现人尽其才。对于在任务中发挥所学并表现卓越的军官，继续提供与之相匹配的教育机会和新的岗位，最大限度保持其职业优势。人才管理要基于各军种的人事管理制度才能实现，为此参联会呼吁各军种的人才管理工作进行适当调整和创新，积极推进战略人才和创新人才的培养。

第二节　大国战争与战略塑造

美军认为，要满足赢得大国竞争的战略需求，必须采取全新的战略路径，对崛起大国实施威慑，与之竞争并赢得胜利。美国认定，竞争对手正在利用对“和平”与“战争”传统理解的空白，在武装冲突限度内，积极推进自己的利益，这种行为损坏了美国主导的国际秩序。[①]

---

① Terrence J. O'Shaughnessy, Matthew D. Strohmeyer, and Christopher D. Forrest, 2018. Strategic Shaping: Expanding the Competitive Space. *Joint Force Quarterly* 90, 10 - 15.

美国2017年《国家安全战略》和2018年《国防战略》都认识到了这种战争范式的转变。约瑟夫·邓福德将军将这些被泛指为“混合战争”的行动定义为“在没有武装冲突的情况下，在军事层面展开的敌对竞争”。美国《国防战略》针对大国所构成的挑战有更详细的界定，称“他们已经加大了非武装冲突的行动，将胁迫行为扩展到新的战线，违反主权原则，利用模糊策略，有意混淆民事与军事目标的界限。”这些行为体利用西方国家心目中的非战争方式来获取作战收益，而西方国家却不能有效慑止或应对他们采取更多的行动。

尽管美国的战略指南呼吁采取新的方式来应对挑战，但相关军事筹划和军事战略却仍然反映了过去的威慑与强制思想。当前的应对方式主要依赖直接威胁或使用军事力量，即用武力对抗武力，迫使对手退却。同样，这些方式经常将冲突前的塑造行动视为赢得军事冲突战术和战役胜利而设定作战空间的一种手段。这种战略带来的结果往往是缺乏战略视野的军事行动，仅靠战术行动和消耗战，从而使数量更多或装备更好的一方获得胜利。过去一个世纪，这种方式对美国而言很有效，因为它在全球享有主导性的军事优势。然而，“沙漠风暴”行动后的十年间，美军越来越多地依靠技术优势，而将数量上的优势拱手让与竞争者。这种战略针对那些美国享有不对称军事优势的国家和非国家行为体来说依然有效。

美国认为，其优势正在消失，联合部队需要考虑区域性消耗战之外的其他理念，以有效利用对手的弱点，发挥美国的全球优势。美国《国家安全战略》特别呼吁要出台新的概念，来确保美国能够“通过拒止来威慑潜在敌人，使之相信无法通过武力或其他形式的入侵活动来达到目的。”①此外，美国《国防战略》敦促联合部队考虑“给敌方决策者制造不可预测性”，“置竞争对手于不利境地，挫败其努力，剥夺其选择权，同时增加自己的选项，迫使对手在不利条件下面对冲突。”②

---

① *National Security Strategy of the United States of America*. December 2017. Washington，DC：The White House，26－29.

② *Summary of the* 2018 *National Defense Strategy*，5.

一、通过战略塑造拓展竞争空间

为反制对手的行动，长期保持在军事及国家竞争中的优势，美国国防部门认为必须制定新的战略和作战概念，以拓展竞争空间，在危机爆发前或爆发后能慑止对手升级危机，并确保在冲突中以可以接受的代价保持军事优势。为此，美军提出一个新的概念：战略塑造（strategic shaping）。战略塑造是一种强迫性战略，将综合运用“全政府”方式，来增加对手的研判难度，针对的是其战略意图，而不仅仅是其作战力量，目的是通过使对手领导层失去对危机或冲突的控制感，来制造一种强大的威慑效果。可通过以下三种方式影响对手的战略感知：

一是通过迅速陷对手于多重困境，以降低对手领导层对危机或冲突的控制感；

二是通过使形势更加复杂化，使对手领导层对自身能力产生怀疑；

三是做出一种全球反应态势（而非区域态势），以己之长，制敌之短。

面对当前围绕管控大国竞争的争论，战略塑造为应对某些国家企图在“和平”边缘获取作战利益提供了新的途径。它不仅仅是横向的升级，而是一种范式的转变，即从力量对抗转向首先为对手制造预期偏离。战略塑造基于对强制和威慑理念的经典研究，注重被忽视的不对称优势，首先利用对手的认知和战略预期。用空军参谋长大卫·戈德费恩上将的话来说，作为“全政府”路径的一部分，联合部队必须从“消耗战转向认知战”。为此，军事战略家必须重新思考危机或冲突中军事力量的运用方式，同时应认识到战略对手模糊和平与战争界限的事实。

战略塑造理论也适用稳定时期的大国竞争战略，不过，此处主要集中于冲突和危机层面。首先描述主要的强制性理论，指出其在处理和平与战争灰色地带的崛起大国挑战中的作用。然后强调从消耗和物理因素转向认知和感知层面的必要性。最后，针对战略竞争者，如何在“全政府”框架内运用战略塑造行动。

二、从消耗战到认知战

胁迫是指通过威胁制造伤害，以便让一国屈服或接受胁迫方的要求或意愿。威慑和强制都是胁迫的形式。威慑是指通过部署军事力量，使敌人不敢越雷池；而强制是指通过部署军事力量，制止对手的行为，或强迫对手采取某些行动。

任何形式的胁迫要取得成功，都必须做到：能够给对手造成无法承受的代价、传递威胁的信号及威胁的可信度。当前，美国国防部门在危机中主要依赖物理能力、军事优势的运用和展示，在冲突中则依靠消耗对手的作战力量。但如今，武力对抗效果越来越有限。相反，应聚焦运用军事力量来影响潜在对手对行动方案的成本、收益和可能结果的信念。换言之，战略塑造不是尽可能威胁或试图摧毁对手的部队，而是要直接针对对手的动机和决策。只有通过影响认知转变，才能成功运用威慑和强制来应对势均力敌的竞争者，避免爆发战争。像任何胁迫战略一样，战略塑造本质上是一种政治外交策略，只有与全政府力量整合并同步使用，才能在危机或冲突初期对敌产生最有效的威慑。胁迫本质上是一种心理策略，只有与外交、信息、军事及经济因素结合才能取得最好的效果，那么，在非战争条件下，如何部署军事力量来达到胁迫的效果呢？

这就需要国防机构转变其有效利用军事力量的范式。传统上，西方列强坚持克劳塞维茨模式，即战争是暴力的，没有暴力行为，一个国家就不是真正处于战争状态。这种简单范式束缚了军方，使其短视地寻求想打的战争，而不是竞争者可能挑起的战争。在这种范式中，竞争双方在平时与战时都有公认的规则。例如，和平时期的国际秩序准则、规范和原则，以及战争时期的《日内瓦公约》。任何受战时与平时二元思想束缚的国家，必然会被对手所利用，拱手让出宝贵的竞争空间。可见，了解对手的意图和战争模式有助于制定新的反制策略，将武装冲突限度以内的竞争考虑进去。这就是战略塑造首先要填补的空白地带。

三、认知与消耗互为补充

战略塑造运用迅速的、全政府的战略行动，给对手领导层制造各种复杂困境，使之丧失控制感，从而慑止其制造军事冲突。纯粹的成本强加战略和拒止战略试图通过消灭敌军或打乱其部署来影响对手的作战能力，而战略塑造直接针对对手的战略，迅速挫败对手的危机控制能力，使之对继续采取军事行动的效力产生怀疑。战略塑造的目的是降低对手的战略信心，使之转向受到威胁的政治目标。战略塑造通过增加不确定性，致力于慑止对手在危机中使用武力，并迫使其平息冲突。但如果被迫作战，战略塑造也会通过在全球部署力量，抢夺战争的有利地位。战略塑造针对敌方战略意图，利用美国优势，打乱对手意图，从而取得威慑效果。

战略塑造有三大核心要素如下。

一是危机期间，在对手选择军事行动方案达成目标前，迅速制造多重困境。具体而言，需要考量对手期望危机如何展开，特别是相关国家将如何应对，然后采取行动扰乱其预期。例如，在评估军事选项时，敌方政治领导层经常会寻求军方的保证，确保低级别的挑衅不会引发危机或冲突，不会危及其他政治战略目标。在日益加剧的危机中，应针对对手当前事件以外的其他弱点实施全政府行动，包括地缘政治弱点、内部政治竞争、国家基础设施、经济依存度和地理环境限制等，逼迫对手重新评估行动的风险。对手面对预期与现实的巨大差距，风险规避意识在增强，控制感和信心在减弱，从而推迟或中止原定计划。

二是利用美国全球力量投送优势，在对手薄弱位置部署力量。调动部队不仅能有效制造战区态势，还增加了第一要素中的多重困境。与对手的邻国采取协调一致的行动，针对敌方弱点进行海空力量部署制造更多困境。如果美国军队能够在第三方国家驻扎，则会加大敌方在冲突中目标打击决策的政治成本，进而影响其战争成本估算。从而进一步加剧对手的失控感，对预期产生疑虑。最重要的是，如果对手选择挑起冲突，这些全球力量部署将使美国占据有利地位，运用多域军事力量打击敌方弱点。

三是展示不对称的军事能力，让敌方政治领导层对使用武力的效果产生怀疑。该要素不是削弱对方领导层的控制感，而是试图让其对自己的军事实力能否有效对抗美国产生怀疑。通过与前两大要素结合，美国将迅速展示此前未曾公开的非对称军事能力。尽管这会以长期的战术成本为代价，允许对手做好应对准备，但短期内会使对手对自己的军事实力产生怀疑，并逼迫其中止行动，由此带来的政治收益还是大于成本。

上述三大要素的关键是速度与同步性。例如，危机期间单纯将部队部署到一个始料未及或危险的地方可能不会产生显著的威慑作用。事实上，这种孤立的行动可能会适得其反，反映出美国缺乏决心，或被对手当作战争借口。相反，同样的力量调遣，如果与全政府行动相结合，并与美国的决心同步，可能会迫使对方领导层选择军事行动以外的其他方法。这些同步行动可以包括在各个地区开展外交、信息、军事和经济施压。鉴于速度与同步性对制造认知效果的重要性，战略塑造必须在政府高层进行详细计划和预先协调。

全部协调行动的核心是向对手暗示，如果停止胁迫性军事行动，美国将停止所有相关施压。这种暗示可以直接传递给敌方领导层，也可以通过精心选择的行动传递给对方，以最大程度降低政治影响，为对手提供终止行动的机会，减少国际和国内影响。如此可以达到胁迫性效果。

总之，战略家或军事筹划者面临的长期挑战之一是，理解并正确评估战役和战略环境。军事筹划者还必须了解对手的特点和重心，并选择合适的战略来实现友军的战略意图。从历史上看，有时候强加成本和消耗战略是恰当的。将胁迫战略的重点从消耗战转向认知战，从对手的信念和感知入手，然后再考虑作战能力。从今天的“反介入/区域拒止”作战环境和大国对于“灰色地带”行动的运用情况看，取得绝对竞争优势必须从非对称的角度出发，以己之长，制敌之短。未来战争需要在认知领域内实施，运用军事和非军事能力直接影响对手的选择。战略塑造能为对手制造复杂困境，从而影响其控制感和武力使用决策。战略塑造的核心是孙子的名言：不战而屈人之兵。

美军认为，必须要发展自己的战略，首先应关注对手的意图和能力，以便作出一致的决定，通过非对称方式，运用战略优势打击对手弱点。战略塑造直接回应了《国防战略》的要求，即要“开发新的作战理念，增加竞争优势”“拓展竞争空间，抓住主动，以我方优势打击对手弱势”。

战略塑造给联合部队带来许多启示。战役筹划与战略制定必须超越当前的范式和制度流程，以便在大国竞争中有的放矢。为此，应首先考虑战争的认知领域，并整合全政府行动，以产生震慑对手战略预期的效果。这种效果很大程度上取决于时机和节奏。正确把握时机和节奏能最大限度地发挥威慑效果。快速行动需要在国家安全委员会层面预先协调、制定战略塑造计划，以便在危机时有效整合全政府力量，迅速批准和实施计划。正如约翰·博伊德所说，地形和机器都不打仗（仗是人打的），打赢战争需要靠影响人的思想。通过聚焦如何更好地影响对手的认知和预期，战略塑造更适合慑止对手的胁迫行为并防止冲突升级。

第三节　战略领导力未来发展

克劳塞维茨曾经指出，战争具有持久的性质和不断变化的特征。军事战略领导力也是如此，融合了持久性和变革性。战略领导力角色的不断变化意味着培养战略领导者和实施战略领导力的传统方法可能已不再可取。无论是击败敌人、维持安全还是支持其他单位，未来的战略领导人必须确保其组织有效地发挥核心作战职能。必须建立和维持符合伦理的组织文化，在解决近期问题和挑战的同时进行横向思考（整合各种活动和组织）以及纵向思考（对长远的未来进行规划），并考虑二阶和三阶效应。这些都是战略领导力持久性的组成部分。[①]

无法准确预测未来几十年中最重要的特征，但是可以识别可能（而且很重要）的特征。一种方法是在战略环境中把握主要趋势，评估其对改变战略领导力特征的要求，在维护安全（战略领导力的外向型职能）、组织设计、组织文化及伦理这三个相互关联的领域中进行理解。

一、企业家精神与安全特征的变化

想象一下，如果未来作战司令部的指挥官，或者由任何集成的、跨国的、分散的、网络化的公共/私营安全组织取代今天的作战司令部，那会是怎样一种情形。他必须与常规敌人打交道，在战斗中制止或击败敌人；还必须面对非国家对手，利用所谓的“武器化的一切”。正如本杰明·维特斯（Benjamin Wittes）和加布里埃拉·布鲁姆（Gabriella Blum）在《暴力的未来—机器人与细菌，黑客与无人驾驶飞机：面对新的威胁时代》中所述，“现

① Steven Metz. 2020. The Future of Strategic Leadership, *Parameters* 50(2) Summer, 61 - 67.

代技术使得个人能够发挥国家级的破坏力”。[1] 多维攻击和破坏变得越来越容易，创建和维护安全变得非常困难。正如战略未来主义者肖恩·麦克法特(Sean McFate)所言："在未来几十年中，战争将主要通过秘密手段在暗处进行。在信息时代，合理的拒止将比火力更为有效。传统的战斗行动，不会起决定性作用。获胜的方式将被改变，胜利将不会在战场上而是在其他地方获得。"[2]

随着安全本质发生变化，战略也必须随之改变。战略架构师（战略领导者）必须在多个维度上进行思考，涉及各种各样的对手或潜在对手。能够击败敌人是必要的，但还不够；安全将是整体性的。安全性会随着不稳定力量的不断变化和扩散而随时受到侵蚀。维持这一局面将是一项永无止境的任务。

未来的指挥官将被生物学和生物工程、神经系统增强、纳米技术、先进材料科学、量子计算、人工智能、机器人技术和增材制造的革命性进步所包围。人工智能有可能促进武装冲突的广泛变化，尤其是在决策领域。正如托马斯·亚当斯(Thomas Adams)在《未来战争和人类决策能力的下降》中所指出的："现在出现的军事系统（包括武器）将变得太快、太小、太多，并且将创造出一个人类无法掌握的复杂环境"。[3]

仅凭判断不足以进行有效的决策，尤其是相对于使用人工智能和技术增强决策系统的对手而言。这在战术层面上表现得最明显，但在战略层面上也会发挥作用，迫使未来的领导者要依靠人为判断和人工智能的最佳融合。要做到这一点，技能至关重要，甚至是决定性的。

叙事的动态塑造对未来的战略领导者至关重要。由于战争是出于政治目的进行的，因此其结果最终体现在心理上。最重要的不是杀死多少敌人或摧毁多少目标，而是受众如何理解军事行动并做出反应。在信息丰富、思

---

① Benjamin Wittes and Gabriella Blum. 2015. *The Future of Violence — Robots and Germs, Hackers and Drones: Confronting the New Age of Threat*. Stroud, UK: Amberley Publishing, 131 - 37.

② Sean McFate. 2019. *The New Rules of War: Victory in the Age of Durable Disorder*. New York: William Morrow, 8 - 9,67.

③ Thomas K. Adams. Future Warfare and the Decline of Human Decisionmaking. *Parameters* 31 (4) Winter 2001 - 2002: 58.

想和信念十分活跃、错综复杂、全球高度透明的战略环境中，军事行动的心理因素较之过去更加重要。布拉德·杜威斯（Brad Dewees）在文章《衡量战争：人工智能时代的认知效应》中写道："军事行动的最终结果是最重要的，它发生在认知层面上，即在对手感知并为针对他们采取的行动所赋予的意义层面上。"[①]或如辛格（P. W. Singer）和爱默生·布鲁金斯（Emerson Brookings）在《点赞战争：社交媒体的武器化》一书中所说："决定结果的不是对事实的掌握，而是心理、政治和（越来越重要）算法操纵的来回打拼。现在一切都是透明的，但事实很容易被掩盖。"[②]因此，未来的冲突和战略在很大程度上将是"叙事的冲突"。

通过正式媒体传播信息的传统叙事塑造方法将不再满足需要。辛格和布鲁金斯指出："这都不是那种单调乏味的官僚机构能够赢得的战斗。"由公共事务官将信息传递给传统媒体（即信息的管理者）的行动存在严重缺陷。动态叙事的塑造需要战略上的领导者，他们必须具有心理上的敏锐度，并且要理解信仰和观念如何形成、传播、融合、变化、消亡，以及如何在国家、地方和组织文化中重现。他们必须在难以将真相与深度伪造或"假新闻"区分开的信息环境中进行沟通。在这种环境中，信息的权威性不再决定其影响力。但是，无论如何以动态的叙事方式塑造出想要的心理效果，这可能是未来战略领导力的先决条件，进行跨文化的沟通以获得想要的心理效果可能比管理组织更加重要。

二、企业家精神与组织设计

过去，大多数（至少美国的）军事战略领导都是所在组织的管理者，而不是创造者。他们可能会进行一些变更或改进，但在多数情况下，不必从头开始创建新组织或完全重建现有组织。未来的战略领导者需要成为组织的创造者和革新者，要成为企业家而不仅仅是管家。与生活中的许多方面一样，技术将成为火车头，定义各种可能。

---

① Brad Dewees. *Measuring War: Cognitive Effects in the Age of AI*. War on the Rocks. October 3, 2019. https://warontherocks.com/2019/10/measuring-war-cognitive-effects-in-the-age-of-ai/.

② P. W. Singer, Emerson T. Brookings. 2018. *LikeWar: The Weaponization of Social Media*. New York: Houghton Mifflin Harcourt, 262.

例如，军事战略领导长期以来依靠参谋的辅助和自己的判断来做出决定。但是随着信息的增多，领导者越来越多地使用基于数据的技术增强型分析。高效的战略领导者不能仅仅依靠参谋来告诉其需要知道什么，而必须对分析过程和决策信息有一定的了解。尽管战略领导者本身并不是人工智能设计方面的专家，但他们必须“意识到与算法相关的重要性、功能和风险”。换句话说，战略领导者必须理解基于人工智能和基于分析的决策方式。

未来的战略领导者将不再面临重要信息的短缺，而是将与信息泛滥作斗争。正如詹姆斯·曼西拉斯（James Mancillas）在《将人工智能整合到军事行动中》所描述的：“当今军事领导人的主要挑战之一是如何管理不断增长的可用信息流。收集、存储和交流的便捷性与低成本使得数据的增量超出了大多数人的认知能力。”[①]因此，战略领导者必须协助开发、学习、使用不断发展变化的分析工具，以便能够识别信息海洋中的重要内容。必须使分析工具适应其组织的需求，而不是自动采用现成的或提供给他们的东西。分析和决策工具不仅会针对组织量身定制，而且会随着时间发生变化。未来的战略领导者不仅要简单地制定决策，还必须了解并塑造决策过程。

有效性具有确定的寿命，并且将来会越来越短暂。未来的战略领导人必须不断颠覆和创新。在深刻、迅速和广泛变化的环境中，有必要进行渐进式适应和改进。俗话说在战争中“靠速度取胜”。这一格言将不仅仅适用于部队的机动，而且适用于组织的适应性。从亚历山大大帝、莫里斯、古斯塔夫斯·阿道夫和拿破仑重新设计战术队形，到 19 世纪参谋人员和军事职业教育的发展，再到 20 世纪陆、海合成兵种作战，创新一直是战略领导的组成部分。但是最常见的创新是对失败的回应或者恐惧。未来，必须保持颠覆、创新和企业家精神，才能具有先发制人的能力，而不是被动应对。一旦组织开始运作，战略领导者就必须开始重新设计规划。

三、企业家精神与组织伦理

传统上，美军战略领导也从管理而不是企业家精神的角度来研究文化和

① James Mancillas, Integrating Artificial Intelligence into Military Operations, *Mad Scientist Laboratory* (blog). December 16, 2019. https://madsciblog.tradoc.army.mil/198-integrating-artificial-intelligence-into-military-operations/.

伦理。战略领导者往往专注于维持有效的方法并修复无效的方法。与组织设计一样，未来的战略领导需要成为文化和伦理的颠覆者、创新者和企业家，也就是美国退役将军斯坦利·麦克里斯塔尔(Stanley McChrystal)所说的“善解人意的文化设计者”。即使组织尚未崩溃，这种破坏也必然发生：未来的战略领导者将知道，每个运作良好的组织都处在衰退甚至失败的悬崖边上。

我们不可能确切地知道在未来几十年中最紧迫的伦理挑战是什么，但可以确定候选事项。以战略的政治和信息环境为例，在过去几十年中，美国只有少数权威信息可供公众使用：三个电视网络，一些主要新闻杂志、主要报纸以及一系列有影响力的舆论杂志。依靠经过精心编辑的有限信息，将政治言论和思想推向前台，这可以达成妥协和建立共识。

现在的信息环境已经非同以往。来源有成千上万，甚至数百万，但可靠性却很低。尤其是年轻人并不依赖传统媒体获取信息，因此强调平衡、事实核查和谨慎编辑的传统媒体无法接触到他们。每个人都可以根据自己的偏见和喜好调整信息。在这种环境下很难引起关注，结果是大量的政治言论和娱乐活动。有创意的包装方式比内容更重要，有时甚至更重要。信息传播者与专业记者、政策专家或民选官员一样，塑造着国家叙事。

信息的大量散布也导致出现共识和超党派分裂，使政治立场从中间走向意识形态的两极。增加了对党派中另一端的人和组织的敌意，营造了强烈的政治派别氛围。与其他方式的战争相比，今天的政治不像是调和各种立场、达成共识的过程。妥协被视为一种损失，没有人愿意这样做。

超党派主义和安全政策的政治化给军事战略领导人带来了严重的伦理困境，正在动摇美国军政关系的基础。这种情况可能会升级。未来的军事战略领导人是否有责任根据政治领导人的意识形态偏见和倾向来调整提出的建议？战略建议必须由政治派别来塑造吗？军事战略领导人能否超越这些派别主义？身穿军装的领导人是否必须提出他们知道可以在一个总统任期内完成的军事选择，因为下一届总统很可能会扭转这种情况？未来的战略建议是否必须很有趣，以便政治领导人记住它？

未来的战略领导者还将面临巨大的伦理挑战，这些挑战将决定如何使用人工智能和人机界面等新技术。即使是现在，限制或禁止“杀手机器人”之类的组织也越来越强大。将大脑与技术联系起来并采用神经技术将为军队带来困难和复杂的伦理问题。由技术赋能的超级士兵(或舰员、飞行员、海军陆战队或太空战士)一旦完成服役,能否轻松地重新融入平民社会?这些挑战将影响军方对技术的使用,特别是人与技术的融合。随着人类增强技术的扩展和成熟,它的政治阻力也会越来越大。战略领导人将不得不涉足这个复杂的伦理领域。

在20世纪,成功的战略领导者就像行业巨头一样,管理着越来越大的企业和越来越复杂的工作。赢得胜利通常意味着能够在适当的时间和地点利用最多的资源。特别是在美国的战争方式中,后勤至关重要。亨利·福特或约翰·洛克菲勒可能是优秀的战略领导人,而乔治·马歇尔或德怀特·艾森豪威尔可能会创建或领导大型企业。但是,未来的战略领导者需要更像尖端的企业家,成为创新能力和适应能力都很强的对手。

击败敌人的武装部队可能是必要的,但还远远不够,因为未来的战略领导人正在努力通过各种武器化的内容在相互联系的环境中维持安全,而这种环境中破坏稳定很容易,但很难维持安全。建立既有效又符合伦理的组织文化将是一项挑战,成功总是昙花一现。重新发明和创新的过程将是不变的。无论组织、伦理、流程还是概念,今天有效,明天则可能失效。

要为将来做好准备,美军必须把改革、创新和企业家精神制度化,在快速、持久适应的基础上创造组织文化。必须开展学习活动,识别最佳实践并在改革、创新和企业家精神方面查找组织存在的缺陷。军队必须将改革、创新和企业家精神深深地融入其教育体系中,提供培训和测试,淘汰那些无法茁壮成长的人。必须不断尝试新的战略概念和组织形式。

随着军队的发展和职务的晋升,战略领导者必须测试和选择动态叙事的技巧。必须与私营部门建立更加稳固的伙伴关系和交流机制,甚至可以使这种交流成为担任领导职务的要求,就像联合岗位一样。美国军方确定、发展和赋予战略领导者能力的方法还不能适应战略、政治和信息环境中不断出现的新变化,也没有集中于战略领导者在未来数十年所需的技能。

延伸阅读

美军现代联合军官培养构想[①]

21世纪的战争与冲突影响深远且瞬息万变。为了保持竞争优势，为国家可能面临的新兴战争方式做好充足准备，必须改变指挥官的培养模式。共同目标是培养具备战略意识的联合作战人员。他们具备批判性思维，能够创造性地运用军事力量影响国家战略、开展全球一体化行动并在颠覆式变革条件下进行作战。

本文提供了参谋长联席会议关于军事职业教育和人才管理的设想及指导意见，明确了指挥官培养策略和人才管理办法的发展方向，为更好地培养国家需要的指挥官奠定了基础。

要保持竞争优势，除了获取装备之外，还要在能力素质上碾压对手。合理运用军队的机动性和杀伤性，可以威慑、打击和战胜那些研究美军战法并试图抵消长期以来军事优势的作战对手。要做到这一点，就必须大幅提高联合作战人员构思、设计和实施战略及战役行动的认知能力，从而在全球范围内整合作战能力、在未曾预想的竞争中击败对手，并在充满竞争的领域应对非武装冲突活动。

21世纪要求美国军官接受更好的教育，具备更加突出的指挥和整合国家军事力量的能力。上述能力的培养贯穿整个职业生涯，而非偶然教育机会的结果，况且这些教育机会既不及时也不严谨。相反，这些能力是在数千小时挑战认知极限和能力水平的专门实践中磨炼出来的。军官必须在其职业生涯中不断培养、完善和锻炼新的能力素质，对于那些走向高级职务或者担任高级职务的指挥官来说更是如此。

要实现指挥官培养目标，就需要重新规划军事职业教育(PME)，建立相关的人才管理体系。设想是建立一个统一的军事职业教育和人才管理体系，发现、培养和利用具备战略意识、批判性思维和创造力的联合作战人员，他们熟练掌握战争艺术，善于在实际和道德层面运用致命武器。

---

① Joint Staff Headquarters. 2020. *Developing Today's Joint Officers for Tomorrow's Ways of War: The Joint Chiefs of Staff Vision and Guidance for Professional Military Education & Talent Management*.

安全环境和全球一体化行动

迄今为止,军事职业教育项目培养出来的军官已经在为联合部队和国家服务,他们的表现令人钦佩。《国防战略》和《国家军事战略》明确指出,当前的安全环境正在发生变化。大国竞争的回归提高了备战和创新的风险。变化是对战争特性固有的理解,但是新技术的加速融合预示着冲突的方式将发生巨大变化,因此必须对作战计划和作战行动进行深刻变革。为了成功遏制或赢得未来冲突,也必须调整指挥官培养项目,并选择恰当时机实施根本性变革。对于联合部队来说,战争和作战行动的性质及实施也在不断发生变化,这些变化提出了以下要求。

(一) 不断整合代表国家实力和影响力的军事力量以支持国家目标。

(二) 联合参谋部和其他联合司令部的批判性战略思维。

(三) 对作战司令部的全域现有资源进行史无前例的全球整合,为自己创造优势,为对手制造困境。

(四) 以创造性方式进行联合作战,为战役提供持续动力。

(五) 高效的联军、结盟的国际伙伴和美国的协调融合。

(六) 深入了解颠覆性技术和未来技术对敌我的影响。

这些新兴的能力要求并不是当前指挥官培养项目的重点。可以将学员选拔、就读院校、所学内容和后续任命等因素更好地联系起来。在联合作战人员的培养和任命方面,必须始终如一地将批判性思维和创造性思维、持续学习和专业培养以及对于跨区域和跨领域优秀人才的追求放在首位。共同明确后续任命工作,继续实践和塑造由军事职业教育项目创建的新型知识资产。

美国需要具备有能力发动战争并在全球一体化的动态环境中引领作战的指挥官和参谋人员,而不能单纯依靠大规模武器或先进技术。在未来,这些武器技术也有可能掌握在敌人手中。任务是学习如何更有效、更具创造性地运用能力。

这就需要持之以恒地培养领导指挥能力,而这正是做得还不够的。简而言之,需要在能力素质上完胜对手的各级指挥官。要想实现这一目标,就必须在军事职业教育和人才管理工作中不断调整和创新,改变政策、措施和文化,跟上不断变化的战争特点。指挥官在全球一体化行动中的认知能力并非 10 个月课程的培训成果,而是长期职业发展精神和学习连续统一体的产物。

学习连续统一体的最终理想状态

指挥官的培养需要从全局出发进行整体研究。21 世纪联合指挥官的培养任务是学习连续统一体的产物,包括训练、参谋和作战经验、教育、演习演练以及自我培养与提升等方面。为了在能力素质上战胜对手,必须培养出最具专业能力、战略意识和批判性思维的军官,既有的"理想的指挥官特质"指导目标迈进。以下是军事职业教育和人才管理体系的学习连续统一体的最终理想状态。

一、联合军事职业教育的最终状态

军事职业教育和联合军事职业教育项目必须向毕业生提供初步的知识和技能,为担任作战联合指挥官、高级参谋人员和战略家做好准备,这些人能够具备如下能力。

(一)从军事层面洞察影响国家利益的挑战,从政策层面树立问题框架,并在全球一体化行动的总体框架内提供可行的军事建议。

(二)在大国竞争和颠覆性技术的影响下,在战争加速变化的动态时期预测并指导快速调整和创新。

(三)从战斗到战略层面开展联合作战(如全球一体化全域作战),并融合盟国及合作伙伴的资源。

(四)是具备战略思维的作战人员或者具备实践能力的战略家,能够通过战役和战斗贯彻或调整军事战略。所有毕业生应具备批判性思维和创造性思维、高情商、以及有效的书面、口头和视觉沟通能力,为战略和复杂作战行动的制定和实施奠定基础。

二、联合人才管理体系的最终状态

军队人才管理体系必须为军官提供机会以完善他们的现有知识,培养更加灵活的能力素质。为此应该:

(一)奖励持之以恒的学习和提升的军官。

(二)鼓励个体军官学有所成,将其学业成绩终身记录在案。

（三）紧盯那些在后续任务中表现良好，善于在任务中磨炼新技能或扩大以不同方式应用新技能机会的军官

（四）将军官认知能力与适当的军事职业教育机会及职责岗位进行匹配起来，做到人尽其才。

首要任务

本节概述了现代指挥官培养任务的根本变化。

一、军事职业教育的调整与创新

军事职业教育项目必须不断评估、调整和创新，既不能盲目自信，也不能因为学习中遇到的阻碍或资源不足而亏待军事职业教育机构及其学生。第一要务就是调整项目方向，让联合军官有能力在全球执行任务，并在其剩余职业生涯中发挥决定性领导作用。首先，应将军事职业教育课程从以课题为主转变为以结果为主，在深化历史知识的同时，强调战争艺术与科学当中的创造力、知识运用以及军事专业主义。立足当下意味着，在完成初始任务后，工作仍将继续。战争、地缘政治、科技和教学方法将持续变化，军事职业教育体系也必须步调一致。

二、让联合背景贯穿军官职业始终

必须根据过去30年的经验，重新评估当前的联合军事职业教育框架，确保其符合21世纪的发展需求。与传统的以军种为基础的生涯模式构想相比，“联合”在军官职业生涯中的需求更广更深，必须在军官的职业生涯尽早深入地灌输联合背景。军队军事职业教育和指挥官培养项目（不仅仅是中高级项目）也需要灌输联合背景。中高级项目的参与者需要具备对整个联合部队和所有领域进行融合的能力。这种广泛的融合能力涉及更加广泛的联合背景，包括机构间、政府间和多国领域间。此外，中级军事职业教育项目还必须有意识地为毕业生提供实践准备，以便更有效地在联合司令部担任参谋职务。不能把联合看作在危机中可以弥补的后续事情。

三、培养实战能力

改革的主导思想必须是为战争做准备。在未来战争中，设想通过全域作战形成高效的联合指挥控制体系，在全球范围内整合影响力，实施跨域火力打击和机动。这种同步结合物质和认知能力，在更广泛作战空间所进行

的机动，力求直接给对手作战体系制造致命漏洞和多重困境。联合部队制造和利用各领域漏洞的能力是在未来各种突发事件中的制胜优势。全球一体化和全域作战对未来作战人员提出了挑战，教育体系必须适应这种挑战。

要从认知角度做好开展以上行动的准备，就必须调整未来作战人员的教育方式。有能力将战争的艺术与科学融入军事力量的创造性运用和非对称作战当中，这种能力应在教育体系中得以维持。军事职业教育院校必须融入灵活的体验式学习，以便培养作战人员必备的实战技能和创造性思维。这些方法包括基于历史的案例研究，以帮助学生培养判断、分析和解决问题的能力，以便应对诸如战争、威慑和非武装冲突的处理措施等挑战。在课程方面，应充分利用现场教学、虚拟教学、建构性教学和作战模拟教学等方法，分组重复进行兵棋推演或演习演练，培养学员更加深刻的洞察力和创造力。必须创建一个可以进行案例研究、学术研讨、竞赛和演习的资料库供军事职业教育项目使用，并鼓励院校之间的交流合作。为了更深层次地开展针对批判性思维、战略和作战的教育，军事职业教育项目必须下决心减少那些无关痛痒的主题。

四、鉴别优秀学员

军队必须支持最优秀的人才接受合适的军事职业教育，然后将其委派到最重要的战略任务中。高级军事职业教育机会的分配必须基于能力素质、担负战略职责的潜力和投资回报率，而不是在特定军种针对所有专业岗位进行公平分配或机械分配。最具将领潜质的军官必须参加为期10个月的“战争学院”脱产课程来接受战略教育。军事职业教育院校还必须通过入学考试、申请或筛选标准等方式，确保入校学员能够促进同伴学习以及顺利结业。

五、人才管理体系的调整与创新

基于独立军种的通用人才管理体系也必须不断评估、调整和创新。如果不能明智地鉴别和培养联合部队的人才，通过军事职业教育项目的调整和创新带来的积极效益就会被次优化。必须甄别最优秀、最聪明的人才，安排他们上学和任职，充分激发他们的潜力，使联合部队的受益达到最大化。要实现这一设想，就要从以下几个方面进行调整和创新，包括安排谁去上学，什么时间去上学，由谁负责教学，对于认知能力的评估以及后续有针对性的任命等。

六、对于优秀学业成绩的要求和奖励

脱产参加军事职业教育是一段非常宝贵的时期，参与者可以进行深入思考和全身心投入，为承担更大的责任做准备。必须在军队中推崇一种文化，使职业军人能够在充满挑战的军事职业教育项目和顶级学术研究中证明自己，发挥潜力，塑造和增强他们的实战经验。营造一个鼓励求知欲、激发批判性思维、奖励创造力和冒险精神、理解多元文化和盟军观点价值的环境，学员可以在这种氛围和文化中受到启发，掌握战争的艺术与科学的本质。要向更高层次发展，就要消除学员学习的限制，支持各种学习方式、学习行为和个人意愿。院校应该在学员的学术评价报告中充分反映他们的表现和潜力，包括研究、写作、分析能力和展现出来的指挥官特质。学员在军事职业教育中的表现应该与其选拔和分配挂钩。

七、培养专业的师资队伍

专业的师资队伍是成功的核心。世界级的教育课程既不是偶然产生的，也不是劣质廉价的，它是建立在一流师资队伍基础上的精心设计的产物。每一个军事职业教育机构都必须确保其军事和文职师资都是合格教员，并在其领域保持较高水准。军事职业教育教员，尤其是军事教员的选拔、培养和管理需要更加重视。

（一）必须鼓励优秀的军官从事教职工作，并鼓励军队为其提供便利。为此，军队应该贯彻各种人才管理项目以鼓励军官从事教职工作。这种工作应该充满竞争力，能够提升职业发展水平，在升职面试时予以强调，并持续跟踪了解以确保后续委任能够利用所学技能。如此大规模的文化变革需要各级领导集体重视教师工作，清除妨碍进步的障碍，消除对未来高级指挥官教育重要性的污名化。在这一方面，如果同一军种的军官在经过参谋长联席会议主席认证的军队联合军事职业教育项目中已经获得了教师联合培训学分，应予以认可，并把培训项目认定为联合培训岗位项目。

（二）必须通过奖励优质教学来吸引、培养和保留高素质专业教员，并充分利用具备从业资格的专业文职人员进行相应水平的教学。由于军事职业教育课程随环境变化与时俱进，师资队伍必须为体验式学习、研究和课程设计以及持续课程评估、改进和整合提供充分资源。

（三）需要大力投资学术支持架构，军事职业教育才能获得成功。除了组织机构以外，还必须提供资源以维持和保护重要的学术支持职能，包括教育和信息技术以及相关的组织活动，这些组织活动能够赋予教员权力，也能够使学生实现学习成果。

八、将军事职业教育视为战略资产

必须创新性地利用军事职业教育项目和课程，将其作为一种战略资产，在整个联合部队中建立信任和认知的互用性，并联合美国关键盟友和国际合作伙伴。为了推进这一目标，需要注意以下几点。

（一）军事职业教育机构必须充分灵活且适应性强。军事职业教育网络之间的合作可以提升项目水平，建立协同合作，加深理解，专注于关键问题的解决。在这一过程中，教育项目可以通过严谨的学习研究、概念开发和演习设计为联合作战人员服务。为了保持动态军事职业教育的关联性，必须定期对教育项目进行评估，验证任务和焦点，寻找差距并敲定新项目。同时，应该努力使军事职业教育项目能够为非驻地部队所用，支持自我培养和单位专业培养项目，这些都是核心任务的拓展。

（二）在军事职业教育体系中吸收盟友和合作伙伴的学员，让军官为全球行动做好准备。军事职业教育机构之间的紧密联系对盟友和军事职业教育合作项目异常重要，这种紧密联系有助于创新，为更紧密的联系和更深入的合作创造机会，也为更多美国学员的参与提供机遇。

（三）必须将各军兵种部队和特定的国防部文职人员纳入高级培养项目和军事职业教育项目，确保他们仍是参谋部和作战行动不可或缺的组成部分。此外，必须强化机构间和政府间的协作。

九、做好教育与人才使用关系的协同

审慎而又有目的地使用好军事职业教育毕业生是一项关键任务，直接关系到作战的成败。合理分配和使用军事职业教育毕业生，确保他们能够利用学术成果和所学技能完成后续任务。必须充分利用军事职业教育毕业生的学术经验、研究成果和体验式学习，保证学术评价能够反映军官的才能和专长，也能够为人才管理体系提供帮助。为了实现本文所概述的设想，必须对那些表现优异的军官给予适当任务奖励，并使其在职业生涯中保持竞争力。此外，要确保联合军事职业教育体系中有足够多的合格军官能够为联合参谋部和联合司令部工作。

十、充分利用联合演习

军事演习也是学习连续统一性的关键部分。演习参与者将置身于充满不确定性的复杂环境中，着重强调和表现创造性、适应性、批判性思维和主动性。跨领域能力的规划和运用也是演习的重要组成部分，参与者可以加强认知能力的培养，包括发现问题、抓住机遇和快速决策，这些都是联合行动的重要方面。联合演习作为一个反馈回路，应该将问题和经验教训反馈到指挥官培养和军事职业教育体系中。换言之，军事职业教育的学者和实践者也可以贡献他们的教育研究成果用以支持作战指挥官。

十一、发现和培养战略家

需要一批能够为战略规划作出贡献的军官。联合部队需要发现和培养战略家，而不仅仅是战斗和战役的规划者。军事职业教育院校和各军兵种的将级军官都必须在发现战略人才和创新人才方面发挥积极作用。高级民办教育、团体协会和各种机遇项目为军事职业教育事业提供了更多的宝贵选择，但是他们未必有清晰的培训定位，并不能胜任和参与到联合军事职业教育中来。在军事职业教育项目中，有一部分学员表现出的不仅仅是实践型战略家的潜力，还将具备创造性地整体设计跨领域军政战略或发展新型理论概念的能力。

因此，必须在专业课程中为他们创设、保留种种机会。必须发现这些潜在的战略家，为他们定身打造课程方案，开发其思维和贡献潜能。

当务之急

面向未来，亟待改变。未来战争充满不确定性和颠覆性变革，必须发现和选拔那些展现知识优势、思想超越敌手的军官。要造就出众才能和灵敏思维不能仅靠断续教育或经验主义来实现，它应是有目的的教育、训练、严格演习和现实世界中运用相结合的产物。为了实现这一目标，持续变革迫在眉睫。需要联合部队齐心协力，为实现这一设想奠定基础。最终联合部队和各军兵种将会在文化和能力方面发生转变。

美军认为，在职业认知方面的投入还远远不够，必须制定相应机制，将军事职业教育项目和人才管理体系结合起来，不断评估和调整，反复推进指挥官培养任务，创造性地解决关键的作战需求。

参考文献

研究文献类：

[1] Ackoff, R. 1981. *Creating the Corporate Future*[M]. New York: John Wiley and Sons, 17.

[2] Adair, John. 2003. *Effective Strategic Leadership: An Essential Path to Success Guided by the World's Great Leaders*[M]. Pan Books.

[3] Adair, John. 2010. *Effective Strategic Leadership: The Complete Guide to Strategic Management*[M]. Pan Books.

[4] Allen, Charles D. 2015. Quo Vadis? The Education of Senior Military Officers [J]. *Joint Force Quarterly*, 78(3): 40 - 43.

[5] Allen, Charles D., & Stephen J. Gerras. 2009. Developing Creative and Critical Thinkers[J]. *Military Review* 89 (November-December): 77 - 83.

[6] Allen, Charles D. et al. 2009. *Systems Thinking for Strategic Leaders* [R]. Carlisle Barracks: U. S. Army War College.

[7] Allen, Charles D. & Breena E. Coates. 2009. *Strategic Decision-Making Paradigms*[R]. Carlisle Barracks: U. S. Army War College.

[8] Allen, Charles D. & George J. Woods. 2015. Developing Army Enterprise Leaders[J]. July-August, *Military Review*, 42 - 49.

[9] Ambrose, Stephen E. 2010. Eisenhower's Generalship[J]. *Parameters*, Winter 2010 -11: 90 - 98.

[10] Anna L. Sackett, Angela I. Karrasch, et al. 2016. *Enhancing the Strategic Capability of the Army: An Investigation of Strategic Thinking Tasks, Skills, and Development*[M]. U. S. Army Research Institute for the Behavioral & Social Sciences.

[11] Barno, David. 2013. *Building Better Generals* [R]. Center for a New American

Security.

[12] Beaumont, Keaton L. 2010. *Developing* 21st *Century Senior Leaders* [R]. U. S. Army War College, Carlisle Barracks.

[13] Becker, Bradley A. 2007. *Strategic Leader Competencies for the Twenty-First Century* [R]. Carlisle Barracks: U. S. Army War College.

[14] Bell, William Gardner. 2013. *Commanding Generals and Chiefs Of Staff, 1775 - 2013: Portraits & Biographical Sketches of the United States Army's Senior Officer* [M]. Washington, D. C. : US Army Center of Military History.

[15] Breslin-Smith, Janet & Cliff Krieger. 2009. Strategic Drift? The Future of the National War College[J]. *Joint Force Quarterly* 55(4): 14 - 20.

[16] Burleson, Willard M. 2008. *Leading Strategic Leader Teams* [R]. Strategy Research Project. Carlisle Barracks: U. S. Army War College.

[17] Carlson, Kenneth D. 2007. *A Deliberate Process: Developing Strategic Leaders in the United States Air Force* [R]. Strategy Research Project. Carlisle Barracks: U. S. Army War College.

[18] Chilcoat, Richard A. & Roderick R. Magee II. 1996. Strategic Leadership and the "Fourth" Army War College[J]. *Joint Force Quarterly*/Summer.

[19] Clark, Brad. 2013. Inverting Clausewitz: Lessons in Strategic Leadership from the 1918 Ludendorff Offensives[J]. *Joint Force Quarterly*, 71(4): 95 - 98.

[20] Clarke, Frederick S. 2007. *Changing Army Culture: Creating Adaptive and Critical Thinking Officer Corps* [R]. Strategy Research Project. Carlisle Barracks: U. S. Army War College.

[21] Colarusso, Michael J. & David S. Lyle. 2014. *Senior Officer Talent Management: Fostering Institutional Adaptability* [R]. Carlisle Barracks: U. S. Army War College, Strategic Studies Institute.

[22] Cucolo, Anthony & Lance Betros. 2014. Strengthening PME at the Senior Level: The Case of the U. S. Army War College[J]. *Joint Force Quarterly*, 74(3): 50 - 57.

[23] Drechsler, Donald & Charles D. Allen. 2009. Why Senior Military Leaders Fail [J]. *Armed Forces Journal*, July/August.

[24] Duursema, Hester. 2013. *Strategic Leadership: Moving Beyond the Leader-follower Dyad* [M]. Erasmus Research Institute of Management.

[25] Eifler, Brian S. 2012. *Developing Strategic Thinking Leaders in the U.S. Army* [M]. U.S. Army War College.

[26] Farrington, Jessie O. 2007. *Developing Strategic Leaders While Maintaining the Warfighting Edge*[R]. Strategy Research Project. Carlisle Barracks: U.S. Army War College.

[27] Fivecoat, David G. 2013. American Landpower and Modern US Generalship [J]. *Parameters* 42(4)/43(1) Winter-Spring.

[28] Flowers, Michael. 2004. Improving Strategic Leadership [J]. March-April, *Military Review*, 40 - 46.

[29] Forsythe, George B. 1992. The Preparation of Strategic Leaders[J]. *Parameters* (Spring).

[30] Gregory Foster. 2005. *Teaching Strategic Thinking to Strategic Leaders* [M]. (Washington, DC: National Defense University), 2 - 3.

[31] Galvin, Thomas P. & Charles D. Allen. 2016. The Challenge of the Paradoxical Vision: Innovating Where No Solution Seems Possible[J]. *Army Press Online Journal*, 4 February.

[32] Gerras, Stephen J. 2010. *Strategic Leadership Primer* (3rd ed.)[M]. Carlisle Barracks: Army War College, Dept of Command, Leadership, and Management.

[33] Gerras, Stephen J. & Leonard Wong. 2013. *Changing Minds in The Army: Why It Is So Difficult and What to Do about It*[R]. Carlisle Barracks: U.S. Army War College, Strategic Studies Institute.

[34] Godinez, Adelaido. 2013. Strategists Break All the Rules[R]. Arlington: The Institute of Land Warfare, Association of the United States Army.

[35] Golby, Jim. 2013. *Listening to the Generals: How Military Advice Affects Public Support for the Use of Force*[R]. Center for a New American Security.

[36] Grandstaff, Mark et al. 2009. *Strategic Leadership: The General's Art* [M]. Vienna, VA: Management Concepts.

[37] Handford, P. 1995. Developing Director and Executive Competencies in Strategic Thinking[A]. In B. Garratt (ed.) *Developing Strategic Thought: Rediscovering the Art of Direction-giving* (pp. 157 - 186)[C]. New York: Mcgraw-Hill.

[38] Hanser, Lawrence M. 2008. *Developing Senior Navy Leaders: Requirements for Flag Officer Expertise Today and in the Future*[M]. Santa Monica: RAND.

[39] Hardaway, James M. 2008. *Strategic Leader Development for a 21st Century Army*[M]. Ft. Leavenworth: U. S. Army Command and General Staff College, School of Advanced Military Studies.

[40] Harrell, Margaret C. et al. 2004. *Aligning the Stars Improvements to General and Flag Officer Management*[M]. RAND National Defense Research Institute.

[41] Harrell, Margaret C. & William M. Hix. 2012. *Managing Adverse and Reportable Information Regarding General and Flag Officers* [M]. RAND National Defense Research Institute.

[42] Heracleous, L. 1998. Strategic thinking or strategic planning? [J] *Long Range Planning*, 31(3),481 – 487.

[43] Jans, Nicholas et al. 2013. *The Chiefs: A Study of Strategic Leadership* [M]. Australian Defence College.

[44] Jenkins, James H. 2007. *Strategic Leadership Competencies and Develop-ment* [R]. Strategy Research Project. Carlisle Barracks: U. S. Army War College.

[45] Kimberly Jackson, Katherine L. Kidder et al. 2020. *Raising the Flag: Implications of U. S. Military Approaches to General and Flag Officer Development*[R]. Rand Corporation.

[46] King, Joseph Jr. 1999. *Strategic Leadership: Leading Change in a New Age* [R]. Carlisle Barracks: U. S. Army War College.

[47] Krepinevich, Andrew F. & Barry D. Watts. 2009. *Regaining Strategic Competence* [R]. Washington, DC: Center for Strategic and Budgetary Assessments.

[48] Laver, Harry S. & Jeffrey J. Matthews. 2008. *The Art of Command: Military Leadership from George Washington to Colin Powell*[M]. The University Press of Kentucky.

[49] Liedtka, J. 1998. Linking Strategic Thinking and Strategic Planning[J]. *Strategy & Leadership*, 26(4),30 – 35.

[50] Magee, Rod. 1998. *Strategic Leadership Primer* (1st ed.) [M]. Carlisle Barracks: Army War College, Dept of Command, Leadership, and Management.

[51] Manning, George & Kent Curtis. 2015. *The Art of Leadership* (5th ed.) [M]. McGraw-Hill Education.

[52] McCauley, D. 2012. Strategic thinking: Providing the competitive edge[J]. *Small*

Wars Journal, 8(2).

[53] McCausland, Jeffrey D. & Gregg F. Martin. 2001. Transforming Strategic Leader Education for the 21st-Century Army[J]. *Parameters*, Autumn, 31. 3: 17 – 33.

[54] McCausland, Jeffrey D. 2008. *Developing Strategic Leaders for the 21st Century* [R]. Carlisle Barracks: U. S. Army War College, Strategic Studies Institute.

[55] McGuire, Mark. 2001. Senior Officers and Strategic Leader Development [J]. *Joint Force Quarterly* Autumn/Winter 2001 – 02: 91 – 96.

[56] McGuire, Mark. 2011. Pulling Back the Curtain: Developing Strategic Thinkers at ICAF[J]. *Joint Force Quarterly*, 63(4): 120 – 124.

[57] McKay, J. R. 2008. *The Scylla and Charybdis of Strategic Leadership* [M]. Winnipeg: Canadian Defence Academy Press.

[58] Mintzberg, H. 1994. The Fall and Rise of Strategic Planning [J]. *Harvard Business Review* (January-February), 108.

[59] Mintzberg, H. & Joseph Lampel, 1999. Reflecting on the Strategy Process [J]. *Sloan Management Review* 40, no. 3 (Spring), 21.

[60] Moore, Charles P. 2009. What's the Matter with Being a Strategist (Now)? [J] *Parameters*. Winter 2009 – 10,5 – 19.

[61] Myers, Richard B. and Albert C. Pierce. 2009. On Strategic Leadership[J]. *Joint Force Quarterly*, 54(3): 12 – 13.

[62] Nestler, Scott T. 2006. Developing Strategic Leaders for the Army[J]. *Army* 56 (September): 13 – 16.

[63] NG WAI KIT. 2008. *Strategic Military Leaders-Leading Tomorrow* [R]. Carlisle Barracks: U. S. Army War College.

[64] Owen Jacobs, T. 2009. Strategic Leadership: The Competitive Edge [M]. (Washington, DC: National Defense University), 84 – 88.

[65] Petraeus, David H. 2015. On Strategic Leadership[J]. *Parameters* 45(4) Winter 2015 – 16: 75 – 79.

[66] Pierce, James G. 2010. *Is the Organizational Culture of the U. S. Army Congruent with the Professional Development of its Senior Level Officer Corps?* [M] Carlisle Barracks: U. S. Army War College, Strategic Studies Institute.

[67] Purvis, J. Keith. 2011. *Four Decades and Five Manuals: U. S. Army Strategic Leadership Doctrine, 1983 – 2011* [R]. Fort Leavenworth: School of Advanced

Military Studies United States Army Command and General Staff College.

[68] Rau, Carl R. 2009. *Strategic Leadership Principles to Shape the Future*[R]. Strategy Research Project. Carlisle Barracks: U. S. Army War College.

[69] Reveron, Dereks& James L. Cook. 2009. Developing strategists: Translating National Strategy into Theater Strategy[J]. *Joint Force Quarterly* (JFQ) 55(4): 21-28.

[70] Ricks, Thomas E. 2012. *The Generals: American Military Command from World War II to Today*[M]. New York: Penguin.

[71] Riley, Ryan Et Al. 2013. *2012 Center For Army Leadership Annual Survey Of Army Leadership (Casal): Main Findings* (Technical Report 2013-1)[R]. The Center for Army Leadership, U. S. Army Combined Arms Center.

[72] Salmoni, Barak A. et al. 2010. Growing Strategic Leaders for Future Conflict [J]. Spring, *Parameters*, 72-88.

[73] Schein, Edgar H. 2010. *Organizational Culture and Leadership* (4th ed.) [M]. John Wiley & Sons, Inc.

[74] Schirmer, Peter. 2009. *Computer Simulation of General and Flag Officer Management: Model Description and Results* [R]. RAND National Defense Research Institute.

[75] Seymour, Janet L. 2006. *Patton, George S., 1885-1945: Great Warrior Leaders/Thinkers* [R]. Maxwell Air Force Base: Muir S. Fairchild Research Information Center.

[76] Shambach, Stephen A. 2004. *Strategic Leadership Primer* (2nd ed.)[M]. Carlisle Barracks: Army War College, Dept of Command, Leadership, and Management.

[77] Silas Martinez & Lou Yuengert (Ed.) 2021. *Strategic Leader Meta-Competencies and Underlying Characteristics: Some are Measurable, and Some are Malleable* [M]. Department of Command, Leadership, and Management School of Strategic Landpower, U. S. Army War College, Carlisle, PA.

[78] Slaughter, Anne-Marie et al. 2008. *Strategic Leadership: Framework for a 21st Century National Security Strategy*[R]. Washington, D. C.: Center for a New American Security.

[79] Spidalieri, Francesca & Jennifer McArdle. 2016. Transforming the Next Generation of Military Leaders into Cyber-Strategic Leaders: The role of

cybersecurity education in US service academies[J]. *The Cyber Defense Review*, Spring, 141 - 163.

[80] Stowell, Steven J. 2016. *The Art of Strategic Leadership: How Leaders at All Levels Prepare Themselves, Their Teams, and Organizations for the Future* [M]. John Wiley & Sons, Inc.

[81] Thie, Harry J. 2001. *General and Flag Officer Careers: Consequences of Increased Tenure*[R]. RAND National Defense Research Institute.

[82] Thie, Harry J. 2004. *Developing and Using General and Flag Officers*[R]. Testimony presented to the House Armed Services Committee, Subcommittee on Total Force on March 2. RAND Corporation.

[83] Tipton, Jeffrey S. 2007. *George C. Marshall: The Essential Strategic Leader* [R]. Carlisle Barracks: U. S. Army War College.

[84] Tom Galvin & Dale Watson (Ed.) 2019. *Strategic Leadership Primer for Senior Leaders* (4th Edition) [M]. Department of Command, Leadership, and Management School of Strategic Landpower, U. S. Army War College, Carlisle, PA.

[85] Townsend, Patrick L. 1999. *Five-Star Leadership: The Art and Strategy of Creating Leaders at Every Level*[M]. John Wiley & Sons, Inc.

[86] Ulmer, Walter F. Jr. et al. 2004. *Leadership Lessons at Division Command Level* [R]. Carlisle Barracks: U. S. Army War College.

[87] Waters D. E. 2011. Understanding Strategic Thinking and Developing Strategic Thinkers[J]. *Joint Force Quarterly*, 63,113 - 119.

[88] Willbanks, James H. 2013. *Generals of the Army*[M]. The University Press of Kentucky.

[89] Williams, Thomas J. 2003. Strategic Leader Readiness and Competencies for Asymmetric Warfare[J]. *Parameters*, Summer.

[90] Wilson, Isaiah III. 2003. *Educating the Post-Modern U. S. Army Strategic Planner: Improving the Organizational Construct*[R]. Fort Leavenworth: School of Advanced Military Studies United States Army Command and General Staff College.

[91] Wolters, Heather M. K. et al. 2013. *Exploring Strategic Thinking: Insights to Assess, Develop, and Retain Army Strategic Thinkers*[R]. U. S. Army Research

Institute for the Behavioral and Social Sciences.

[92] Wong, Leonard. 2003. Military Leadership: a Context Specific Review[J]. *The Leadership Quarterly* 14: 657 - 692.

[93] Wong, Leonard. 2003. *Strategic Leadership Competencies*[R]. Carlisle Barracks: U. S. Army War College, Strategic Studies Institute.

[94] Yarger, H. 2008. *Strategy and the National Security Professional* [M]. Westport, CT: Praeger Security International.

[95] Yingling, Paul. 2007. A Failure in General ship[J]. *Armed Forces Journal* 144: 16 - 23,45.

条令条例类:

[1] U. S. Army War College, *Howthe Army Runs: A Senior Leader Reference Book (2019 - 20)*[R].

[2] JP1 - 02. 2020. *Department of Defense Dictionary of Military and Associated Terms*[Z].

[3] Headquarters Department of the Army. 1999. *Army Leadership* (FM22 - 100) [Z].

[4] Headquarters Department of the Army. 2006. *Army Leadership* (*Competent, Confidentand Agile*)(FM6 - 22)[Z].

[5] Headquarters Department of the Army. 2007. *Army Leadership*(AR600 - 100) [Z]. http://www. army. mil/usapa/epubs/pdf/r600_100. pdf.

[6] Headquarters Department of the Army. 2012. *Army Leadership*(ADP6 - 22)[Z].

[7] Headquarters Department of the Army. 2019. *Army Leadership and The Profession* (ADP6 - 22)[Z].

[8] Headquarters Department of the Army. 2012. *Army Leadership* (ADRP6 - 22) [Z].

[9] Headquarters Department of the Army. 2015. *Leader Development* (FM6 - 22) [Z].

[10] Headquarters Department of the Army. 2015. *Army Handbook for Self-development*[Z].

[11] Headquarters Department of the Army. 2019. *Officer Professional Development and Career Management*[Z]. Department of the Army Pamphlet 600 - 3.

[12] US Department of Defense. 2006/2019. *The Armed Forces Officer*[M].

[13] U. S. Army War College Library. January 2010. *Human Dimensions of Strategic Leadership*: *A Selected Bibliography*[Z].

[14] General Officer Management Office. 2010. *SeniorLeaders Handbook for General Officers*[R].

[15] *Title* 10, *United States Code Armed Forces*[Z]. 2020. U. S. Government Printing Office, Washington.

[16] Joint Staff Headquarters. 2020. *Officer Professional Military Education Policy* [Z].

[17] Chairman of the Joint Chiefs of StaffInstruction (CJCSI1331. 01D). 2013. *Manpower and Personnel Actions Involving General and Flag Officers*[Z].

[18] CJCSI1801. 01C. 2014. *National Defense University Policy*[Z].

战略、构想、概念类：

[1] US Joint Chief sof Staff. 2015. *The National Military Strategy of the United States of America*[Z].

[2] US Joint Chiefs of Staff. 2005. CJCS *Vision for Joint Officer Development*[Z].

[3] US Department of Defense. 2015. The *DOD Cyber Strategy*[Z].

[4] US Department of Defense. 2012. *Sustaining US Global Leadership*: *Priorities for 21st Century Defense*[Z].

[5] US Department of Defense. 2014. *Quadrennial Defense Review*[Z].

[6] The White House. 2017. *National Security Strategy of the United States of America*[Z].

[7] The White House. 2021. *Interim National Security Strategic Guidance*[Z].

[8] US Congress. 2021. *Strategic Competition Act of 2021*[Z].

[9] US Department of Defense. 2018. *Summary of the 2018 National Defense Strategy*: *Sharpening the American Military's Competitive Edge*[Z].

[10] US Department of Defense. 2019. *Indo-Pacific Strategy Report*: *Preparedness*, *Partnerships*, *and Promoting a Networked Region*[Z].

[11] Headquarters Department of the Army. *Army Leader Development Strategy 2013* [Z].

[12] Headquarters Department of the Army. 2013. *Army Strategic Planning Guidance*

[Z].

[13] U. S. Army Commandand General Staff College. 25 November 2009. *A Leader Development Strategy for a 21st Century Army*[R]. Fort Leavenworth: U. S. Army Commandand General Staff College.

[14] U. S. Army Trainingand Doctrine Command. 2012. *The U. S. Army Capstone Concept* (TRADOCPam525 - 3 - 0)[Z].

[15] Joint Staff Headquarters. 2020. *Developing Today's Joint Officers for Tomorrow's Ways of War: The Joint Chiefs of Staff Vision and Guidance for Professional Military Education & Talent Management*[Z].

[16] Department of the Navy. May 2019. *Navy Leader Development Framework Version 3.0*[Z].

[17] Department of the Navy. 2020. *Education for Seapower Strategy 2020*[Z].

[18] Department of the Navy. December 2020. *Advantage at Sea: Prevailing with Integrated All-Domain Naval Power*[Z].

中文书目：

[1] 吴涛. 公共领导者的战略领导力研究[D]. 上海：华东师范大学，2011.

[2] 总政治部联络部. 美国陆军军官领导力[M]. 北京：解放军出版社，2009.

[3] 李丛禾. 美国陆军领导层次及其核心领导力探析[J]. 解放军理工大学学报：综合版，2011(5).

[4] 李丛禾. 美军战略领导力培育的文化向度[J]. 军事政治学研究，2013(4).

[5] 李丛禾. 美军高级军官战略领导力的构成及其培育[J]. 军队政工理论研究，2014(5).

[6] 李丛禾. 完善战略领导力培育机制[N]. 中国社会科学报：军事学栏目，2015 - 12 - 03.

[7] 李丛禾. 聚焦战略思维艺术，培育 21 世纪的战略领导者[J]. 外军政情译丛，2016(1—2).

[8] 李丛禾. 培养在复杂世界中制胜的战略领导者[J]. 外军政情译丛，2016(1—2).

[9] 李丛禾. 美军战略人才培育机制[J]. 外军政情译丛，2019(2).

[10] 李丛禾. 美军战略职能领域军官的培养任用[J]. 外军政情译丛，2020(1).

[11] 李庄前. 美国陆军“领导力”定义的发展演变[J]. 外军政情译丛，2019(5).

[12] 李庄前. 打造更好的战争学院[J]. 外军政情译丛，2021(1).

[13] 安·阿·科科申.战略领导论[M].北京：军事科学出版社，2005.

[14] 约翰·阿代尔.战略领导[M].海口：海南出版社，2006.

[15] 艾伦·亚瑟罗德.艾森豪威尔的领导力课程[M].陈爱明等译.北京：首都师范大学出版社，2008.

[16] 杰克·乌尔德里克.马歇尔的领导力课程[M].郭娟译.北京：首都师范大学出版社，2008.

后　　记

我对美军军官领导力这一领域的兴趣最早源于原中国人民解放军总政治部联络部于2007年3月委托原南京政治学院上海分院外军政治性工作教研室翻译的一部《美国陆军领导力》条令(FM6－22)2006年版，其内容实际上就是对美军军官在德、智、体、能等能力素质方面的规范性要求，对我军军官能力素质建设具有较大的启示意义。后来我在这方面进行了较为系统的探索和研究，也发表了一系列的成果。2013年，原中国人民解放军总参谋部二部中国国际战略学会委托我一项课题，“美军战略领导力培养及对我军事人才培养的启示”，促使我在美军战略领导力方面作了更加深入的研究。2014年，我申报了原南京政治学院“十二五”计划课题“美军联合文化与战略领导力建设研究”并获准立项，对美军战略领导力有了更多的思考，打下了较为厚实的研究基础；2015年11月，我参加了军队院校外军研究教学协作联席会在广西桂林举办的全军院校外军研究教学竞赛，我参赛的题目是“美军战略领导力培育及启示”，最终获得二等奖。2020年，国防大学“十三五”双重项目把“美军战略领导力研究”列为建设内容，于是最终催生了这本《美军中高级军官成长之道》，希望本书能为我军中高级军官能力素质培养提供一定的借鉴。

2007到2021年，十五年弹指一挥间，几多汗水，几多喜悦，也让我体会到了“深挖一口井”的收获。国防大学政治学院各级领导对本书的出版给予了大力支持，上海科学技术文献出版社张树总编辑、原《军队政工理论研究》杂志主编李秋发教授、国防科技大学孙金华教授、军事科学院王永强教授对本书的写作提供了宝贵的指导和建议，出版社苏密娅编辑为本书的出版付出了辛勤的劳动，政治学院军政训练系的领导和同事也给予了大量的支持和帮助，在此一并致谢。